Piñera corresponsal:
Una vida en cartas

Thomas F. Anderson

ISBN: 1-930744-79-X
Serie *Clásicos de América*, 2016
INSTITUTO INTERNACIONAL DE
LITERATURA IBEROAMERICANA
Universidad de Pittsburgh
1312 Cathedral of Learning
Pittsburgh, PA 15260
(412) 624-5246 • (412) 624-0829 fax
iili@pitt.edu • www.iilionline.org

Colaboraron con la preparación de este libro:

Imagen de la portada cortesía de *The Virgilio Piñera Collection*, Firestone Library, Princeton University
Composición y diseño gráfico: Erika Arredondo
Correctores: Jorge Tapia y Sebastián Urli

Piñera corresponsal:
Una vida en cartas

*Para Marisel, Gabriel
y Mariana*

Hay muchas facetas de la obra de Virgilio Piñera que no se han estudiado debidamente, pero su copiosa correspondencia es el cuerpo de textos que menos atención ha recibido tanto de parte de los lectores como de la crítica. Esto se debe a varios factores. Por un lado, sus cartas —centenares de las cuales han sobrevivido el paso de los años— se han publicado de una manera fragmentaria (en compilaciones como *Tiempo de Ciclón* y *Fascinación de la memoria* o en revistas literarias como *La Gaceta de Cuba*), y por otro, muchas de ellas se encuentran en colecciones privadas y quedaron inéditas por mucho tiempo. A finales del año 2011, en anticipación de la celebración del centenario del natalicio de Virgilio, se editó en la Habana una serie de sus obras que incluye *Virgilio Piñera, de vuelta y vuelta: correspondencia 1932-1978*. Este valioso libro, que contiene ciento quince cartas escritas por Piñera y treinta y cinco recibidas por él, ha puesto al alcance del público una buena muestra de la correspondencia de Piñera que se ha preservado. Sin embargo, sólo contiene cinco cartas de los años sesenta y setenta, dos décadas de capital importancia en la vida tanto personal como literaria de Virgilio. El presente libro pretende llenar este vacío al reproducir ochenta y siete cartas que Virgilio le envió entre 1958-1976 a Humberto Rodríguez Tomeu (1919-1994), quien fue a lo largo de su vida uno de sus amigos más entrañables y durante décadas su compañero, confidente y colaborador intelectual. La mayoría de las cartas a Humberto –que contienen valiosa información sobre muchas facetas de la vida y obra de Piñera– se encuentran en el Departamento de Libros Raros y Colecciones Especiales de la Biblioteca Firestone de la Universidad de Princeton en los Estados Unidos, y de éstas, sólo tres han sido publicadas.[1]

Virgilio conoció a Humberto y a su hermana mayor, Julia (1913-2005) en 1925, poco después de llegar con su familia a vivir en Camagüey. Virgilio trabó amistad primero con Julia, quien era más cercana de edad y compartía muchos de los mismos intereses literarios. Como Virgilio, Julia era una joven poeta aspirante, publicó sus primeros poemas en el mismo volumen (*La poesía cubana en 1936*, una colección de versos de unos sesenta y tres poetas cubanos, que había compilado el poeta español Juan Ramón Jiménez para la Institución Hispanocubana de Cultura en la Habana) y fue seguidora de José Lezama Lima, quien publicó poemas suyos en una de sus revistas.[2] Humberto y Julia se mudaron a la Habana a finales de los años veinte, pero se mantenían en contacto con Virgilio que, por su parte se instaló en la capital en octubre de 1937. Humberto se graduó del Liceo Nacional de La Habana ese mismo año y en el otoño de 1938 empezó sus estudios de medicina en la Universidad de la Habana donde Virgilio había empezado sus propios estudios de literatura el año anterior. Ya íntimos amigos, Virgilio y Humberto pasaron mucho tiempo juntos en la Habana, y durante algún tiempo vivieron juntos en una habitación en una antigua casa de pensión en el Malecón.

---

[1] Las cartas con las siguientes fechas pertenecen a la colección de Princeton y han sido publicadas previamente: 1 de marzo de 1960 (*Diario de poesía* 51 (Primavera 1999): 30-31); 21 de octubre de 1963, y 15 de noviembre de 1976 (*Virgilio Piñera de vuenta y vuelta* 235-36, 239-41, 245-46); En la colección de Princeton, hay también catorce cartas escritas a Guillermo Cabrera Infante entre noviembre de 1962 y junio de 1966. Que yo sepa ninguna de ellas se ha publicado. Además se encuentran catorce cartas a Antón Arrufat, escritas entre 1955, año en que Virgilio lo conoció, y 1959. De las cartas a Arrufat, once fueron reproducidas recientemente en *Virgilio Piñera de vuelta y vuelta*. Todas las cartas se pueden consultar en la Manuscripts Division, Department of Rare Books and Special Collections, Princeton University Firestone Library; Guillermo Cabrera Infante Collection, CO272. Box 1, Folder 17.

[2] Tres poemas de Julia –"Rejoj de arena", "Cachumbambé" y "Reflexión"– aparecieron en el segundo número de *Verbum*.

Durante los primeros años de su carrera como escritor, Humberto y Julia Rodríguez fueron dos de los seguidores más fieles de Virgilio, y Julia, en particular, ayudó mucho en la preparación, revisión y financiamiento de sus primeros libros, *El conflicto* (1942), *La isla en peso* (1943), y *Poesía y prosa* (1944). En febrero de 1946 Virgilio –en busca de mejores oportunidades intelectuales– se marchó para la Argentina después de haber ganado una beca de la Comisión Nacional de Cultura de Buenos Aires. Según el propio Humberto, Virgilio le escribió poco después de su llegada a la capital argentina "para que me reuniera con él, diciendo que el ambiente literario era muy animado –era cierto comparado con la Habana–, y que había conocido a [Witold] Gombrowicz, un hombre genial" (Rita Gombrowicz 89). Virgilio le informó también que estaba trabajando en la traducción de *Ferdydurke* (1937), la primera novela del gran novelista polaco, y que Humberto –que era un traductor aspirante– debía de ayudarlo con dicho proyecto. Humberto llegó a Buenos Aires en mayo de 1946, y poco después se integró en el ya famoso comité de traducción de *Ferdydurke*. Durante la que sería la primera de varias estancias en la Argentina, Humberto también trabajó como traductor de literatura inglesa y francesa para las casas editoriales Siglo XX y Argos.

Durante la mayoría de los siguientes doce años –o sea, entre 1946-1958– Virgilio y Humberto vivieron y trabajaron juntos, tanto en Buenos Aires como en la Habana, y colaboraron en varios proyectos intelectuales.[3] Hicieron juntos, por ejemplo, varias traducciones para Argos, la misma casa editorial bonaerense que publicó la traducción de *Ferdydurke* en 1947, y aunque Virgilio fue, desde luego, el autor y mente maestra de la famosa "Victrola: Revista de la Insistencia", no queda duda de que Humberto colaboró en dicho panfleto y en otros textos piñerianos de la misma época. En cuanto a su propia obra literaria,

---

[3] Piñera volvió de su primera estancia en Buenos Aires en diciembre de 1947. Su segundo exilio en la Argentina, durante el cual se desempeñaba como empleado administrativo del consulado cubano, duró de abril de 1950 hasta mayo de 1954. Después de una larga estancia en la Habana, Piñera volvió a Buenos Aires en enero de 1955, donde, con el financiamiento de José Rodríguez Feo trabajó como corresponsal de *Ciclón* hasta volver a Cuba el 4 de octubre de 1956. Volvió de nuevo a vivir en Buenos Aires en marzo de 1958 hasta su regreso definitivo a la Habana el 27 de septiembre del mismo año.

Humberto logró publicar un sólo libro durante su vida –*El Hoyo* (1950), una colección de diez cuentos– y eso fue, en gran parte, gracias al ánimo y la insistencia de Virgilio, que sirvió de redactor del libro, escribió el texto de las solapas, y lo ayudó a encontrar una casa editorial privada (Luz-Hilo) en Cuba. Durante la época de *Ciclón*, Humberto colaboró con Virgilio en varias capacidades. Publicó tres textos originales en la revista –una reseña de la representación de *Las criadas* por Jean Genet en el teatro Arena en la Habana [1.1 (1955): 44] y dos cuentos "Hojas de un diario" [1.4 (1955): 10-13] y "La aventura" [2.5 (1956): 14-16]– y no queda duda que pudo haber contribuido más si tuviera el ánimo de escribir, pues Virgilio siempre lo invitaba a colaborar. Humberto también contribuyó a *Ciclón* como traductor –fue suya la versión en español de los escandalosos capítulos de *Las 120 jornadas de Sodoma* del Marqués de Sade que aparecieron en el primer número de la revista en enero de 1955– sirvió de redactor de muchas entregas a la revista, y lo ayudaba a Virgilio a conseguir colaboraciones de escritores argentinos en Buenos Aires.

Cabe añadir aquí que durante todos sus años juntos en Buenos Aires y la Habana, y más tarde durante dos décadas de correspondencia, Virgilio le sirvió a Humberto como una suerte de mentor intelectual y literario. Siempre le consideraba a Humberto escritor ante todo, y a pesar de la resistencia y las excusas de su amigo, Virgilio lo animaba mucho a escribir. Un comentario que hace en una carta con fecha del 12 de marzo de 1962 es emblemático del tipo de consejos que Virgilio le daba a Humberto a lo largo de su amistad: "Yo creo que debes tratar de escribir, será la única justificación de esta vida de mierda. Creo que estarás consciente de que lo único que te queda es precisamente escribir. Nadie sabe lo que puede salir de un corazón atormentado". Cuando Humberto no toma los consejos de su amigo, Virgilio responde con una suerte de exhortación de un maestro a su estudiante: "Te encarezco expresamente que te pongas a escribir" (8 abril 1962). A final de cuentas, Humberto escribió poco y publicó aún menos –en gran parte porque le faltaba confianza– pero Virgilio, que lo conocía mejor que nadie, siguió insistiendo hasta el final: "Yo creo que debes ponerte a escribir en serio. Ya es hora que te dediques a la literatura; además, te vas a sentir mejor ... Llega un momento en que uno sólo tiene una solución; decídete y escribe; sabes que te sobra el talento" (10 noviembre 1963).

Además de su trabajo como traductor, Humberto también se desempeñó en Buenos Aires como secretario administrativo en la Embajada de Cuba entre 1951-1956. Fue a través de Humberto que Virgilio logró conseguir un puesto administrativo –trabajo que detestaba– en la misma embajada. Cuando Virgilio perdió aquel trabajo en febrero 1956, se quedó desempleado y sin dinero, salvo lo poco que le pagaba Pepe Rodríguez Feo por su trabajo como "corresponsal" de la revista *Ciclón*. Cuando Humberto decidió volver a la Habana a finales de julio de 1956 para trabajar como secretario privado de Néstor Carbonell y Rivero (1883-1966) –escritor, historiador y político cubano, que fue en aquel momento Secretario General del Ministerio de Relaciones Extranjeras– Virgilio no veía otra opción que seguir a su amigo, a pesar de las pocas posibilidades profesionales que lo esperaban en Cuba. Virgilio llegó a la Habana el 4 de octubre, y durante un año vivieron juntos en una casa alquilada en Guanabo, pueblito de playa a unos veinticinco kilómetros al este de la Habana.[4]

A principios de octubre de 1957, Humberto –en compañía de su hermana Julia– regresó a Buenos Aires donde volvió a trabajar en la Embajada de Cuba. Por su parte Virgilio, desempleado, frustrado de nuevo con el ambiente intelectual de la Habana –especialmente después de que José Rodríguez Feo anunciara a finales de junio la suspensión de la publicación de *Ciclón* por razones políticas–, y empujado por la creciente violencia en las calles de la Habana y en las montañas de Oriente volvió a vivir con Humberto en la Argentina en marzo de 1958. Ésta terminó siendo su estancia más corta en Buenos Aires, pues para

---

[4] Antón Arrufat describe así la casa que Piñera habitó con Humberto en Guanabo: "[era] una casa encantadora, con un jardín al lado, una galería de madera pintada azul, con grandes ventanas de persianas, al fondo una garaje bastante grande, con habitaciones arriba y un patio con una fuente sevillana de azulejos de muchos colores. La casa poseía dos plantas, pero la superior solo con un cuarto que a veces Virgilio utilizó para escribir. Vivía abajo en el primer cuarto. El segundo lo ocupaba Humberto Rodríguez Tomeu ... En esa época Guanabo era un excelente lugar para vivir. Un pueblo pequeño con ese encanto de los pueblecitos construidos al pie de mar que, al mismo tiempo, se hallan muy cerca de las capitales" (citado en Espinosa Domínguez 164).

finales del mismo año Virgilio, todavía sin trabajo y habiendo sufrido una honda crisis emocional, decidió regresar a su patria una vez más. En una carta a su amigo Antón Arrufat –con fecha del 4 de septiembre– Virgilio explica por qué ha decidido volver a Cuba después de tantas estancias en Buenos Aires: "Pues me fui de Habana empujado por la necesidad y me iré de Bs. As. empujado por lo mismo. No estoy loco ni soy caprichoso. Ocurre que no me gusta estar todo el tiempo en la misma prisión y cada cierto tiempo elevo a la Superioridad un escrito pidiendo que me transfieran de mazmorra" (*Virgilio de vuelta y vuelta* 201). A finales de septiembre de 1958, Virgilio regresó con la idea de quedarse definitivamente en Cuba, pero nuca pudo haber imaginado que no volvería a pisar tierra argentina y que sólo viviría unos cuantos meses más –en la casa querida de Guanabo– con su amigo más cercano.

Las cartas incluidas en el presente volumen fueron escritas entre finales de 1958 –época del retorno definitivo de Virgilio a Cuba– y noviembre de 1976, fecha de la última carta entre Virgilio y Humberto que se conserva en la colección de Princeton. Mientras Piñera residía en la Habana durante toda aquella época –con la excepción de dos viajes a Europa en el verano de 1961 y el otoño de 1964– Humberto se movía de un lado para otro. Entre noviembre de 1958 (época de la primera carta) y junio de 1959, estaba todavía en Buenos Aires trabajando como secretario administrativo de la Embajada de Cuba. Allí vivía en el mismo apartamento –el llamado "carromato" de la Rosina– que había compartido con Virgilio. En julio de 1959 Humberto volvió a la Habana, donde había conseguido dos trabajos: uno en la oficina de Roberto Agramonte, el primer Ministro de Relaciones Exteriores del Gobierno Revolucionario, y otro como secretario personal del vecino de José Rodríguez Feo y prominente abogado habanero, Guillermo Alamilla Gutiérrez. Durante aquella estancia vivía con Virgilio en la misma casa de playa de Guanabo que habían compartido durante su estancia en la Habana en 1956-1957.

En febrero de 1960 Humberto fue mandado por el nuevo gobierno revolucionario a Bélgica como canciller de la embajada de Cuba en Bruselas. Allí trabajó hasta finales de 1961, cuando fue despedido a causa de su oposición al rumbo socialista de la Revolución. Como no quería vivir en su país bajo el nuevo régimen, Humberto volvió a Buenos Aires en enero de 1962, donde terminó viviendo el resto de su vida a pesar de las frecuentes súplicas de Virgilio para que regresara a Cuba. Por su parte, Julia partió para Europa poco después de su hermano, y allí trabajó como secretaria de las embajadas cubanas en Bruselas y Luxemburgo. Volvió a vivir en la Habana en marzo de 1963, pero ya para finales de 1969 estaba de vuelta en Buenos Aires (con su madre) donde residió hasta su muerte en 2005.

Durante el tiempo restante de su correspondencia con Virgilio —o sea, entre 1962-1976— Humberto se desempeñó en Buenos Aires, entre otras cosas, como funcionario de la Embajada de Cuba, secretario del Concurso Internacional de Arquitectura Peugeot, empleado de la firma de arquitectura, Oneto, Ugarte y Ballvé Cañás, y secretario administrativo de la Embajada de Turquía. Pero durante todo aquel tiempo Virgilio lo animaba a volver a vivir con él en Cuba y, ante todo, a seguir su verdadera vocación: la escritura. A pesar de sus mejores esfuerzos de volver a estar juntos, Virgilio y Humberto nunca lograron verse de nuevo después de la vuelta definitiva de Humberto a Buenos Aires en enero de 1962.

Como las ochenta y siete cartas que se reproducen en el presente tomo estuvieron destinadas a un amigo tan íntimo y como abarcan un periodo de casi veinte años —a diferencia de su correspondencia a Lezama que corresponde a la época de *Espuela de Plata* y los primeros años de *Orígenes*, o sus cartas a José Rodríguez Feo que coinciden mayormente con la vida breve de *Ciclón*— son especialmente ricas en cuanto a la variedad de temas que tocan. Por esto y muchas otras razones que se hacen patentes con una lectura detenida, deben de ser lectura obligatoria para los que quieren un vislumbre personal a la vida, la obra y el pensamiento de Virgilio en las últimas dos décadas de su vida.

De muchas maneras las cartas hablan por sí solas y aquellos lectores que estén familiarizados con la vida y obra de Virgilio Piñera así como con la historia cubana y la política cultural de la época en que éstas se sitúan no necesitarán de una explicación pormenorizada. Sin embargo, considero que es importante incluir aquí un panorama de las últimas dos décadas de la vida de Virgilio Piñera con el fin de hacer accesibles estos fascinantes textos a una audiencia tan amplia como sea posible. Habiendo dicho esto, querría aprovechar esta oportunidad para recalcar que el siguiente perfil biográfico no pretende ser exhaustivo, sino que se dirige a proveer la información necesaria para resaltar los aspectos más prominentes de la correspondencia entre Virgilio Piñera y Humberto Rodríguez Tomeu y arrojar luz sobre las particulares circunstancias sociales, culturales e históricas en que tal intercambio tuvo lugar.

De la desilusión a la Revolución y de vuelta otra vez (1958-1979)

Como he escrito en otra parte, tras su regreso definitivo a la Habana el 27 de septiembre de 1958 Virgilio Piñera comprobó, como ya lo hiciera en visitas anteriores durante su largo exilio, que pocas cosas habían mejorado en su país natal.[5] Cuba se encontraba asediada por crisis sociales, económicas y políticas y la escena cultural que había sido prácticamente asfixiada durante la época de Batista estaba en una situación penosa. Desempleado y con muy poco dinero, Piñera no tuvo otra alternativa que vivir con sus padres, quienes le cobraban un dólar al día por ocupar una habitación de la casa familiar en la Calle Panchito Gómez 257, la cual, como Piñera expresaría con cierta ironía en la introducción de su *Teatro completo*, aún exhibía los mismos muebles maltratados por el tiempo que había dejado cuando huyó a Argentina por primera vez a comienzos de 1946 ("Piñera teatral" 27).[6]

---

[5] Parte de la siguiente presentación fue publicada en mi libro *Everything in Its Place: The Life and Works of Virgilio Piñera*. Expreso aquí mi gratitud a Bucknell University Press por la autorización para publicar este material nuevamente en traducción española y en una versión revisada y actualizada.

[6] Piñera respondió a las circunstancias de su familia y a la miseria y frustración que habían plagado a Cuba durante la época de Batista con su obra teatral *Aire frío*, la cual escribió a

Encontrar un empleo estable nunca había sido una tarea fácil para Virgilio y los últimos meses de 1958 no fueron una excepción a esta regla. Como se evidencia en las primeras cartas a Humberto –quien por entonces había preferido permanecer en Buenos Aires– más de un mes después de su regreso Piñera sólo había sido capaz de conseguir un trabajo a tiempo parcial en *Carteles*, el semanario habanero al que había contribuido esporádicamente durante una breve estancia en la Habana de 1956 a 1957. Se percibe claramente en la correspondencia de Piñera que éste se encontraba muy insatisfecho con su trabajo, no sólo porque no contribuía a remediar sus problemas financieros, sino también porque no se sentía a gusto con sus compañeros de trabajo, específicamente el director de la revista, Antonio Ortega, y el crítico de cine, Guillermo Cabrera Infante. En un momento dado, Virgilio se refiere a Cabrera Infante como "[la] cumbre de vulgaridad, de suficiencia idiota" (10 de noviembre de 1958), y unos meses después, al enterarse de que Cabrera Infante ha sido nombrado Delegado del Ministerio de Educación en el Instituto de Cultura, manifiesta una vez más una opinión negativa acerca del hombre que pronto sería su jefe en *Lunes de Revolución*: "la designación de Cabrera es peor aún pues ya sabes lo vulgar y ambicioso que es el tipito" (19 de enero 1959). Éstos y otros comentarios similares que hace Piñera acerca de tantas otras personas –desde compañeros de trabajo a oficiales gubernamentales y compañeros autores e intelectuales– en sus cartas a Humberto dan testimonio de su personalidad provocadora, por la cual ya se había dado a conocer ampliamente y la cual eventualmente desató muchas controversias y sirvió de estímulo a sus detractores.

La inestabilidad en el empleo lo llevó en ocasiones a una existencia precaria y en muchas de sus cartas Piñera expresó un profundo desasosiego por sus dificultades económicas. En su primera

---

finales del 1958. *Aire frío* es única entre las obras dramáticas de Piñera por su contenido mayormente autobiográfico. En efecto, las dificultades y tribulaciones de la familia Romaguera reflejan muchas de las experiencias sufridas por la propia familia de Piñera y Oscar, el poeta aspirante que decide salir a la búsqueda de mejores oportunidades en Buenos Aires, tiene mucho en común con el propio Piñera. Escribir esta obra representó una suerte de catarsis para Piñera, quien se sintió agobiado por la precaria situación que enfrentó tanto en su país como en su entorno familiar al regresar a Cuba.

carta a Humberto tras su regreso definitivo a Cuba, por ejemplo, Piñera declara: "Las perspectivas son malísimas para mí: *Carteles* es cosa de risa […] me quedan diez pesos, que se irán en cinco días pues tengo que soltar un peso diario en casa y moverme yo" (4 de noviembre de 1958). Aunque Humberto y él estaban separados por miles de millas, Piñera dependió de su amigo durante el periodo de su correspondencia no sólo para apoyo emocional, sino también para apoyo económico, por lo cual no era raro que incluyera pedidos de ayuda bastante exigentes en sus cartas. Cuando el dinero escasea más, por ejemplo, Piñera no duda en pedirlo: "Me decías en una de tus primeras cartas que si lo necesitaba no te era trastorno alguno mandarme 50.00 dólares. ¿Por qué no lo haces? ESTOY SIN UN CENTAVO" (10 de noviembre de 1958).

Al igual que muchos otros cubanos, Virgilio Piñera acogió el triunfo de la revolución y entendió los eventos de principios de 1959 como signos favorables no sólo de que Cuba había comenzado "una nueva etapa que se anuncia tremenda", como lo pone en una carta a Humberto el 7 de enero, sino también de que sus circunstancias particulares mejorarían de manera radical. Pero, a pesar de sus grandes esfuerzos, los primeros meses de la Revolución estuvieron marcados por decepciones, especialmente en cuanto a su búsqueda infructuosa de un empleo remunerado. Su puesto en *Carteles* "falló en toda línea", como él mismo admite (12 de enero), y sus arduos esfuerzos para lograr ser nombrado en uno de los muchos puestos disponibles como agregado cultural del Gobierno Revolucionario se vieron frustrados en cada intento, como sabemos por comentarios vertidos en varias de sus cartas. La incapacidad de asegurarse un puesto de trabajo en el recién establecido Instituto Nacional de Cultura constituyó una de muchas fuentes de descontento, especialmente porque, como le diría a Humberto, la mayoría de los delegados nombrados (se refería específicamente a José Lezama Lima, Cintio Vitier, y Ángel Gaztelu) estaban vinculados al Grupo Orígenes. Pues, a muchos de éstos Virgilio todavía les guardaba un notable resentimiento. Para la segunda semana de la "nueva era" Piñera había perdido casi toda esperanza: "Mi impresión final es que no conseguiré nada. Todo es siempre como siempre [...] Todo el mundo está tallando como loco. Y considera que son muchísimos más los aspirantes que los cargos. [...] Bueno, seguiremos pasando hambre" (12 de enero 1959).

Entre tantas decepciones, hubo algunos rayos de esperanza. Por citar un caso, el seis de enero Virgilio anunció, entusiasmado, que José Rodríguez Feo había decidido revivir *Ciclón* en un número especial dedicado a la Revolución. Aunque Rodríguez Feo se presentó como el autor del cáustico editorial que sirvió de introducción al número final de *Ciclón* –"La neutralidad de los escritores"–, es probable que Piñera hubiera participado en su composición. De hecho, en sus cartas a Humberto y en varios editoriales publicados en *Revolución*, Virgilio se hace eco de este texto al ridiculizar a figuras de la cultura –tales como Gastón Baquero, Guillermo de Zéndegui y Francisco Ichaso– por sus conexiones y colaboración con el régimen de Batista. La propia contribución de Piñera al que habría de ser el último número de *Ciclón*, "La inundación", es un artículo de corte provocador, el cual estableció el tono de su polémica crítica cultural durante los primeros años de la Revolución. En este breve escrito, Piñera se burla del aluvión de jóvenes autores y poetas aficionados que había surgido tras el triunfo de la Revolución: "En estos días del triunfo revolucionario –mitad paradisíacos, mitad infernales– no podían faltar en la gran inundación los escritores. Me sorprendió grandemente que en vez de una gota de agua aportaron Nilos y Amazonas" (13). Con su sarcasmo característico, Piñera bromea que Cuba ha engendrado más "escritores" en un par de días que en las cinco décadas anteriores y manifiesta su sorpresa ante el hecho de que muchos de estos escritores –tras varios años de silencio e indiferencia– se hayan convertido de repente en los más fervorosos defensores de la cultura cubana.

Piñera les advierte a sus lectores que no le den demasiada importancia a este tipo de seudo-escritores que tienen escaso interés en la literatura. Además, en sus comentarios finales resalta la importancia de los buenos escritores como él para el éxito de la Revolución: "El buen escritor es, por lo menos, tan eficaz para la Revolución como el soldado, el obrero o el campesino" ("La inundación" 14). Aunque estas palabras tuvieron verdadera resonancia durante algún tiempo, el Gobierno Revolucionario no tardaría en limitar considerablemente el papel de autores como Piñera así como en ponerle serias trabas a la libertad artística en Cuba. Mientras tanto, sin embargo, la influencia de Piñera creció entre los intelectuales cubanos y su trabajo alcanzó un nivel de importancia que escasamente pudo haber imaginado.

No deja de sorprender el que Piñera no mencione su primera contribución a *Revolución*, el periódico oficial del nuevo gobierno, en sus cartas a Humberto. El 15 de enero, apenas una semana después de que Castro y su séquito entraran triunfantes a la Habana, Virgilio publicó "Nubes amenazadoras", cuyo título podría llevar a suponer que el artículo presenta los primeros días de la Revolución bajo una luz negativa, como si se tratara, por decirlo de algún modo, de una ominosa tormenta en el horizonte. Sin embargo, en las líneas iniciales de dicho escrito Piñera explica claramente que había escogido este título para evocar el ya famoso discurso que Fidel Castro había pronunciado en la Ciudad Militar Columbia (que había sido renombrada Ciudad Libertad por el gobierno revolucionario) en la Habana la madrugada del 9 de enero de 1959, el cual Piñera había visto en una transmisión televisiva en directo. En palabras de Piñera, "El discurso del comandante Castro, pronunciado en Columbia ante una gran multitud, no fue otra que una llamada al orden. Si tuviera que darle título a tal severa advertencia sugeriría éste: Nubes amenazadoras" (4). Haciéndose eco del discurso de Castro, en el que les había advertido a los cubanos que a pesar de la inmensa alegría faltaba mucho por hacer y que se avecinaban días difíciles, Piñera les comunica a sus lectores que ciertamente tenían muy buenas razones para estar entusiasmados con la Revolución, pero que también debían abordar el nuevo sentido de identidad nacional de Cuba con precavido optimismo.

El hecho de que Piñera no le haya mencionado este artículo a Humberto sugiere, a mi modo de ver, que no lo consideró como el gran paso adelante que fue en realidad. En efecto, Piñera nunca se podría haber imaginado en ese momento que seis meses después llegaría su gran oportunidad en la forma de un puesto de trabajo estable en *Revolución*. A inicios de junio de 1959 Piñera le informa a Humberto con evidente escepticismo que se le ha ofrecido un puesto en el periódico oficial del gobierno, pero que aún no ha comenzado a trabajar en éste: "Estas son las horas que no he empezado todavía a trabajar en *Revolución* [...] El puesto está seguro, sólo debo trabajar el jueves, de ocho de la noche a seis de la mañana, y volver el viernes a las seis de la tarde a revisar las pruebas de plana, durante dos horas. Creo son cien pesos, lo que unido a las traducciones y colaboraciones originales me daría unos 150 pesos" (3 de junio de 1959). En un anexo a la misma carta, fechado el 7 de junio, Piñera anuncia jubiloso: "YA ENGANCHÉ en *Revolución*. Puesto de redactar fijo (sección arte y literatura) 3 artículos de 3 cuartillas 3 veces por semana".

Para julio de 1959 las circunstancias estaban realmente mejorando, puesto que las responsabilidades de Piñera en el periódico habían superado por mucho las de un editor: tenía su propia columna en *Revolución*, "Puntos comas y paréntesis", y contribuía alrededor de dos artículos originales por semana. Para este momento también se había mudado de la casa familiar a una casa de playa en el pueblo de Guanabo cerca de la casa en la que había vivido con Humberto en 1957. Humberto, por su parte, había regresado a Cuba tras conseguir un puesto de secretario en el Ministerio de Relaciones Exteriores y se mudó a la casa de playa junto a su inseparable compañero. En agosto, Virgilio también comenzó a contribuir de manera regular a *Lunes de Revolución*, el suplemento literario de avanzada del periódico, el cual estaba bajo la dirección de Guillermo Cabrera Infante, su antiguo jefe en *Carteles*.

Si Humberto no hubiera vivido con Virgilio durante sus exuberantes primeros meses en *Revolución* y *Lunes*, habríamos tenido acceso probablemente a muchas cartas con relatos sobre sus experiencias en su nuevo trabajo y sus impresiones acerca de la siempre cambiante atmósfera social y política de la Cuba revolucionaria. Pero para vislumbrar estos y tantos otros aspectos de la vida diaria de Piñera por entonces se puede recurrir a las docenas de ensayos y editoriales que publicó durante este productivo periodo. Incluso una ligera revisión de sus contribuciones a *Revolución* y *Lunes* –que superan el centenar– da un claro testimonio del hecho de que Virgilio disfrutaba grandemente la oportunidad de expresar sus ideas y opiniones en ambas publicaciones, así como del hecho de que aprovechó su importante posición para causar una fuerte impresión en sus lectores. Sus ensayos, los cuales generalmente sólo mencionó de pasada en su correspondencia con Humberto –variaban mucho en materia temática; desde llamados de reforma literaria y cultural, a encomios de la Revolución, revaluaciones de literatura cubana del siglo XIX y críticas directas y en ocasiones provocadoras de escritores cubanos, revistas, casas publicadoras e instituciones culturales.[7] Cabe añadir en este punto que Piñera ha sido descrito a menudo como un autor que evitaba envolverse en la realidad cubana e incluso despreciaba la política nacional. Sin embargo, a algunos lectores modernos les causará no poca sorpresa el que entre los sesenta artículos y editoriales que Piñera compuso para *Revolución* y *Lunes* entre junio de 1959 y julio de 1960, más de una docena se enfocan en temas políticos, los cuales comprenden desde críticas a Machado y Batista, a loas de Fidel Castro y la Revolución y condenas contra Estados Unidos y sus esfuerzos por desestabilizar la Revolución Cubana. Asimismo, numerosos artículos y editoriales revelan el apoyo inequívoco de Piñera a la Revolución por medio de su frecuente exaltación de las reformas culturales y su referencia recurrente a la muy mejorada situación de artistas e intelectuales en la Cuba revolucionaria.

La posición de Piñera en *Revolución* y *Lunes* lo colocó a la vanguardia de la cultura cubana, como Antón Arrufat ha señalado acertadamente. Desde *Ciclón* y su circulación de un par de centenares de copias, las cuales eran leídas por una audiencia mayormente intelectual, Piñera incrementó su difusión en *Revolución* y *Lunes*, los cuales llegaban a cientos de miles de lectores de todos los ámbitos (Arrufat, "Un poco" 15).[8] Fue por una buena razón que su asidua colaboración en *Revolución*

---

[7] Para una discusión pormenorizada de las contribuciones de Piñera a *Revolución* y *Lunes* remito a mi libro, *Everything in Its Place* (90-106) y a mi artículo: "Piñera y la política: Escritos en *Revolución* y *Lunes*".

[8] Para enero de 1960 la circulación de *Lunes* superaba las 100,000 copias. Ver el editorial "Un saludo a voces" en *Lunes*. (4 de enero de 1960): 2. De acuerdo a William Luis, para

y *Lunes* le brindó un sentido de importancia que nunca antes había sentido a lo largo de su carrera literaria. Pero a pesar de la satisfacción que sus posiciones en estas dos publicaciones le proporcionaban, se trataba de trabajos muy exigentes que con frecuencia lo alejaban de otras empresas literarias. Piñera estuvo particularmente ocupado después de que Cabrera Infante lo nombrara director de *Ediciones R*, una nueva casa publicadora bajo el auspicio de la revista —en cuya dirección se mantendría hasta 1964. Poco después de asumir las nuevas responsabilidades de su nueva posición a finales de 1961, Virgilio le da a Humberto una idea clara de la exigente naturaleza de su trabajo: "Recibí hace unos días tu carta del 30 pasado. No la contesté en seguida debido al trabajo que tengo con la editorial de *Revolución* (soy su Director) y tenemos que dejar listos cinco libros para el próximo Congreso de Escritores a celebrar la última semana de junio. [...] Imagina: he tenido que leerlos todos, hacer correcciones, escribir solapas, etc." (7 de junio de 1961). Para un hombre que había pasado gran parte de su vida en la búsqueda desesperada de un empleo remunerado, esta súbita avalancha de trabajo lo colocó en un terreno decididamente poco familiar. Pero Piñera desempeñó sus responsabilidades en *Ediciones R* expertamente, y con gran orgullo, dejando en el proceso un impresionante cuerpo de trabajo —cientos de páginas de introducciones, "notas de solapas" y perfiles biográficos, entre otras piezas— los cuales han sido en gran parte desatendidos por lectores y críticos.

Entre los muchos proyectos que Virgilio supervisaba para *Ediciones R* se encontraba su propio *Teatro completo*, una colección de ocho obras teatrales escritas entre 1941 y 1960. A pesar de los muchos retrasos y de una historia editorial bastante complicada —la cual se detalla en las cartas a Humberto como se verá más adelante en esta introducción— el momento en que esta obra finalmente se publicó a inicios de 1961 no dejó de ser oportuno de muchas maneras. Desde su regreso a la isla en septiembre de 1958 Virgilio había escrito tres nuevas obras teatrales —*Aire frío, El flaco y el gordo* y *El filántropo*— y para el momento en que su

---

finales de 1961 la circulación de *Lunes* se acercaba a 250,000 copias, una cifra que excedía la de publicaciones análogas como el *New York Times Review of Books*. Para la misma fecha *Revolución* tenía una circulación de alrededor de 500,000 copias ("Exhuming *Lunes*" 254).

libro fue publicado ya había emergido como una suerte de estrella del teatro cubano. Además, la obra teatral que generalmente se considera como su obra maestra, *Electra Garrigó* (la cual se había estrenado en 1948, recibiendo reseñas bastante hostiles y permaneciendo inédita), se representó repetidamente en la década del sesenta, recibió reseñas muy favorables y se convirtió casi de inmediato en una obra clásica del teatro cubano.

Cuando *Electra* se presentó por tercera ocasión en el Teatro Prometeo en febrero de 1960, se vendieron todos los boletos y sillas adicionales tuvieron que ser acomodadas en los pasillos: "Electra va muy bien", Piñera le escribió a Humberto un par de semanas después. "El domingo pasado se llenó de tal modo que pusieron sillas de tijera. [...] Mañana sábado irá Sartre a verla" (18 de marzo de 1960). En una posdata manuscrita a la misma carta Piñera alude a una foto periodística de Jean Paul Sartre entre la audiencia, la cual había incluido en su misiva, e informa con evidente orgullo que a Sarte le ha encantado la obra y que tiene planes para llevarla a París. Piñera añade además que se esperaba que Fidel Castro asista a la representación de *Electra Garrigó* el siguiente fin de semana. Por desgracia, Sartre nunca llevó la obra a París y Castro no se presentó en la fecha esperada. Pero éstos eran los días de gloria de Virgilio Piñera y, al menos en ese momento, tales asuntos eran de mínima importancia. *Electra* se presentó para un público igualmente entusiasta en el teatro de la recién fundada Casa de las Américas en marzo de 1961 –donde se vendieron 2,000 boletos en tan sólo tres noches– así como en abril en el Teatro Nacional.

El éxito popular sin precedentes de Piñera le trajo ciertas ventajas: se le pagaba bien por su obra dramática por primera vez en su vida y algunos teatros le solicitaron nuevas obras. En marzo de 1960, por ejemplo, cuando el Teatro Nacional le encargó una pieza para la gran apertura de su Sala Covarrubias, Piñera comenzó a escribir *El filántropo*, la cual se estrenó en agosto 20. Aunque gozó de una muy modesta acogida crítica, esta extensa obra, basada en el cuento del mismo nombre, se representó en veinte ocasiones y se mostró en la televisión cubana en octubre de ese año. El presupuesto de la obra era elevado para la época y Piñera expresó claramente su asombro en una carta a Humberto: "Ayer fuí al teatro para lo del presupuesto de la representación de El Filántropo. Me parecía estar soñando. Presupuesto: siete mil pesos" (18 de mayo de 1960).

El éxito de Piñera durante las etapas tempranas de la Revolución se produjo, en cierto sentido, de manera sorpresiva, especialmente en lo que respecta a la relativa estabilidad de su situación financiera. Como jocosamente le comenta a Humberto poco después del estreno de su obra *La sorpresa* en junio de 1960: "¿Te acuerdas de aquellos tiempos en que gastar un peso de más significaba un desequilibro horrible? ... [Ahora] tengo dinero que no sé en qué gastar" (29 de junio de 1960). En cuestión de meses Piñera se había convertido en un escritor profesional y en una estrella de la floreciente escena teatral de la Habana. Como lo ha descrito adecuadamente un crítico, 1960 fue el año de gloria de Virgilio Piñera, quien en algún momento se había quejado que nunca sería capaz de disfrutar de nada en la vida (Barreto et al, "Dossier" 27).

Caída en desgracia

Desafortunadamente, los días de gloria de Piñera fueron bastante breves. A medida que el Gobierno Revolucionario afianzaba gradualmente su control sobre Cuba, las señales de la nueva dirección que tomaba el país causaron preocupación entre diversos grupos que temían la pérdida de libertades que habían ganado tras el triunfo de la Revolución. La declaración de Fidel Castro en 1960 indicando que no habrían elecciones presidenciales junto a su creciente apego al bloque Soviético aumentaron aun más el temor entre ciertos círculos intelectuales de que Cuba se dirigía hacia la represión cultural y social de la era estalinista. Tales asuntos contribuyeron a polarizar el país; argüir neutralidad se volvió cada vez más difícil y arriesgado. La expresión "con Cuba o contra Cuba" se convirtió en una especie de eslogan revolucionario oficial durante los años sesenta y muchos escritores, artistas e intelectuales comenzaron a perder la fe en el gobierno y a distanciarse de la corriente política prevaleciente. En este clima cada vez más tenso, los periódicos y las estaciones de radio de oposición fueron tomados o clausurados por el gobierno. En una carta fechada el 18 de mayo de 1960 Virgilio menciona de pasada el cierre de dos de estas publicaciones —"supongo que sabrás que cerraron la *Marina* y ya no sale. Lo mismo *Prensa Libre*"—, pero cabe señalar que en este momento el propio Piñera no se oponía necesariamente a estos cierres. De hecho, un par de días antes de que fuera cerrado, Piñera había atacado al conservador *Diario de la Marina* desde las páginas de *Revolución* en un cáustico editorial titulado: "Un ataque que honra: la 'Marina' vs. 'Lunes". Aunque por entonces muchos se sentían confiados de que publicaciones manejadas por el gobierno tales como *Revolución* y *Lunes* se encontraban en terreno seguro, tales publicaciones eventualmente serían víctimas no sólo de las estrictas nuevas leyes y reglamentos del gobierno, sino también de su propio éxito e influencia sin precedentes.

Muchos artistas e intelectuales comenzaron a sentirse muy incómodos en medio del clima político y cultural cada vez más asfixiante que surgía en 1961. En abril Castro había hecho su primera declaración pública en cuanto al carácter socialista de la Revolución Cubana. Más tarde ese año pronunció una de sus más famosas declaraciones en la televisión estatal —"Yo soy un marxista-leninista y seré marxista-leninista hasta el último día de mi vida"— la cual aumentó los temores de muchos intelectuales en cuanto a la inminente represión cultural. Poco después de la declaración de Castro en abril, un grupo de exiliados cubanos con el apoyo del presidente Kennedy y la CIA, participaron en la desastrosa Invasión de Bahía de Cochinos. En el transcurso de dos días, Castro y sus seguidores habían aplastado a los invasores y el líder cubano declaró una victoria total sobre el imperialismo yanqui.

En una interesante carta a Humberto, Piñera describe la tensa atmósfera en la Habana tras el ataque de Bahía de Cochinos. El aspecto de mayor interés de la carta se encuentra en su referencia a las drásticas medidas tomadas por el gobierno de Castro para detener a sospechosos de contrarrevolución:

> No puedo contarte de la angustia de estos días con la invasión [...] El gobierno se vio obligado a una medida drástica: encerrar a miles de personas sospechosas de contrarrevolución. Como dijo el propio Fidel, en la redada cayó mucha gente inocente [...], pero que en la natural confusión fueron tomados. (29 de abril de 1961)

No se debe pasar por alto que incluso después de la detención de contrarrevolucionarios, Piñera aún parecía apoyar a Castro y a la Revolución. Al igual que muchos cubanos sentía que su país se había convertido en una víctima del imperialismo americano y en su correspondencia con Humberto se queja en más de una ocasión acerca de Estados Unidos y sus intervenciones en Cuba. En una de sus cartas, por ejemplo, pregunta "¿Has visto el Kennedy como nos trata? Qué se habrá creído. Pero se cogerá el c. con la puerta" (3 de febrero de 1961).

La fe de Piñera en el gobierno de Castro, sin embargo, pronto cambiaría en la medida en que tanto el clima cultural del país como sus propias circunstancias personales empeorarían drásticamente. Fue tras la invasión de Bahía de Cochinos que *P.M.*, un cortometraje dirigido por Orlando Jiménez Leal y Sabá Cabrera Infante, fue convertido en el pretexto perfecto para que el Gobierno Revolucionario les impusiera restricciones drásticas a los intelectuales y artistas del país. La película de diecisiete minutos es un experimento al estilo del *Free Cinema* que retrata escenas de la vida nocturna de los barrios de la Habana mayormente poblados por las clases bajas de comunidades negras y mulatas. De acuerdo a Michael Chanan, el término *Free Cinema* fue utilizado por primera vez en Londres en 1956 y sus autores "offered up … simple fragments of daily reality, modest film essays on things close to common experience" [mostraban… sencillos fragmentos de la realidad cotidiana, modestos ensayos fílmicos acerca de asuntos cercanos a la experiencia común] (150). Estos realizadores querían usar el cine, añade Chanan, como "a testimonial that brought a living document to the screen" [un testimonio que trajera un documento vivo a la pantalla] (150). *P.M.* no incluye diálogo y se enfoca mayormente en escenas de juerga –el baile, la bebida, la música en vivo e incluso una breve pelea por una mujer– en varios bares y clubes nocturnos en las secciones de Cuatro Caminos y Playa de Marianao en la Habana. La representación en la película del lado supuestamente sórdido de la realidad cubana en medio de los eventos heroicos de la Revolución fue lo que a algunos oficiales cubanos les pareció desagradable. A pesar del hecho de que la película se había transmitido en la televisión cubana sin mayores incidentes o reclamos, Alfredo Guevara (1925-2013) – quien era el director interino del Instituto Cubano de Arte e Industria

Cinematográficos (ICAIC)– rechazó la petición de autorización por parte de los directores para mostrar la película en un teatro de la Habana en mayo.[9] Resulta revelador que Piñera no mencionara a *P.M.* en sus cartas a Humberto, pero se podría suponer que para este momento estaba preocupado de que su correspondencia estuviera siendo interceptada y revisada por oficiales del gobierno quienes ya habían dejado muy claro que una agresiva ofensiva en contra del derecho de expresión individual estaba llevándose a cabo.

Después de la censura y confiscación de *P.M.*, muchos artistas e intelectuales –incluyendo Virgilio Piñera– firmaron un manifiesto que reafirmaba su solidaridad con la Revolución, a la vez que hacían un llamado a mayor libertad artística. "Manifiesto de los intelectuales y artistas", el cual fue publicado en *Lunes* el 11 de junio de 1961, comenzaba con la siguiente declaración:

> Los intelectuales, escritores y artistas cubanos queremos afirmar por este medio nuestra pública responsabilidad ante la Revolución y el pueblo de Cuba, en una época cuyo sentido profundo es el de la lucha unida para alcanzar la completa independencia de nuestra patria como nación.
>
> Estamos seguros de que el triunfo de la Revolución ha creado entre nosotros las condiciones necesarias para el desarrollo de la cultura nacional; una cultura liberadora, libre en sí misma y por tanto capaz de servir y estimular el avance revolucionario. (17)

Los noventa y dos firmantes del documento ratificaron su papel activo en el proceso revolucionario y delinearon su plan de acción para el futuro inmediato. En sus declaraciones finales arguyeron que todos los artistas deberían poder expresar su apoyo a la Revolución de cualquier manera que consideren adecuada e hicieron un llamado a la organización de una conferencia nacional en la cual abordar estos asuntos.

Con el alegado fin de aliviar las crecientes tensiones surgidas a raíz de la prohibición de *P.M.*, el gobierno organizó una serie de reuniones con intelectuales cubanos durante tres viernes consecutivos

---

[9] Para una completa relación de la censura a *P.M.* ver Orlando Jiménez Leal y Manuel Zayas. *El caso* PM: *cine, poder y censura*.

–junio 16, junio 23 y junio 30– en la Biblioteca Nacional José Martí. Como tan acertadamente lo ha expresado Raymond Souza, "An affair that apparently started out as a minor matter was soon recognized as an attack against anyone associated with *Lunes*" [Un caso que en apariencia comenzó como un asunto menor pronto se identificó como un ataque contra toda persona asociada a *Lunes*] (39-40). En la primera reunión el presidente cubano Osvaldo Dorticós, con Castro a su lado, invitó a los presentes a expresar sus preocupaciones. La versión de la historia de Guillermo Cabrera Infante señala que Piñera fue el único que se puso de pie y que "[Virgilio] confesó que estaba terriblemente asustado, que no sabía por qué o de qué, pero que estaba realmente alarmado, casi al borde del pánico" (*Mea Cuba* 84).[10] No obstante, una transcripción parcial de la reunión del 16 de junio publicada por primera vez en el 2007 revela que otros intelectuales –incluyendo a Natalio Galán, José Baragaño y Heberto Padilla– también emitieron comentarios. De acuerdo a dicho documento, Piñera respondió a la invitación a expresar inquietudes con una extensa declaración que incluyó la siguiente observación acerca del miedo que prevalecía en los círculos intelectuales de la Habana:

> hay un miedo que podíamos calificar de virtual que corre en todos los círculos literarios de La Habana, y artísticos en general, sobre que el Gobierno va a dirigir la cultura. Yo no sé qué cosa es cultura dirigida, pero supongo que ustedes lo sabrán […] Compañero comandante Fidel, yo puedo decir que he oído hablar de esa voz entre las personas que yo conozco. […] Los compañeros podrán decir lo contrario, pero como yo lo sabía […] y yo no digo que haya temor, sino que hay una impresión, entonces yo no creo que nos vayan a anular culturalmente, ni creo que el Gobierno tenga esa intención, pero eso se dice. ("Encuentro de los intelectuales" 163)

En una carta fechada el 22 de junio de 1969 Virgilio sólo se refiere de pasada a la legendaria reunión entre los intelectuales cubanos y Fidel Castro: "El viernes pasado Fidel se entrevistó con los artistas y escritores durante cinco horas en la Biblioteca Nac. Yo asistí". Su virtual silencio en torno a éste y otros asuntos particularmente delicados relacionados al siempre cambiante panorama político y cultural cubano

---

[10] Matías Montes Huidobro relata una versión similar de los eventos ocurridos en la Biblioteca Nacional en *Persona, vida y máscara en el teatro cubano* (Miami: Universal, 1973), 433.

sugiere que debía haber estado preocupado por la posible censura de su correspondencia. Un comentario que hizo en francés en la misma carta —"Je brule de parler avec toi" [Yo muero por hablar contigo]— pareciera comprobar la teoría de que Piñera deja deliberadamente mucho por decir en su comunicación escrita con Humberto. De otro modo sería difícil explicar la omisión de tantos detalles interesantes y, a fin de cuentas, significativos en torno a su relación cada vez más frágil con el Gobierno Revolucionario y sus políticas culturales.

Quizás Fidel Castro se estaba refiriendo al propio Piñera cuando, en un discurso a los intelectuales cubanos dos semanas después, mencionó los temores que habían sido expresados por ciertas personas en la primera reunión. "Había ciertos miedos en el ambiente y algunos compañeros han expresado esos temores" ("Palabras a los Intelectuales" 9), señaló al proponerse definir las normas ideológicas y culturales a seguir por los escritores y artistas de la Revolución. En "Palabras a los intelectuales" Castro se centró en la libertad de expresión artística, un asunto que, con razón, muchos autores temían había sido relegado a un segundo plano en favor de ideales de la Revolución supuestamente más importantes. Para muchos en la audiencia ese día, sus fuertes palabras parecían estar dirigidas a los colaboradores de *Lunes*, quienes alegadamente se habían alejado demasiado de la corriente social, política y cultural dominante y cuyas actitudes liberales acerca de la libertad artística tenían que mantenerse bajo control. En sus comentarios iniciales Castro delineó el problema básico en cuestión: "El problema que aquí se ha estado discutiendo y vamos a abordar, es el problema de la libertad de los escritores y de los artistas para expresarse. [...] El punto más polémico de esta cuestión es: si debe haber o no una libertad de contenido en la expresión artística" (11).

Castro señaló que el asunto de la libertad del contenido de la obra artística sólo supondría un problema para aquellos que vacilaban en sus convicciones revolucionarias y añadió que dichos individuos también representaban una amenaza real contra la Revolución. Con su franqueza característica, el líder cubano dejó claro en su discurso que la noción de la libertad de expresión artística había tomado un nuevo sentido en Cuba: "Esto significa que dentro de la Revolución todo; contra la Revolución nada. Contra la Revolución nada, porque la Revolución tiene también sus derechos y [...] nadie puede alegar con razón un derecho contra ella" (17). Las declaraciones de Castro subrayaban el hecho de que en Cuba la neutralidad en la política o en la literatura ya no era admisible. En otras palabras, o se estaba con la revolución o en contra de ella y obras artísticas o literarias que no apoyaran directamente a la Revolución y sus metas serían por ende catalogadas de contrarrevolucionarias.

Aunque nunca expresó su opinión al respecto en sus cartas a Humberto, cabe suponer que Virgilio habría considerado preocupantes las expresiones de Castro. Por más de dos años había defendido muchas causas de la Revolución y había elogiado las crecientes libertades que autores y artistas disfrutaban bajo el nuevo régimen en Cuba. En muchos de sus editoriales en *Revolución* y *Lunes* Piñera había resaltado la promoción de la cultura cubana bajo la Revolución y había alabado la recientemente obtenida libertad de expresión en la Cuba revolucionaria. Por ejemplo, en "Literatura y Revolución" escribió que "la propia Revolución no ha pensado por un momento en dar pautas al escritor, en consignarlo a escribir lo que ella quiera" (2). Pero las expresiones de Castro al respecto sirvieron para minar tal entusiasmo al confirmar que la libertad de expresión que Piñera había concebido como una parte central de la reforma cultural en Cuba durante la Revolución se había tornado improbable.

A principios de agosto de 1961 Piñera se embarcó en un viaje de un mes a Europa en donde visitó a Humberto y a su hermana Julia, quienes se habían trasladado allí en febrero de 1960 para trabajar en la embajada cubana en Bruselas. Para este momento, Humberto ya estaba perdiendo la fe en la Revolución, y en cuestión de meses sería despedido del puesto y comenzaría a hacer planes para regresar a Buenos Aires. Para el momento en que Piñera regresó a Cuba a mediados de septiembre, el gobierno había tomado un control aún más estrecho de la escena cultural y social del país. El cierre de *Lunes* –presuntamente por motivo de una falta de tinta y papel– fue anunciado en octubre y el último número fue publicado el 6 de noviembre. Irónicamente, algunos meses antes del cierre, el mismo Piñera había declarado que "lo revolucionario de 'Lunes' se fundamenta en el derecho que tiene todo escritor de expresar su pensamiento" ("Un ataque que honra" 2). Fue precisamente este tipo de actitud el que acabó conduciendo al cierre de la revista. Como ya era su costumbre, Piñera reportó este momento crucial con escasos detalles en marcado contraste con el profundo impacto que el cierre de *Lunes* tendría en su futuro profesional y su carrera literaria. Humberto no habría tenido problemas para leer entre líneas en este caso: "Con el número dedicado a Picasso dejó *Lunes* de aparecer. Ahora tenemos la nueva revista de la Unión de Escritores y Artistas. Se llama *Unión*" (8 de noviembre de 1961).

Es importante destacar en este punto que *Lunes* también se conocía como un refugio para los homosexuales (Lumsden 59), lo cual sin duda hizo que la revista y su personal fueran aún más desagradables a los ojos de los oficiales del gobierno cubano quienes consideraban la homosexualidad como un signo de discrepancia con los ideales socialistas. En su estudio de la homosexualidad y la Revolución Cubana, Marvin Leiner ha señalado que junto al surgimiento del Marxismo-Leninismo, el cual había promulgado durante mucho tiempo un cierto puritanismo y rigidez cultural, la campaña cubana contra la decadencia burguesa comenzó a concentrarse en las supuestas violaciones morales. Era una opinión muy difundida que los homosexuales no podían, por su naturaleza, cumplir los estatutos del "Hombre Nuevo" de Cuba, un individuo valiente y desinteresado dispuesto a luchar por la Revolución (Leiner 25). Piñera se convirtió en una víctima de la represión de la desviación sexual el 11 de octubre de 1961 –tres semanas después de su regreso de Europa y días antes del anuncio del cierre de *Lunes*– cuando fue arrestado en un bar en Guanabo por una alegada violación a la moral revolucionaria. El arresto ocurrió la mañana después de la infame "Noche de las tres P", una operación dirigida a librar la ciudad de "prostitutas, proxenetas y pederastas". Por medio de la intervención de Carlos Franqui y Edith García Buchaca, el influyente presidente del Consejo Nacional de Cultura, Piñera fue liberado rápidamente, pero la experiencia quebrantó su ánimo y un miedo intenso lo invadió. Al regresar a su casa de playa, descubrió que había sido allanada y clausurada por las autoridades. A pesar de recibir finalmente autorización para regresar a ésta, su miedo a vivir solo y a ser arrestado otra vez lo condujo eventualmente a abandonar la casa.

En una carta escrita a Humberto poco después de su arresto, Piñera no menciona el incidente –para entonces las autoridades sin duda estaban revisando sus cartas– pero da claros indicios de su alterado estado físico y emocional. Es de un interés especial notar sus intentos poco convincentes de justificar la decisión de abandonar la casa de playa en Guanabo en la que ambos habían vivido juntos. Humberto –quien, podríamos conjeturar, se había quejado del silencio de Virgilio– seguramente no habría tenido ningún problema para inferir que algo muy grave le había ocurrido a su mejor amigo:

> Tienes razón en quejarte de mi irregularidad en escribirte pero si supieras lo malo que he estado. Tengo el hígado a la miseria y hasta me repitió la neuritis que tuve en Buenos Aires. […] En estos días tomaré un apartamento en la Habana. Lo he decidido pues acá en Guanabo estoy muy solo y Luisa no puede atenderme como es debido. Además la casona está que viene abajo, ya no sé qué hacer con las goteras que me inundan toda la casa. Yo comprendo que es una lástima dejarla pero voy a estar más tranquilo acompañado viviendo en un departamento. (23 de octubre de 1961)

La misma carta contiene varios comentarios de bastante interés, los cuales Humberto habría fácilmente interpretado como indicadores de que Virgilio estaba considerando el exilio en Argentina. Virgilio le informa a su amigo –quien para entonces había sido despedido de su trabajo en la Embajada Cubana y estaba planificando su regreso a Buenos Aires– que le encantaría regresar a la capital argentina: "He vivido tantos años en Buenos Aires que añoro todo lo de allá. Sería magnífico si [José] Bianco pudiera conseguirme una invitación para estar un mes por allá". Consciente, al parecer, de que tendría problemas para dejar el país, Piñera tiene el cuidado de mencionar que se quedaría tan sólo por un mes e incluso recalca que su viaje sería en servicio de la Revolución: "Me gustaría dar unas cuantas charlas sobre la Revolución y sus conquistas en Buenos Aires. Además ¿quién mayor que yo? Soy cubano y he vivido catorce [*sic*] años por allá".

Tres meses después de su arresto, Piñera había abandonado su amada casa de playa y se había mudado a un apartamento adyacente al de José Rodríguez Feo en la esquina de la Calle "N" y la Calle 27 en el barrio de El Vedado en la Habana. La mudanza a El Vedado, el cierre reciente de *Lunes* y su arresto unos meses antes en gran medida debilitaron los ánimos de Piñera y desencadenaron una crisis emocional que sólo empeoraría ante el hecho de que Humberto se había mudado nuevamente a Buenos Aires y parecía más distante que nunca: "ahora estás al fin en Buenos Aires", le escribe Piñera, "cuando te volveré a ver". Refiriéndose a su reciente mudanza de Guanabo, Piñera añade "Yo, por mi parte, también desembarqué. El día 30 me mudé de Guanabo. Ya calcularás el desgarramiento producido. Dejar la casona ha sido como perder a un ser querido (valga la frase hecha)" (31 de enero de 1962). Dos semanas después un emotivo Virgilio se refiere una vez más a la pérdida de su casa en Guanabo, "qué manera de cambiar la vaca por la chiva. Ya estoy que ni hago planes ni quiero conservar [*sic*] nada. Perder esa casa ha sido como cuando perdí a la pobre Mamuma. Bueno, ya tú calcularás" (15 de febrero de 1962).

Durante este periodo particular, la prolífica correspondencia de Piñera con Humberto adquirió un tono decididamente negativo. En sus cartas —que fueron mucho menos frecuentes con el paso de los años— documenta su propia caída en picada en medio de la atmósfera cada vez más represiva de la Cuba revolucionaria. Para principios de 1962 el estilo de vida de Piñera comenzó a cambiar tan drásticamente como sus residencias. De puestos de mucha visibilidad y prestigio en *Revolución* y *Lunes* fue degradado a un puesto de editor y traductor para la Editora Nacional y, a pesar de que consiguió publicar un puñado de artículos, poemas e historias en dos revistas nuevas, *Unión* y *La Gaceta de Cuba*, su foro de publicación de artículos bisemanales y editoriales se había perdido para siempre.

Luchando contra toda esperanza

A pesar del deterioro de sus circunstancias personales, Piñera continuó escribiendo y albergando la esperanza de que su suerte mejoraría. Un raro momento de gloria llegó con el estreno de *Aire frío* el 8 de diciembre de 1962. La preocupación que Piñera había manifestado en "Piñera teatral" –esto es, que el público no toleraría una obra tan extensa (30)– resultó infundada, pues la puesta en escena de la obra tuvo un éxito rotundo. Cada noche se agotaban todas las entradas de las representaciones y Piñera estaba abrumado por la recepción popular y crítica de la obra.

> El sábado 8 se estrenó *Aire Frío*. Ha sido un *succes* [*sic*] tan grande que las colas para verlo son impresionantes. Tuve que salir a escena y el público entero se puso de pie para gritarme bravo y aplaudir. [...] Ya se piensa cambiarla para un teatro más grande. La gente llora, suspira, y le parece poco las tres horas y media que dura la pieza. (13 de diciembre de 1962)

En otra carta, escrita más de un mes después, Virgilio reporta que las presentaciones aún vendían todas las entradas cada noche y añadió que el crítico francés Claude Couffon había visto la obra y la había comparado con los trabajos de Eugène Ionesco y Samuel Beckett (28 de enero de 1963).

Por desgracia, estos grandes momentos fueron por mucho superados por decepciones y contratiempos. Por citar algunos ejemplos, los planes para presentar *La boda* en Viena en 1962 nunca se materializaron y en septiembre de 1963 el ánimo de Piñera se vio devastado al enterarse de que una invitación personal a asistir a un importante festival teatral en Edimburgo, Escocia, en agosto del mismo año supuestamente había sido abierta demasiado tarde por el secretario de la UNEAC. En una carta a Humberto, Piñera expresa su gran decepción y sugiere que el lamentable incidente fue una movida adrede para evitar que saliera del país:

> Esta carta llegó a la Unión el 2 de agosto y, ¡agárrate! Fue abierta el día 5 de septiembre, cuando ya no había tiempo para hacer nada. Me dice [Nicolás] Guillén que la culpa es de la secretaria que no no [*sic*] abrió la correspondencia oficial en su ausencia (Guillén estaba en Chile). Es, como comprenderás, una excusa como otra cualquiera. (2 de octubre de 1963)

Para subrayar el carácter cada vez más difícil de la vida diaria en Cuba, Piñera indica en la misma carta que uno de los pocos momentos gratos de los días recientes había ocurrido cuando recibió, en un envío postal de un amigo en Londres, un cepillo de dientes de nylon de alta calidad: "No puedes imaginar el valor que tiene para nosotros cualquier bobería de esas. ¡Un cepillo!" Con una mezcla de amargura y humor añadió que era el cepillo de dientes más decente que había tenido desde los tiempos en que vivía en Buenos Aires.

Para mediados de la década del sesenta, la decepción y la desilusión se habían convertido en hechos de la vida para Piñera. Aunque publicó varios trabajos durante este periodo, se hizo cada vez más evidente que se realizaban esfuerzos para reducir su influencia en la comunidad cultural cubana. En 1964 perdió su posición como director de Ediciones R y se le otorgó una posición de mínima influencia como traductor en la Imprenta Nacional. En septiembre de 1964 Piñera logró viajar a Europa donde hizo arreglos para traducir varias de sus obras. En Italia, firmó un contrato con Editore Feltrinelli por los derechos de traducción de todos sus cuentos, *La carne de René*, *Teatro completo* y *Pequeñas maniobras*. Asimismo, a través de un contacto establecido con el escritor español Juan Goytisolo, llegó a un acuerdo con Éditions Gallimard por los derechos de *Cuentos fríos*. Como discutiré por extenso más adelante en esta introducción, la mayoría de las traducciones que Piñera coordinó en Europa finalmente no se concretaron, al igual que las negociaciones que realizó posteriormente con Alfred A. Knopf en Nueva York.

Mientras se encontraba en Europa, Virgilio visitó a Guillermo Cabrera Infante, quien desempeñaba el cargo de agregado cultural cubano en Bélgica, y se reunió con sus colegas cubanos Heberto Padilla, Pablo Armando Fernández y Carlos Franqui en París en diciembre de 1964. En la capital francesa Franqui le advirtió a Piñera acerca de la creciente represión de los homosexuales en Cuba y le informó que el gobierno tenía planes de establecer campos a los cuales individuos considerados improductivos o inconformistas serían enviados para rehabilitación (Cabrera Infante, *Mea Cuba* 343). Aunque Franqui exhortó a Piñera a no regresar a Cuba, éste se vio obligado a regresar inmediatamente, principalmente porque había recibido por entonces una carta de su hermana Luisa implorándole que la ayudara a resolver problemas relacionados a su padre enfermo. En una carta enviada a Humberto desde Madrid, Virgilio explica la razones que lo llevaron a decidir regresar a Cuba: "Decidí regresar. [...] Ya sé que me acusarás de vacilación y de pensar demasiado en la familia, pero así soy y además estoy cansado de tanta lucha" (26 de octubre de 1964). Ya que escribía desde el extranjero, lejos de la mirada de los censores cubanos, se sintió en la libertad de declarar además que otro exilio en Buenos Aires, aunque tentador, estaba fuera de toda consideración. Según lo entendía, una movida semejante podría perjudicar sus oportunidades para publicar sus trabajos en Europa ya que sus potenciales editores respaldaban a la Revolución.

En diciembre de 1964 Piñera regresó a Cuba seguramente sin saber que nunca más volvería a salir del país. Para entonces la situación acerca de la que se le había advertido se había materializado. En la provincia de Camagüey el gobierno había establecido las Unidades Militares para la Ayuda de Producción (UMAP), a las cuales se enviaba a los supuestos disidentes, homosexuales y otros marginados sociales para ser "rehabilitados". Las UMAP –las cuales Piñera nunca mencionó en su correspondencia– siguieron funcionando hasta 1967 cuando finalmente fueron clausuradas a causa de la creciente presión local e internacional.

Durante estos difíciles años Piñera sufrió a menudo de depresión y ansiedad y en su correspondencia con Humberto documentó su caída paulatina. Ciertos temas se repiten de manera casi obsesiva en las cartas que escribió después de 1962. Las referencias a su inestabilidad emocional, a su creciente pesimismo, al avance de su edad (menciona su cumpleaños, agosto 4, con pasmosa frecuencia) y a la cercanía de la muerte son especialmente abundantes. Los siguientes pasajes son un ejemplo del ánimo cada vez más pesimista de Piñera a mediados de la década del sesenta:

> "Bueno, con estos 51, que Dios mediante cumpliré en agosto, casi no tengo ánimos para nada. [...] Soy como un caballo que aun con algunas fuerzas para seguir tirando del carro, se niega a la marcha" (16 de julio de 1963)

> "Ahora me he dado por llorar, y me pongo como idiota" (2 de octubre 1963)

"te confieso que me cuesta trabajo escribirte. Ya he perdido las esperanzas de reunirnos, entonces me digo: para qué seguir escribiendo. Achaca todo esto a la depresión que experimento. No olvides que este año cumplo 53 […] todo lo que logro es resistir, y nada más" (8 de mayo de 1965)

"Todas las ilusiones, los proyectos, los planes han desaparecido y sólo quedan los días, los días y tan sólo eso" (10 de agosto de 1965)

"Pues, aquí estoy, más viejo y más triste, y cada vez más estupefacto con todo lo vivido" (18 de julio de 1967)

De un modo análogo al que su correspondencia personal revela el trastorno emocional que sufrió a lo largo de los últimos años de su vida, muchas de las obras literarias de Virgilio Piñera reflejan sus temores y tensiones siempre en aumento. Por citar un ejemplo, *El no* –trabajo al que se refiere en varias ocasiones en su correspondencia– puede entenderse como una respuesta muy personal a la adopción de parte del gobierno cubano de ideologías que no sólo condenaban todo tipo de inconformismo, sino que también pregonaban la supuesta habilidad del socialismo "[…] to cure vices and restore people's health" [para curar los vicios y restaurar la salud del pueblo] (Lumsden 65). Esta obra en particular es en cierta medida autobiográfica en su representación de individuos que se rehusan a aceptar una ideología con la cual no comulgan aun cuando sepan que se arriesgan a ser castigados por su inconformidad.

La obra de Piñera *Dos viejos pánicos*, la cual fue galardonada con el prestigioso Premio Casa de las Américas en 1968, también refleja muchos de los temores y preocupaciones del autor durante sus últimos años. Los protagonistas de la obra son una pareja de ancianos, Tabo y Tota, quienes son prisioneros de un temor que los ha abrumado durante la mayor parte de sus vidas. A pesar de ser una de sus obras más ampliamente aclamadas, *Dos viejos pánicos* fue una fuente de problemas para Piñera. Poco después de su publicación, la obra fue calificada de contrarrevolucionaria y fue por ello prohibida en Cuba durante la vida de Piñera.[11]

---

[11] *Dos viejos pánicos* se estrenó en Bogotá en 1969 y recibió reseñas muy positivas. En 1970 se presentó en Ciudad de México y en Madrid disfrutando de un éxito similar.

La sensación de miedo experimentada por Piñera sin duda se agudizó a raíz de los eventos de los últimos meses de 1968, cuando dos de sus amigos y compañeros escritores, Heberto Padilla y Antón Arrufat, se vieron envueltos en un escándalo literario, el cual eventualmente provocaría una intensa crítica internacional de la cada vez más severa represión cultural en Cuba. Es relevante señalar en este punto que en la correspondencia de Piñera y Humberto hay una laguna considerable, la cual abarca los trece meses entre marzo de 1968 y abril de 1969, y no queda claro si las cartas de este periodo se extraviaron, se confiscaron o si nunca se escribieron. Cabe suponer, sin embargo, que si cartas de este periodo salieran a la luz, no contendrían referencias explícitas al "Caso Padilla" u otros asuntos relacionados.

Los pormenores del caso son ya muy bien conocidos y están ampliamente documentados, pero un breve resumen de sus aspectos más prominentes es relevante en el contexto de la situación específica de Piñera durante este mismo periodo. En octubre de 1968 Padilla y Arrufat fueron galardonados con el premio de la UNEAC de poesía y teatro respectivamente, por un jurado de autores cubanos e internacionales. Sin embargo, miembros de la unión de escritores que no habían participado en esta decisión repudiaron el libro de poemas de Padilla *Fuera del juego* y la obra *Los siete contra Tebas* de Arrufat, y acusaron a ambos autores de escritura contrarrevolucionaria. Estos miembros de la UNEAC inicialmente intentaron prohibir los libros, pero después accedieron a publicar ambas obras con una introducción difamatoria.

A pesar de que ambos autores acataron los términos establecidos por la UNEAC, los viajes pagados al extranjero que se suponía que eran parte del premio les fueron negados y se les prohibió a ambos autores salir del país. En la revista oficial de las Fuerzas Armadas Revolucionarias (FAR), *Verde Olivo*, cáusticos artículos firmados bajo el seudónimo de Leopoldo Ávila, condenaron a ambos escritores.[12] En

---

[12] Por muchas décadas se sospechaba que el autor que firmó los artículos con el nombre de "Leopoldo Ávila" fue José Antonio Portuondo, pero varios artículos recientes (ver Espinosa Mendoza y Cino Álvarez) sugieren que fue el teniente Luis Pavón Tamayo (1930-2013). Pavón fue jefe de redacción y después director de *Verde Olivo*, y entre 1971-1976 se desempeñó como presidente del Consejo Nacional de Cultura. Es considerado hoy uno de

"Las provocaciones de Padilla", por ejemplo, Padilla es caracterizado como un provocador que había planeado con cuidado sus ataques contra la Revolución y que estaba totalmente desconectado de la realidad. En "Antón se va a la Guerra", Arrufat es descrito de manera similar como un hostil enemigo de la Revolución y condenado por ser homosexual. El autor además tiene el cuidado de señalar que Arrufat había comenzado su carrera en *Ciclón*, en donde había encontrado gran afinidad con "esa actitud huracanada [de] Feo y Piñera (los flamantes editores)" (16).

Es importante añadir en este punto que días antes de publicar sus arengas contra Padilla y Arrufat el hombre que se ocultaba tras el seudónimo de Leopoldo Ávila también había atacado a Virgilio en una reseña virulenta de *Dos viejos pánicos*, en la cual se condena con vehemencia tanto al autor como a la obra:

> Si uno se pregunta de dónde sale tanto miedo y trata de explicarse esta obra, teniendo en cuenta el medio social revolucionario en que se produce, no va a encontrar respuesta posible. Nada más lejos de la Revolución que esta atmósfera, sin salida posible, en que Virgilio Piñera ha volcado sus pánicos. La nueva sociedad no ha influido en la obra [...] Ni siquiera una ráfaga del mundo nuevo entra en el Viejo mundo de Piñera. ("Dos viejos pánicos" 18)

Para finales de 1968, el escándalo en torno a Padilla y Arrufat se había calmado un poco y los ataques en su contra por el subrepticio Ávila se habían reducido. Pero lo peor aún estaba por venir.

LA ÚLTIMA DÉCADA: SILENCIO OFICIAL Y MUERTE

A lo largo de la última década de su vida Piñera sufrió de crisis emocionales y temía problemas adicionales con oficiales cubanos quienes para entonces habían restringido en gran medida sus libertades como escritor y como participante en actividades culturales. Después de la publicación de la compilación de sus poesías, *La vida entera*, y del

---

los principales ejecutores de la censura de centenares de autores y artistas cubanos para el gobierno revolucionario.

estreno de su comedia musical experimental *El encarne*, ambos en 1969, ninguna de sus obras fue publicada o representada en Cuba hasta cerca de ocho años después de su muerte. Su nombre apenas se pronunciaba en público, sus obras se hallaban notoriamente excluidas de antologías de literatura cubana y fue gradualmente retirado de las listas oficiales y de los catálogos bibliotecarios. De acuerdo a algunos reportes, Piñera sufrió el acoso regular de oficiales de la milicia y la policía.

En marzo de 1971, la comunidad intelectual cubana fue, por decirlo de algún modo, puesta a la defensiva cuando resurgió el "Caso Padilla" atrayendo un escrutinio internacional significativo sobre el cada vez más estricto control de la vida cultural e intelectual por parte del gobierno cubano. En marzo de 1971, más de dos años después de la controvertida publicación de *Fuera del juego*, Padilla –quien para entonces se encontraba en la "lista negra" del gobierno– y su esposa, Belkis Cuza Malé, fueron arrestados bajo cargos de conspiración contra el gobierno cubano y encarcelados. La esposa de Padilla fue liberada poco después, pero Padilla permaneció detenido por cerca de cuarenta días. De acuerdo a la mayoría de los reportes, el arresto de Padilla fue el resultado directo de dos incidentes: una conversación con el autor y embajador chileno Jorge Edwards, la cual fue grabada por la policía estatal y en la cual supuestamente conspiraron contra el Gobierno Revolucionario; y el arresto del periodista y fotógrafo francés Pierre Goledorf, quien se había reunido con numerosos intelectuales cubanos y había tratado de llevar manuscritos de Padilla en contrabando fuera del país.

Poco después del arresto de Padilla, muchos de los más conocidos partidarios europeos y latinoamericanos de Castro le dirigieron una carta, la cual publicaron en el diario parisino *Le Monde* el 9 de abril. En esta carta expresaron su decepción respecto al modo en que el gobierno cubano había tratado a Padilla: "el uso de medidas represivas contra intelectuales y escritores quienes han ejercido el derecho de crítica dentro de la Revolución, puede únicamente tener repercusiones sumamente negativas entre las fuerzas anti-imperialistas del mundo entero, y muy especialmente en la América Latina, para quienes la Revolución Cubana representa un símbolo y estandarte" ("Primera carta" cit. en Casal 74). La carta no tuvo el efecto deseado. Aún en prisión, Padilla fue forzado por oficiales del gobierno a escribir una declaración de 4,000 palabras en la que no sólo condenó sus versos supuestamente contrarrevolucionarios en *Fuera del juego*, sino que también confesó una serie casi risible de "transgresiones" contra la Revolución. A su salida de prisión el 27 de abril, Padilla le leyó este documento a un grupo de autores e intelectuales en la sede de la UNEAC. Muchos de los escritores e intelectuales presentes estaban implicados en la supuesta conspiración de Padilla contra la Revolución. Aunque no se mencionó a Virgilio Piñera, sus vínculos con muchos de los individuos mencionados le dieron suficientes razones para preocuparse.

El momento en que Padilla fue arrestado coincidió con el Primer Congreso Nacional de Educación y Cultura, el cual se celebró a finales de abril de 1971. Durante el congreso se declaró, entre otros asuntos, que cualquier expresión de ideología burguesa sería condenada. En el discurso de clausura de la conferencia, Fidel Castro denunció personalmente a los intelectuales que habían firmado la carta de condena en *Le Monde*. De acuerdo a Maurice Halperin, las expresiones de Castro revelaron "his deep personal resentment against those whom he had invited to Cuba at considerable expense to praise him, but who finding less and less to praise over the years instead criticized him, however gently and considerately in most cases" [su profundo resentimiento personal contra aquellos a quienes, a un costo considerable, había invitado a Cuba para elogiarlo, pero quienes con el paso de los años encontraban cada vez menos que elogiar y, en lugar de ello, lo criticaban, aun cuando fuera de manera ligera y considerada en la mayoría de los casos] (209).

En mayo 20 una segunda carta a Castro fue publicada en *Le Monde* y firmada por más de sesenta escritores e intelectuales. En este segundo documento los firmantes expresaron su "vergüenza" y "cólera" en cuanto a las circunstancias que rodearon la confesión forzada de Padilla. Compararon la escena en la sede de la UNEAC a los momentos más sórdidos del estalinismo y concluyeron declarando su deseo de ver la Revolución, la cual en su momento habían considerado un modelo del socialismo, retornar al camino recto. La ira de la comunidad intelectual internacional se vio incitada también por el inequívoco tono anti-homosexual del Primer Congreso de Educación y Cultura, el cual había declarado oficialmente el carácter de patología social de las supuestas desviaciones homosexuales y determinado que todas las manifestaciones de la homosexualidad habrían de ser rechazadas e impedida su difusión. La declaración de este congreso estipuló además que a los homosexuales no se les permitiría tener ningún tipo de influencia sobre las generaciones más jóvenes y que a aquellos individuos cuya moral no coincidiera con la de la Revolución se les prohibiría participar en cualquier grupo u organización que representara a Cuba oficialmente.

Ciertamente, no se trató de una coincidencia que haya sido precisamente para el momento en que ocurrieron estos eventos que Piñera y sus escritos fueron oficialmente condenados en Cuba. En virtud de una nueva ley revolucionaria de acuerdo a la cual todo trabajo artístico pertenecía al patrimonio nacional, a escritores como Piñera les fue negado el derecho a publicar fuera de Cuba y a viajar al extranjero. A pesar de la creciente presión oficial, Piñera y su cada vez más reducido círculo de amistades hicieron todo lo posible para perseverar en sus empresas intelectuales y llevar vidas con cierta apariencia de normalidad. En una carta fechada el 1 de octubre de 1971, Virgilio le provee a Humberto una imagen sombría de su vida drásticamente alterada: "Veo que estás reducido al cariño y al cuidado de un perro", escribe, "yo, ni eso, estoy reducido a mi [*sic*] mismo y viendo cómo el mundo se me reduce cada ves más y paso a paso. Mis 'ataduras' con el mundo se han ido esfumando y a la verdad que uno no puede inventar otras". A pesar de sus penosas circunstancias, Piñera continuó escribiendo afanosamente y a menudo se reunía con pequeños grupos en tertulias secretas, en las cuales leía y discutía sus más recientes escritos.[13] Entre los participantes de estas reuniones clandestinas se encontraban los amigos cercanos de Piñera, Antón Arrufat y José Rodríguez Feo, así como muchos escritores jóvenes

---

[13] Ver el artículo de Arrufat "La muerte en vida" para una fascinante discusión de la participación de Piñera en estas reuniones clandestinas a lo largo de la década del setenta.

como Abilio Estévez, Reinaldo Arenas y Roberto Valero, para quienes Piñera fue una especie de mentor.

Durante sus últimos años Piñera también se reunía regularmente con José Lezama Lima, con quien había restablecido una relación armoniosa tras la publicación de *Paradiso* en 1966. Piñera se conmovió profundamente ante la obra maestra de Lezama, la cual revivió sentimientos de cercanía personal e intelectual hacia el hombre que en algún momento consideró un espíritu afín.[14] Con su franco tratamiento del erotismo y la homosexualidad así como por su carácter profundamente íntimo, *Paradiso* tuvo un impacto dramático sobre Piñera. En efecto, Piñera acogió la controvertida novela como un testimonio de su propia convicción de que la sexualidad debía concebirse como un componente esencial de la vida y la expresión artística. Pero Piñera también se sintió complacido porque al representar *Paradiso* el golpe simbólico de Lezama a la tradición, garantizaría su legado como un escritor que, como el propio Piñera, se había atrevido a desafiar la moral prevaleciente. Puesto que Piñera consideraba el desafío a la jerarquía literaria un acto muy meritorio, aun cuando conllevara poner la propia reputación en riesgo, tuvo un tremendo respeto por la valiente decisión de Lezama de publicar una obra que seguramente sabía que escandalizaría a muchos de los integrantes de la comunidad intelectual cubana, especialmente a ciertos miembros del grupo *Orígenes*.

La muerte de Lezama, la cual ocurrió tan sólo cinco días después de que Piñera cumpliera 64 años, representó una gran pérdida personal así como el fin de una era y dejó a Piñera en un turbado estado emocional: "Piensa en el estado que me ha sumido esa muerte", le

---

[14] Conviene añadir aquí que la inicial hostilidad entre Piñera y Lezama se debió en gran parte al alegato de Piñera en 1941 de que su cohorte literaria había traicionado tanto su amistad como su excepcional vínculo intelectual al elegir a Ángel Gaztelu, un sacerdote católico, en lugar de a Piñera para codirigir *Espuela de Plata*. Piñera, quien sentía que debía haber sido elegido para la posición, interpretó la decisión de Lezama no sólo como una traición a la tradición, sino también como un rechazo implícito de sus visiones heterodoxas e inclinaciones subversivas compartidas. De este modo, gran parte de la tensión entre estos autores de ese punto en adelante no se debió tanto al desagrado de Piñera hacia la poesía de Lezama (como Piñera a menudo aseguraba) como a su opinión de que los escritos de Lezama no reflejaban sinceramente sus convicciones personales y literarias más íntimas.

escribe a Humberto, "que además de ser un aviso –no al lector, sino al escritor– es todo un desgarramiento" (15 de noviembre de 1976).

A pesar de sus frecuentes episodios de desesperación, Piñera se dedicó a escribir incansablemente en sus últimos años y completó varias obras cortas, cuentos y un poemario. Aunque el tono nostálgico de muchas de sus últimas cartas a Humberto parecería sugerir lo contrario, Antón Arrufat insiste en que Piñera estuvo convencido hasta su último día de vida que había tomado la decisión correcta al permanecer en Cuba y creía que algún día su periodo de silencio forzado acabaría ("Un poco" 21-22). Sin embargo, es importante recalcar que la correspondencia de Piñera y algunas de sus obras durante este periodo revelan el talante sombrío de un hombre que sentía un profundo sentido de fatalidad en una sociedad represiva. En una carta a Julia Rodríguez Tomeu, por ejemplo, el tono hueco y desesperado de Piñera resalta la monotonía y la frustración que lo asediaban en sus últimos años: "no tengo deseos de escribir, ni sobre nada ni a nadie. Mi vida está por terminar, he luchado mucho y estoy cansado de luchar. Me dejo ir, eso es todo. Los días son iguales como gotas de agua" (*De vuelta y vuelta* 246-47).

En 1979 Piñera tuvo dos altercados significativos con los Agentes de la Seguridad del Estado Cubano. De acuerdo a Barreto, en mayo de ese año un amigo francés de Piñera fue sorprendido intentando salir del país con varios de sus manuscritos. Tras este incidente, Piñera fue reprendido severamente por las autoridades, quienes le advirtieron que evitara incurrir en otras faltas (35). Heberto Padilla describió de manera similar cómo a principios de octubre de 1979, sólo semanas antes de la muerte de Piñera, miembros de la Seguridad del Estado Cubano entraron a su apartamento en el Vedado, lo acusaron de estar envuelto en actividad contrarrevolucionaria, confiscaron varias copias de sus obras publicadas y le advirtieron que no se relacionara con extranjeros ni se reuniera en ciertos círculos literarios (18).

Estos incidentes dejaron a Piñera tan aterrorizado que Cabrera Infante llegó incluso a sugerir que su súbita muerte el 19 de octubre de 1979 fue a consecuencia de su intenso miedo ("The Death of Virgilio" xiii-xiv). Reinaldo Arenas, por su parte, propuso la teoría de que los agentes de seguridad cubanos mataron a Piñera (293-96). Aunque ambas anécdotas se han sumado a la creciente leyenda en torno a la vida y obra de Piñera, la historia oficial, y la más creíble, es que Virgilio murió de un ataque al corazón, solo en su apartamento en la Habana. El obituario de Piñera en *Granma* –ridículamente breve y sepultado entre tres artículos acerca de diferentes actividades culturales en la Habana– da testimonio del relativo olvido en que murió:

EFECTUADO EL SEPELIO DEL ESCRITOR VIRGILIO PIÑERA

> Ayer en horas de la tarde se efectuó el sepelio del escritor Virgilio Piñera (1912-1979), en el cementerio de Colón, en La Habana. Dramaturgo, novelista, cuentista, poeta y crítico, Piñera produjo una extensa obra literaria. Virgilio Piñera falleció repentinamente el jueves a consecuencia de un colapso cardíaco; al morir trabajaba en la esfera editorial del Ministro de Cultura. ("Efectuado" 5)

Un obituario igualmente lacónico, publicado el mismo día en *La Nación*, se refirió a este importante autor cubano como a un adversario de la Revolución que había perdido el favor del gobierno oficial tras la publicación de su segunda novela, *Presiones y diamantes*, en 1967.

Piñera legó una impresionante cantidad de escritos –alrededor de diez y ocho cajas de manuscritos de acuerdo a varios testimonios, incluyendo poemas, numerosos cuentos, un puñado de obras teatrales terminadas y varias obras en proceso, pero entre estos escritos, la mayor parte de su abundante correspondencia de alguna manera ha pasado desapercibida. La reciente publicación de *Virgilio Piñera de vuelta y vuelta: correspondencia 1932-1978* fue un gran paso adelante y espero que las siguientes secciones de esta introducción crítica así como el epistolario anotado que sigue a continuación sirvan para dilucidar muchos detalles de la vida y obra de Virgilio Piñera que anteriormente permanecían ocultos.

Una vida literaria en cartas

El lector de las cartas que Virgilio Piñera le mandó a Humberto verá que el autor cubano abarcó una variedad impresionante de temas y reveló mucha información poco conocida tanto personal como profesional durante las últimas dos décadas de su vida. Discutió, por ejemplo, las lecturas que iba realizando, sus variadas actividades intelectuales y sus obras literarias. También mencionó a menudo las tentativas de arreglar traducciones de sus obras a lenguas extranjeras, sus diligencias como periodista, editor y traductor, y sus interacciones con impresiones sobre muchas figuras literarias cubanas del momento. En términos de su contenido de índole más personal, Piñera reflexionó sobre las escaseces tanto materiales como espirituales que sufrió durante sus últimos años, y comunicó de una manera muy abierta su creciente angustia por el paso del tiempo que se refleja, entre otras cosas, en las frecuentes (y casi obsesivas) referencias a su cumpleaños y en las evocaciones recurrentes del pasado con Humberto, tanto en Cuba como en Argentina. Para el lector interesado en el exilio cubano, estas cartas servirán como un verdadero catálogo del fenómeno, pues Virgilio menciona a decenas de autores, intelectuales y figuras políticas que decidieron abandonar el país.

En lo que queda de esta introducción, voy a concentrarme en tres temas que recurren con mucha frecuencia a lo largo del epistolario entre Virgilio y Humberto, y que son, a mi pensar, particularmente importantes en cuanto a la formación literaria del autor de *Electra Garrigó*, *La carne de René* y *Cuentos fríos*. Primero, voy a discutir cómo Virgilio reveló en su correspondencia con su mejor amigo y colaborador intelectual mucha información valiosa sobre lo que estaba leyendo durante esa época tan importante en su propia carrera literaria. Virgilio menciona en sus cartas a Humberto decenas de obras literarias y autores —la mayoría franceses, desde luego, pero también muchos de otros países de Europa, y unos cuantos (muy pocos para decir la verdad) de las Américas—. En segundo lugar, demostraré cómo estas cartas proveen detalles imprescindibles sobre las obras del mismo Virgilio: pues le informó a Humberto sobre títulos provisionales, obras perdidas o nunca terminadas, fechas de composición, entre muchas otras cosas.

Por fin, terminaré este estudio introductorio con una examinación detenida del asunto de la traducción de las obras de Piñera a lenguas extranjeras, tema que discutió con sorprendente frecuencia. Como veremos, Piñera tenía muchas esperanzas de ver toda su obra traducida a los más importantes idiomas europeos, y sabía cuán importante esto sería para su propio legado como autor. Sin embargo, a pesar de sus mayores esfuerzos, la gran mayoría de los proyectos de traducción terminaron fracasando.

Piñera lector: "Ahora estoy leyendo estas carnitas"[15]

En sus cartas a Humberto, Virgilio se refiere, especialmente durante los años sesentas, a veintenas de libros que estaba leyendo, que había leído recientemente, o que estaba pensando leer tan pronto pudiera conseguir un ejemplar. Esta información es muy útil tanto para los lectores de la obra de Piñera como para sus críticos porque, por un lado, da fe de sus eclécticos gustos literarios y, por otro, sugiere muchas posibles influencias en sus propios escritos. Es de notar que la vasta mayoría de las obras que menciona son libros franceses, que representan múltiples y variados géneros, periodos y movimientos literarios. Entre los autores franceses que merecieron ser mencionados (algunos con más frecuencia que otros) están Guy de Maupassant, François-René de Chateaubriand, Honré de Balzac, Marcel Proust, Jean Genet, Jean Paul Sartre, Albert Camus, Simone de Beauvoir, y muchas figuras de menos importancia y renombre. Como nota el mismo Piñera en más de una carta, sacó muchas de las obras francesas del capítulo habanero de la Alianza Francesa, fundada en 1951 y ubicada en el Vedado. En una carta con fecha del 29 de abril de 1960, Virgilio expresa su deleite al darse cuenta de que puede sacar libros de la pequeña biblioteca de la Alianza:

> Te diré que por fin estoy leyendo de la Alianza […] Pues, me enteré que dando un depósito de cuatro pesos puedes sacar hasta tres libros de una

---

[15] Piñera y Humberto empleaban con frecuencia este término para referirse a sus lecturas, especialmente las que les parecían particularmente buenas.

vez. Ahora estoy leyendo estas carnitas: *La Duchesse de Bourgogne*, *La Jeunesse de Phillipe Egalite*, y *La Vie Dissipée de la Duchesse de Bouillon*. Pero eso no es todo, y de estas carnitas hay por lo menos cuarenta o cincuenta. Así que espera una temporada agradablemente sumergido en el pasado.

Como era un lector voraz, Virgilio ya había leído casi todas las obras de la Alianza en poco más de dos años. Pues, en una carta de agosto 1962 le informó a Humberto que "de lecturas casi nada, a no ser lo de la Alianza, que ya tengo casi agotada" (9 agosto 1962). Durante la última década de su vida, cuando le resultaba particularmente difícil conseguir buenas lecturas de afuera, Virgilio volvió a la biblioteca de la Alianza y empezó a releer las mejores "carnitas" de dicha colección, hecho que documentó en una carta de octubre de 1971: "De lecturas lo mismo que tú", le escribe a Humberto –quien parece haberse quejado de la falta de buenas lecturas en Buenos Aires– "Hace rato que ya agoté La Alianza y releo. Ahora estoy con las memorias de [Alexandre] Dumas" (01 octubre de 1971).

A juzgar por varios comentarios que se encuentran en las cartas, la mayoría de los demás libros que Piñera leyó durante esta época fueron mandados por Humberto desde Bélgica y Argentina. Aunque gran parte de los libros fueron franceses, llegaron también varias traducciones tanto al español como al francés de obras de autores de otros países europeos, especialmente de Alemania y Suiza. Entre los libros que Humberto le mandó a Virgilio contaron, por ejemplo, *Le Pere Goriot* [Papá Goriot] de Balzac, sobre el cual Virgilio escribió lo siguiente en una carta de agosto de 1960: "Ahora estoy fijado con *Le Pere Goriot*. A la verdad que Balzac es bastante paquetoso. Por momentos es brillante pero, en conjunto, no deja de ser un folletín. ¡Qué diferencia con Proust! Por lo que se ve, Balzac tenía ideas muy pobres sobre la alta sociedad francesa. Hay descripciones que dan risa" (17 de agosto de 1960).

Entre los libros que Virgilio menciona con más frecuencia en sus cartas a Humberto figuran novelas y textos historiográficos franceses de los siglos XVIII y XIX, que solía llamar sus "queridas 'vejeces' francesas" (25 de abril de 1963). En una carta con fecha del 29 abril de 1960 Virgilio resumió bien –en francés, desde luego– como su gran afición por las "vejeces francesas" a veces eclipsaba su interés en la literatura moderna: "Je brule par l'arrivée de la Comtesse de Boigne. Chaque fois de plus je deteste la litterature dite moderne et, surtout, les romans. [Me muero por la llegada de la Comtesse de Boigne. Cada vez más detesto la llamada literatura moderna y, sobre todo, las novelas]. Esta observación es particularmente interesante y reveladora cuando tomamos en cuenta que fue escrita justo al principio del llamado Boom en Latinoamérica. De hecho, en sus cartas a Humberto, Piñera apenas menciona a autores asociados con este fenómeno editorial y literario que resultó en la publicación de un número sin precedente de cuentos y novelas de alta calidad. Pero a pesar de su supuesta aversión a las novelas modernas, Piñera pidió y recomendó gran número de ellas. Un título que Virgilio cita en varias cartas, en gran parte porque tuvo que esperar varios meses para que Humberto le mandara un ejemplar desde Bruselas, es *El tambor de hojalata* (1959), gran novela del escritor alemán y futuro ganador del premio Nobel (1999) Günter Grass. Después de recibir la novela por correo en octubre de 1962, Piñera escribió "por fin me llegó el famoso Tambor. Estoy por la mitad, y es una maravilla" (4 de octubre de 1962). Esta novela protagonizada por un niño que se resiste a crecer en un escenario contaminado por la violencia y la hipocresía política y religiosa, no sólo hace eco de *Ferdydurke* –la gran novela de Gobrowicz que Virgilio y Humberto ayudaron a traducir al español en 1946– sino que también tiene mucho en común con obras del mismo Piñera –especialmente su novela *Pequeñas maniobras*. En esta obra –a la cual Piñera estaba dando los toques finales en la misma época que leía *El tambor de hojalata*– el protagonista también vive en una especie de estado infantil perenne y resiste la influencia contaminadora de la religión y la política. Aunque no creo que la novela de Grass influyera directamente en *Pequeñas maniobras*, se entiende al leer la obra maestra del autor alemán por qué lo impresionó tanto a Virgilio. Por varios comentarios que hizo, queda claro que Piñera le tenía mucho respeto al autor alemán. Tres años después de leer *El tambor de hojalata*, por ejemplo, Piñera elogia su tercera novela –*Los años de perro* (1965)– la cual leyó en traducción francesa. "Ahora [estoy leyendo] *Les Années de chien* de Günter Grass. Es otro mamotreto espléndido como *El Tambor*" (8 de marzo de 1966).

En marzo de 1963, Virgilio hizo la primera de varias referencias a *La Peste*, novela de 1947 de Albert Camus que aborda el tema de la solidaridad entre un grupo de médicos que lucha contra la peste que ha invadido Orán, un pueblo argelino. "Imagina mi ánimo y comprenderás muchas cosas", le escribe a su amigo. "Por cierto, en estos días estoy releyendo *La Peste*. ¿Por qué no la releas tú también" (7 de marzo de 1963). Esta novela clásica del siglo XX pondera muchas cuestiones relacionadas a la naturaleza del destino y de la condición humana. Piñera la leyó varias veces (según comentarios que hace en las cartas), y debió de haber ejercido cierta influencia en sus escritos de los años cincuenta y sesenta, especialmente en términos de su propia exploración de las múltiples reacciones humanas a las crisis existenciales y al mundo regido por el absurdo. Es de notar que en un homenaje que le dedicó a Camus después de su muerte prematura en un accidente automovilístico, Piñera hace el siguiente comentario sobre *La peste*:

> Para Camus la vida resultaba un absurdo. Era como una idea fija. Recuerdo ahora ciertos capítulos de *La Peste*. En Orán la vida no tiene sentido, la peste asola a la ciudad, y cada habitante sabe de antemano que existen mínimas posibilidades de escaparle. La muerte ha dejado de llamarse premonición, oráculo o sibila para convertirse en evidencia aplastante. Pero Camus, que se dio gusto –personificado en *La Peste* misma–, diezmando a la ciudad de Orán, no podía sospechar, premonizar, oracular o sibilizar su propia muerte, oscura, estúpida y brutalmente sobrevenida en una carretera de París. ("En la muerte de Albert Camus" 7)

Evidentemente Humberto demoró en tomar los consejos de Virgilio, pues en octubre de 1963, Virgilio lo urge de nuevo para que relea la novela francesa: "Querida, vuelve a releer *La Peste*, es necesario que lo hagas" (2 de octubre de 1963).

Entre muchas otras obras contemporáneas que se encuentran en la lista de lecturas de Virgilio, y que merecieron sus elogios, encontramos *Las dos mitades del Vizconde* (1952), del italiano, Italo Calvino; la novela *Journal de voleur* (1949) y la obra de teatro *Les Negres* (1955) del francés Jean Genet; varias obras de autores suizos como *La Promesse* (1958) y *La Panne* (1956) de Friedrich Dürrenmatt, y *Je ne suis pas Stiller* (1954) de Max Frisch (1911-1991). Piñera hace elogio también de obras de varios autores alemanes tales como el *Tercer libro sobre Ajim* (1961), de

Uwe Johnson, y *Persecución y asesinato de Jean-Paul Marat, representado por el grupo teatral de la casa de la salud de Charenton, bajo la dirección del señor de Sade* –más bien conocida por su título abreviado *Marat-Sade* (1963)– de Peter Weiss. Partiendo de la versión francesa, desde luego, Piñera tradujo en 1965 *Marat-Sade* –que denomina "una obra magnífica"– para las ediciones de la Editora Nacional.

En términos de su discusión de sus lecturas, las cartas de Virgilio también iluminan por lo que no contienen. Por ejemplo, aunque el autor cubano menciona brevemente a varios autores importantes de América Latina, en gran parte argentinos que él mismo había conocido personalmente –Julio Cortázar, Jorge Luis Borges, Ernesto Sábato, José Bianco, Silvina y Victoria Ocampo– es interesante notar que en sus cartas a Humberto se refiere a muy pocos autores y obras latinoamericanos. Esto no quiere decir que Virgilio no leía la literatura latinoamericana, pero resulta interesante y revelador que la mencione muy infrecuentemente en sus cartas a su mejor amigo y colaborador intelectual. Una referencia de particular interés se encuentra en una carta de junio de 1962 que contiene una breve referencia al autor mexicano Juan Rulfo, cuya única novela y obra clave de los años "preboom" Piñera aparentemente no había leído: "Si tienes la oportunidad", le escribe a Humberto, "busca una novela titulada *Pedro Páramo* (Juan Rulfo mejicano) y dime que te parece. Acá lo ponderan mucho, y a la verdad que yo leí unos cuentos de él y me resultaron un paquetico" (12 de junio de 1962). Esta breve evaluación del gran autor mexicano y de su colección de cuentos, *El llano en llamas* (1953), sugiere que Piñera no tenía prisa para leer *Pedro Páramo* –novela brevísima comparada con los mamotretos europeos que solía leer– y que prefería esperar a ver lo que pensaba Humberto de la obra. Otra de las pocas obras latinoamericanas que Piñera admitió haber leído en una carta a Humberto es *Paradiso*, la gran novela de Lezama. Sabemos que a Piñera la obra maestra de Lezama lo impresionó mucho: en el poema "El hechizado" –texto que le dedicó a Lezama después de su muerte– Piñera se refiere a la gran novela como "Golpe maestro, jaque mate al hado" (*La isla en peso* 189). Pero sólo la menciona del pasar en dos cartas a Humberto, y sus comentarios sobre la novela no son tan laudatorios: "No sé con quien enviarte *Paradiso*", escribe en una carta fechada 24 de agosto de 1966, "es un gran libro, a pesar de su desorden".

En cuanto a autores estadounidenses, Piñera sólo menciona a uno: Edward Albee (1928-), el gran proponente del teatro del absurdo cuyas obras admiraba mucho, según indicó en unas cuantas cartas. En una de noviembre de 1965, por ejemplo, dice que ha visto puestas en escena en la Habana de sus dos primeras obras –*El cuento del zoológico* (1958) y *La muerte de Bessie Smith* (1959)– pero añade que todavía no se ha estrenado su obra más famosa: *¿Quién teme a Virginia Woolf?* Sobre la posible influencia de la obra de Albee en la de Piñera se ha escrito muy poco, y creo que hay suficiente conexión entre la obra dramática de los dos autores para un ensayo muy revelador. Pero ese proyecto lo dejo para otro momento u otro crítico.

PIÑERA ESCRITOR: "ME PARECE QUE ES UNA PIEZA PERFECTA"

Además de sus frecuentes referencias a sus lecturas eclécticas, Virgilio también escribe con frecuencia sobre sus propios empeños literarios, muchos de los cuales se caracterizaron por demoras y frustraciones. El primer proyecto que merece mucha atención en su correspondencia con Humberto es su *Teatro completo*, uno de sus primeros proyectos con Ediciones R. Hay referencias a este libro en más de una docena de cartas, y es mencionado por primera vez en una carta con fecha del 18 de mayo de 1960. En ésta Virgilio anuncia con cierto aire de triunfo que el tomo estará en las librerías habaneras para el mes de junio del mismo año. Sin embargo, el proyecto se complicó mucho, y no salió hasta marzo del año siguiente. En muchas de las cartas escritas entre mayo de 1960 y marzo de 1961 Piñera hace una referencia al libro, y ya para enero de 1961 está bien frustrado con las demoras que, según le explica a Humberto, se debían en gran parte a su decisión de incluir fotos en blanco y negro al final del volumen. Reflejando cómicamente su cambiante actitud hacia el libro –que vacilaba entre lo sublime y lo ridículo– le declara a Humberto en enero de 1961 que "Sí, mi libro es el parto de los montes. Ahora no estará para enero sino febrero" (18 enero 1961). Dos meses después escribe, con un aire palpable de alivio: "¡por fin salió mi Teatro!" (6 de marzo de 1961).

Otro proyecto en que trabajaba Virgilio en el año sesenta y uno, según cuenta en sus cartas a Humberto, fue su autobiografía, que había empezado hacía muchos años y que nunca terminó. Resulta claro al leer los comentarios en sus cartas que Humberto lo había animado mucho a seguir adelante con el proyecto. "Tendrás unas [sic] gran alegría", escribe Virgilio en diciembre de 1961, "cuando te diga que he vuelto a la Autobiografía. El otro día me reí mucho yo solo, pues me volví a ver a la tierna edad de siete años tocando de oído aquel famoso tango: La Hija del Penal me llaman siempre a mi ... Me acuerdo que lo tocaba con el dedo y Luisa me regañaba por mis equivocaciones" (8 de diciembre de 1961).

Durante esta misma época Virgilio también escribió varios cuentos, y compiló otros que no se habían publicado en libro para una colección que en abril de 1962 recibió el título provisional *El caramelo* (8 abril 1962). Al mismo tiempo trabajaba en un libro de poemas sobre el cual escribo, en una carta del 8 de abril de 1962, que "al decir de los lectores que ha tenido [el libro], es una verdadera revelación en la poesía cubana. Veremos". Se refiere de nuevo a los dos libros en una carta de junio de 1962, y en agosto anuncia que la colección de cuentos –que todavía se llama *El caramelo*– y sus novela *Pequeñas maniobras* están por salir. Como se sabe, la novela salió en mayo del año siguiente. El público tuvo que esperar más de dos años para la salida del libro de cuentos, que no apareció en las librerías habaneras hasta finales de 1964, y más de siete para la colección de poesía, *La vida entera*, que salió en 1969 y fue el último libro que Virgilio publicó en Cuba durante su vida.

En sus cartas a Humberto, Piñera se refiere con frecuencia a su tercera novela, *Presiones y diamantes*. Según le cuenta a su amigo, había empezado la obra en Buenos Aires, y llevaba como título original *La conspiración*. Este último detalle lo encontramos en una nota escrita a mano en el margen de una carta fechada junio 29, 1960: "[te incluyo] el primer capítulo de mi novela 'La conspiración'".[16] En una carta de febrero de 1961 Virgilio informa a Humberto que ha terminado *Presiones y diamantes*, pero, como se sabe, esta obra también tuvo que esperar buen tiempo –seis años en este caso– para ser publicada. Aunque no fue su obra preferida ni más lograda, Piñera tuvo bastante confianza en *Presiones y diamantes* pues la entregó al concurso Biblioteca Breve de la Editorial Seix Barral en España.[17] Poco después de entregarla en persona mientras se encontraba en España, sin embargo, le expresa a Humberto que no esperaba ganar el premio. Según le cuenta a su amigo, su inseguridad no se debe tanto a la cuestionable calidad de la novela sino, al hecho de que no cumple con uno de los requisitos del premio: "no tengo grandes esperanzas. Una de las bases dice que el manuscrito deberá tener no menos de trescientas páginas; mi novela apenas pasa las cien. Además, me clásica mala suerte para ganar concursos" (10 de diciembre de 1964).

No tuvo que esperar mucho para recibir una respuesta del mismo Carlos Barral, director de la editorial, quien le aconsejó a Virgilio, en una carta poco halagadora del 14 de diciembre, que debía retirar la novela del concurso ya que él opinaba que no tenía posibilidad de ganar: "Mi querido amigo", escribió Barral, "los primeros cambios de impresiones con los miembros del jurado me dan la más que probable impresión que tu novela no obtendrá el premio. Considero que a tu libro le favorecería muy poco, y tampoco sería un crédito de escritor, el merecer un lugar entre las novelas votadas. En el mismo caso están otros libros ... y ante ellos como ante tu novela tomo la misma determinación: retirarlos del concurso" (*Virgilio Piñera de vuelta y vuelta* 238). Piñera rehusó retirar el libro, pero tampoco ganó el premio.

Tuvo que esperar Virgilio unos tres años para recibir su primer y único premio literario, el prestigioso premio Casa de las Américas,

---

[16] Aunque Piñera no dio en su carta información sobre el capítulo incluido, podemos asumir que fue el mismo que salió en el número de *Lunes de Revolución* correspondiente al 23 de octubre de 1961 (16-20).
[17] Este premio prestigioso había sido otorgado tres años seguidos a autores hispanoamericanos el peruano Mario Vargas Llosa (1962), por *La ciudad y los perros*; el mexicano Vicente Leñero (1963), por *Los albañiles*; y el cubano Guillermo Cabrera Infante (1964), por *Tres tristes tigres*.

que le fue otorgado por su obra dramática *Dos viejos pánicos* en marzo de 1968. La primera vez que Piñera se refiero a esta pieza en una carta a Humberto es en julio de 1967. Aunque no reconozcamos el título y los nombres de los personajes, fácilmente podemos identificar la obra en la siguiente descripción: "De teatro te diré que, además de 'El no' [...] tengo *La Niñita querida* (dos actos) y *Los Rinranistas* (dos actos). Se llama así por los dos únicos personajes en la pieza –Rin y Ran– dos viejos que, presos del miedo que todas sus vidas han tenido, juegan a hacerse los muertos para así realizar actos temerarios" (18 julio 1967). Es de notar que no fue hasta el 21 de marzo de 1968 –casi un año después de su primera referencia a la obra que hoy conocemos como *Dos viejos pánicos*– que Virgilio la menciona de nuevo. En su carta Piñera comparte con su mejor amigo raras noticias buenas:

> Pues gané el premio de teatro de la Casa de las América. Competí contra ochenta y nueve obras, cubanas y latinoamericanas. La pieza tiene solo dos personajes –Tota y Tabo– marido y mujer de sesenta años de edad. Estos viejos se han dedicado a jugar el juego de hacerse los muertos, pues se han pasado la vida teniendo miedo, y si se hacen los muertos pueden decir y hacer lo que quieren sin temor de las consecuencias. Esta libertad de acción les permite matar a los productores de su miedo, es decir, los mismos Tota y Tabo: también juegan a matar al miedo mismo, pero nunca logran atraparlo y, en cambio, él le mete más miedo. Otra fase de la pieza es cuando Tabo acusa a Tota y a Tabo (haciendo de juez) de ser los asesinos de ambos, pero Tota descubre el juego y a sus vez acusa a Tabo de ser, con Tota, los asesinos de ambos. Al final de la pieza ellos quieren regresar, mediante la transfiguración, a la infancia para así recomenzar la vida y que exista la posibilidad de que el miedo no los domine, pero ya el círculo se ha cerrado y advierten que están en un callejón sin salida. Vuelven a sus camas hablando como niños, pero Tota, mediante lo que en teatro se llama "un rompimiento" saca a Tabo de su ilusión infantil. Este entonces le dice: "Tota, qué vamos a comer mañana? Y ella le responde; Carne con miedo, mi amor, carne con miedo". Esto es en pocas palabras el fondo de la obra. No sé cómo hacer para mandártela, tengo un gran interés y curiosidad de que la conozcas. Me parece que es una pieza perfecta, tan bueno que lo mejor que pueda escribir Beckett o quien sea. Sólo son dos actos, pero de una acción y violencia increíbles. (21 de marzo de 1968)

En sus cartas Virgilio no suele dar resúmenes detallados de sus obras, y éste de *Dos viejos pánicos* es, desde luego, el más largo que encontramos en su correspondencia con Humberto. Su descripción de su pieza da fe no sólo del gran orgullo que sintió después de haber ganado un premio tan prestigioso, sino que también subraya la afición que sentía hacia esta obra en particular.

Otra pieza teatral hacia la cual Piñera sentía gran afición es *El no*, obra que, según comentarios que hace en sus cartas a Humberto, empezó a escribir en enero de 1965 (21 de octubre de 1966) y terminó en mayo del año siguiente (8 mayo 1965). La primera vez que Piñera se refiere a la obra es en una carta del 8 de mayo de 1965, presumiblemente un par de días después de terminar el primer borrador: "Acabo de terminar una obra de teatro en un prólogo y cinco actos. Es la historia de novios que nunca se casan. Creo que es *interesantota*" (8 de mayo de 1966). Aparentemente Piñera siguió trabajando en la obra por varios meses, y le informa a Humberto en más de una ocasión que los que habían leído versiones tempranas de la pieza se quedaron muy impresionados. Por ejemplo, según Virgilio, al periodista y activista francés Morvan Lebesque, quien había visitado la Habana en julio de 1965, le encantó la obra y quería llevarla a Francia. En agosto de 1965 le escribe lo siguiente a Humberto:

> acabo de terminar mi obra en un prólogo y cinco actos titulada "No" (historia de dos novios que nunca llegan a casarse porque así lo han decidido). Ha estado aquí M. Lébesque (Morvan), del Teatro de Naciones, leyó la obra y se ha quedado chocho. Dice que es absolutamente original y que en París será un éxito. La compara con las mejores obras de [Johan August] Strindberg y [Antón] Chékoj. La estoy haciendo copiar para enviar una copia a París para la traducción. (10 agosto 1965)

Tres meses más tarde, Virgilio le informa a Humberto sobre la posibilidad de una puesta en escena de *El no* en París: "Espero nuevas noticias de Lébesque (director de la revista *Teatre* [*Populaire*]) que cuando estuvo aquí leyó mi nueva pieza (*No*, se titula y es la historia de una pareja que nunca llega a casarse y pasan cuarenta años) y tanto se entusiasmó que llevó la pieza para ponerla allá" (30 de noviembre de 1965). Desafortunadamente, como tantos proyectos y sueños suyos, éste no se llevó a cabo. En agosto de 1966 Virgilio comparte –en una carta particularmente deprimente– las siguientes malas noticias:

> De mi estreno en París, nada. El que sería el director de la pieza (la que te mandé) Morvan Lébesque, dice que no hay actrices en París para hacerla. Eso es excusa, y no me explico pues él vino a la Habana, leyó la pieza (que

yo no le di), me dijo que el teatro no conocía nada más importante desde hacía diez años y después se lo dijo en París a Juan Arcocha. Algún día o nunca desentrañaré este misterio. Ahora la traducen en Polonia. (24 de agosto de 66)

Dos meses más tarde, Piñera revisita el asunto de *El no*, obra que llama en esa ocasión "la pieza de teatro que más trabajo me ha dado y de la que hice más versiones" (22 de octubre de 1966). Como para justificar una más de tantas desilusiones que plagaron los últimos años de su vida, Virgilio le explica a Humberto –con cierto aire de ingenuidad– que Morvan Lébesque estaba trabajando mucho para montar la puesta en escena en París, pero que no podía levantar suficiente dinero para la producción. En la misma carta Virgilio habla del próximo estreno de *El no* en la Hababa, supuestamente programado para abril de 1967. Pero en una carta escrita en julio le informa que el estreno se había aplazado para noviembre.[18] Como sabemos, esto fue otro de los muchos proyectos que nunca se materializaron: la obra no se publicó hasta 1993, y el estreno habanero se dio en 1995.

Un comentario particularmente interesante que Virgilio hace sobre su obra se encuentra en una nota escrita a mano en el margen de una carta del 10 de abril de 1970. Aquí menciona por primera vez su colección de cuentos, *Muecas para escribientes*, que en su versión original contaba con cuatro textos largos: "Averíguame con Pepe B[ianco]si él sabe algo del libro de cuentos –*Muecas para escribientes*– que le entregué hace un año y medio a Ángel Ramas [sic] el crítico uruguayo. Que averigüe. El libro lo forman 4 cuentos largos: Concilio y Discurso, La Risa, El Caso Baldomero, Un jesuita de la literatura". En la misma carta Piñera añade que acaba de empezar otra novela, *Tierra Incognita*, pero no da más información, y no la menciona más en otras cartas a Humberto.[19] Pero lo que más llama la atención en esta carta es la

---

[18] Es de notar que un programa de teatro correspondiente a una producción de *Aire frío* en el Teatro Sótano en la Habana en abril de 1967 anunció que el estreno de *El no* tendría lugar en el Teatro Estudio en noviembre.

[19] En sus cartas Piñera menciona varias obras desaparecidas, que nunca terminó, o cuyos títulos se desconocen. En una carta de octubre 21 de 1966, por ejemplo, se refiere a una pieza teatral, *Objetos perdidos*, que estaba por terminar, y *El deslizamiento*, una novela corta "que trata del deslizamiento hacia la muerte". Además, en una carta de octubre de 1969 menciona otra nueva pieza teatral, *El Cristo sexual*, pero no da información sobre su contenido.

referencia a *Muecas para escribientes*, libro que, según aprendemos, Piñera había entregado a Rama para la Editorial Arca de Montevideo, que el escritor y crítico uruguayo había fundado en 1962.[20] Después de casi tres años y medio sin tener noticias de Bianco sobre el asunto, Piñera le escribe a Humberto el 28 de febrero de 1972, y le pide una vez más que trate de convencer al autor argentino de actuar como intermediario: "Dile a Pepe Bianco que si él podría hablarle o escribirle a Ángel Ramas [*sic*] (creo que está en Puerto Rico, al menos esto es lo último que supe de él) pidiéndole el manuscrito de mi libro de cuentos (cuatro cuentos extensos) titulado *Muecas para ecribientes*. Que lo ofrezca a [Editorial] Sudamericana". No queda claro lo que le pasó al manuscrito que Rama llevó consigo al salir de Cuba en 1968, pero su desaparición representó para Piñera otra desilusión, y como sabemos, los cuentos en cuestión nunca salieron en edición uruguaya y no salieron en libro hasta casi una década después de la muerte del autor.[21]

Durante los últimos años de su vida, la correspondencia entre Virgilio y Humberto se hizo cada vez más infrecuente —a veces pasan muchos meses entre cartas— y en las últimas cartas hay muy pocas referencias a sus escritos. Entre las obras que merecieron ser mencionadas están *La vida entera* (la reciente publicación de la cual se menciona en una carta de octubre de 1969) (2 octubre 1969) –*Handel with Care* (una pieza breve que terminó, según le dijo a Humberto, en abril de 1970, y no en 1969 como dicen muchas fuentes), y su primera novela, *La carne de René*. Como le informa a Humberto en febrero de 1972, había empezado a reescribir *La carne de René* —novela que estimaba mucho, pero siempre había considerado imperfecta— con el plan de mandarla a la casa editorial francesa Denoël, la cual había publicado una traducción de sus *Cuentos fríos* en 1971.[22] Esta fue una de muchas

---

[20] Un cuento de Piñera –"El caramelo"– apareció en una de las primeras publicaciones de Editorial Arca, el libro *Aquí once autores cubanos cuentan* (1964). Cabe añadir aquí que se cuenta que Rama salió de Cuba también con el manuscrito de *Con los ojos cerrados*, la primera colección de cuentos de Reinaldo Arenas. Aunque el libro fue publicado por Arca en septiembre de 1972, Arenas no supo de su existencia hasta muchos años después.

[21] *Muecas para escribientes*. La Habana: Letras Cubanas, 1987.

[22] *Contes froids*. Françoise-Marie Rosset, trad. París: Denoël, 1971. La revisión de *La carne de René* es la versión que en que se basó la primera edición española de la novela: Madrid: Alfaguara, 1985.

traducciones que nunca se materializaron, de hecho, *La carne de René* no apareció en francés hasta 2005.[23]

Piñera mencionó su colección de cuentos *El que vino a Salvarme* varias veces, y, como fue el caso de muchos de sus empeños editoriales, expresó mucha frustración con las demoras y complicaciones del proyecto. Un momento raro de satisfacción vino en abril de 1970 cuando comparte con Humberto sus impresiones del ensayo "Piñera narrador" –que José Bianco escribió para el prólogo de esta edición argentina de sus cuentos. Aparentemente Bianco, quien calificó a Piñera como autor neo-barroco con Carpentier y Lezama, temía que a Virgilio no le fuera a gustar el ensayo. Pero Virgilio le aseguró a Humberto que le había encantado: "Después de meses y de anuncios llegó … el Prólogo de Pepe. No sé porqué dice que no me iba a gustar, pues se equivocó, me gusta muchísimo, y ya le escribí" (10 de abril de 1970).

En varias cartas a Humberto, Piñera hace comentarios interesantes sobre *Una caja de zapatos vacía*, una de sus últimas obras de teatro. Aunque Luis González Cruz nota que la pieza fue terminada en 1968, y que Piñera se la mandó clandestinamente en ese año, me parece significativo que Virgilio no mencione la obra en una carta a Humberto hasta octubre de 1969, y que en esa ocasión la llame "una nueva obra" (2 de octubre de 1969). En abril de 1970, Piñera menciona la obra (que Humberto no había leído todavía) otra vez, e hace referencia a una traducción al inglés que supuestamente iba a ser publicada en Estados Unidos: "Cuando tenga oportunidad te mandaré mi pieza *Una caja de zapatos vacía*. Ya ha sido traducida por José Yglesias (novelista norteamericano) y saldrá, junto a *La noche de los asesinos*[24] en un tomo" (10 de abril de 1970). No he podido determinar qué pasó con la traducción hecha por Yglesias – pero supongo que sufrió una suerte parecida a la de un manuscrito del libro de cuentos de Reinaldo Arenas, *Con los ojos cerrados*, que Yglesias sacó del país, y que pasó más de veinte años en su armario hasta ser descubierto por la esposa de Yglesias después de

---

[23] *La chair de René*. Trad. Liliane Hasson. 2005.
[24] Se trata de la célebre pieza teatral de su compatriota José Triana (1931-).

su muerte en 1995.[25] De todos modos, *Una caja de zapatos vacía* no salió en su versión original hasta 1986 y una traducción al inglés, hecha por Luis González Cruz, por fin salió en una edición limitada en 2005.[26]

"Te juro que tengo una suerte de perro": Traducciones fracasadas

Los treinta y cinco años que pasaron entre el año en que Virgilio terminó *Una caja de zapatos vacía* y el de la publicación de su traducción al inglés son emblemáticos de las múltiples batallas que enfrentó el autor cubano para ver sus obras publicadas en traducción a los idiomas europeos más importantes. Por cierto, la mayoría de las traducciones existentes de obras de Virgilio salieron muchos años después de su primera publicación en español. Pasaron, por ejemplo, casi setenta años entre la fecha en que Virgilio terminó su obra de teatro *Electra Garrigó* y su publicación en inglés en Estados Unidos en 2008. La primera edición de *La carne de René* salió en 1952, pero las traducciones a los idiomas europeos más hablados se publicaron décadas después: la versión en italiano en 1988, en inglés salió en 1989, en portugués en 1990, y en francés en 2005. La traducción al francés de *Cuentos fríos* apareció con bastante rapidez en términos relativos, salió en 1971, quince después de la publicación de la primera edición por Editorial Sudamericana en 1956 y siete años después de la publicación de *Cuentos* (1964) en la Habana. La versión al inglés, sin embargo, no salió hasta 1987, y la portuguesa apareció dos años más tarde. Una traducción al italiano no ha salido todavía, aunque Piñera firmó un contrato con Feltrinelli Editore en 1964.

A pesar de todas las demoras, estas traducciones representaron éxitos en comparación a los numerosos proyectos de traducción que Piñera discutió en sus cartas a Humberto, pero que nunca se llevaron a cabo. Aunque Virgilio habla extensamente sobre planes para muchas

---

[25] El manuscrito en cuestión se encuentra ahora en el Departamento de Colecciones Especiales de la Biblioteca Hesburgh de la Universidad de Notre Dame (Indiana EE.UU.).
[26] *An Empty Shoebox. Three Masterpieces of Cuban Literature*. Ed. trans. Luis F. González Cruz. Los Angeles: Green Integer, 2000. 191-246. Las otras dos traducciones incluidas en este tomo son *Deviations* de Julio Matas y *The Chinaman* de Carlos Felipe.

traducciones y de proyectos ya en vías de cumplirse, la gran mayoría de estos fracasaron. El primer proyecto de traducción que menciona Virgilio en sus cartas es la versión francesa de *Aire frío*. Según una nota escrita a mano al final de una carta de marzo de 1960, la traducción estaba por aparecer en la prestigiosa revista cultural francesa *Les Tempes Modernes*, que estaba en ese momento bajo la dirección de Jean Paul Sartre. Sartre había visitado la Habana ese mismo mes, y había asistido a una puesta en escena de *Electra Garrigó*, hecho que Virgilio menciona con orgullo en una carta del mismo mes: "Ahí te mando la foto de la asistencia de Sartre a Electra. Él quiere llevarla a París. Está chocho con la obra" (18 de marzo de 1960). Según conta Virgilio, Sartre estaba tan impresionado con *Electra* que, además de prometer la coordinación de su puesta en escena en París, también llevó consigo el manuscrito de *Aire frío* para encargar una traducción y después publicarla en su revista. Ninguno de los dos proyectos se cumplió a pesar de la aparente buena fe de Sartre y el gran deseo que tenía Piñera de verlos hechos realidad.

Según Piñera, otra oportunidad de ver *Aire frío* traducida al francés se presentó unos tres años después cuando el crítico y traductor francés, Claude Couffon, asistió a una representación de la obra durante su visita a la Habana en enero de 1963. Con entusiasmo palpable Virgilio le informa a Humberto que "Anoche fue a ver la pieza Claude Couffon (el traductor de Gallimard) y está encantado; dice que es el teatro más importante que ha visto en América, que la obra está en la misma línea de Ionesco y Beckett" (28 enero 1963). Piñera informa que durante la visita de Couffon se reunió con él para discutir las traducciones de *Aire frío* y *El Flaco y el Gordo*, la segunda de las cuales Couffon ostensiblemente pensaba publicar en un número de la revista francesa, *Europe*, correspondiente a abril de 1963 (28 de enero de 1963). En julio del mismo año, sin embargo, Piñera divulga que después de meses de espera, ha recibido la revista indicada sólo para descubrir que no incluye la pieza, sino un poema que se había traducido sin que Piñera fuera consultado. En la misma carta, que lleva la fecha del 16 de julio, Piñera anuncia varias otras traducciones en preparación, todas las cuales fracasaron a su debido tiempo. A pesar de las malas noticias acerca de *El Flaco y el Gordo*, Virgilio sigue soñando con las traducciones de sus obras. Pues, le informa a Humberto de un "semi-compromiso con Claude

Couffon para editar los cuentos en Gallimard". Y, lo que es más, le deja saber que una casa editorial en Nueva York (desafortunadamente no da el nombre) quería los derechos para publicar traducciones al inglés de tres de sus obras de teatro:

> Hace unos quince días recibí una carta de N. York pidiéndome autorización para editar en inglés *Electra, Jesús* y *Aire Frío*, mediante pago naturalmente, y con contrato. Volando contesté que aceptaba, y ahora espero las condiciones del contrato. Ojalá no quede en sal y agua como otras tantas ilusiones. (16 de julio de 1963)

Estas últimas palabras fueron, desde luego, proféticas, ya que estas traducciones nunca se materializaron como otros proyectos del pasado y muchos más del futuro.[27] Por cierto, a pesar del interés que comunicaron varios traductores y casas editoriales norteamericanas e inglesas a lo largo de su carrera literaria, que yo sepa, sólo cuatro obras de Piñera aparecieron en inglés durante su vida (y una de éstas, la traducción del cuento "El filántropo", salió en Cuba en una publicación del Instituto del Libro). Las otras tres obras salieron en el extranjero. La pieza teatral *Los siervos* (1955) y el cuento "El gran Baro" aparecieron en diciembre de 1962 en la revista cultural norteamericana *Odyssey Review*.[28] Por su parte, el cuento "El caramelo" –traducido por J.M. Cohen un poco antes de que sirviera como jurado para el premio Julián del Casal que ganó Heberto Padilla por su libro *Fuera del juego*– formó parte de una compilación de nueva literatura cubana.[29]

Las circunstancias particulares de *Los siervos* y "El gran Baro" son muy interesantes por varias razones que merecen una breve digresión. Los comentarios que Virgilio le hizo a Humberto sugieren que no

---

[27] Que yo sepa, *Jesús* todavía no ha sido traducido al inglés. *Aire Frío*, por su parte, apareció en inglés en una pequeña edición en 1985 (*Cold Air*. María Irene Fornes, trad.), y *Electra*, a pesar de ser una de sus obras más conocidas, tuvo que esperar hasta 2008 para ser publicada en inglés (*Electra Garrigó*. Margaret Carson, trad. *Staged Conflicts: A Critical Anthology of Latin American Theater and Performance* 173-196). En años recientes, varias obras teatrales de Piñera han sido publicadas en traducciones al inglés (la mayoría por la inglesa Kate Eaton), aunque no han tenido buena circulación.
[28] Tanto *Los siervos* como "El gran Baro" fueron publicados por primera vez en diferentes números de *Ciclón* –1.1 (1955): 4-8, y 1.6 (1955): 9-29, respectivamente– y es probable que llegaran a sus traductores por vía de esta revista.
[29] "The Dragée." *Writers of the New Cuba*.

supo cuáles de sus obras habían sido traducidas para *Odyssey Review* hasta varios meses después de su publicación. Pues, en una carta de diciembre de 1962 Piñera le urge a Humberto que localice el número más reciente de *Odyssey Review*, en el cual, como le dice Piñera, "aparecen unos cuentos míos" (13 de diciembre de 1962). Pero lo que es más, nadie pudo haber sabido en el año 1962 que el traductor de *Los siervos*, Gregory Rabassa, sería conocido dentro de poco tiempo como uno de los mejores traductores del mundo. Después de que Rabassa hiciera las traducciones al inglés de algunas de las obras más importantes del Boom en América Latina (*Rayuela* de Julio Cortázar, *La casa verde* de Mario Vargas Llosa, *Cien años de soledad* de Gabriel García Márquez) el legendario editor americano Alfred A. Knopf solía llamarlo "El Papa de la traducción". Se dice que Rabassa ganó su primer trabajo de traducción importante –*Rayuela* en 1962– porque los editores de Pantheon Books estuvieron muy impresionados con las traducciones que había hecho para *Odyssey Review*. No creo que exagero al decir que muy pocos de sus lectores y críticos están concientes de que Virgilio Piñera fue uno de los primeros autores a los que tradujo Rabassa. Es difícil imaginar el gran impacto que hubiera tenido en la carrera de Piñera una traducción de *Cuentos fríos* o del *Teatro completo* por Rabassa en los años sesenta.

    Casi un año después de la publicación de sus obras en *Odyssey Review*, Piñera le escribe a Humberto sobre otra posible traducción al inglés –esta vez con Calder Publications, una prestigiosa casa editorial de Gran Bretaña, que había expresado interés en *Cuentos fríos* (21 de octubre de 1963). Y en una carta del 10 de diciembre de 1964 que le mandó a Humberto mientras estaba en Italia negociando la traducción con Feltrinelli Editore de *Cuentos fríos*, *La carne de René*, *Teatro completo*, y *Pequeñas Maniobras* (todas las cuales fracasaron, como veremos), escribe con gran emoción sobre un posible contrato con una de las más prestigiosas casas editoriales de los Estados Unidos: "El editor [Alfred A.] Knopf de New York me escribió a Milán desde París interesándose por una opción de mis libros. Feltrinelli se ocupa de hacer los arreglos". Parece, ya que Virgilio no menciona ni a Calder ni a Knopf en futuras cartas, que estos dos proyectos potenciales fracasaron después de poco tiempo.

Otros proyectos terminaron en desilusión después de meses y hasta años de falsas esperanzas. Juzgando por la cantidad de comentarios que hizo sobre sus negocios con Feltrinelli Editore y su agente y co-fundador Valerio Riva, queda claro que éste fue el proyecto que más frustró y desilusionó al autor cubano. Piñera menciona su comunicación con Feltrinelli un par de veces en 1963, pero no fue hasta el mes de abril de 1964 que discute en detalle sus negociaciones con esta prestigiosa casa editorial italiana:

> [...] la firma del contrato con Feltrinelli [...] no se ha producido. Ahora su agente –Valerio Riva– ha vuelto a Italia; y me dice su secretaria (aquí en la Habana) que volverá, probablemente, en junio, o no volverá. De acuerdo con lo convenido verbalmente, Feltrinelli compraría *C. Fríos*, *La Carne de René* y *Las Pequeñas Maniobras*. Empezarían editando los C.F. La edición aparecería en enero o febrero del año entrante. Me pagarían unos dos mil dólares por los C. F. Ahora bien, te repito, aún no he firmado el contrato. ¿Por qué? No lo sé. (29 de abril de 1964)

Este pasaje es particularmente revelador ya que sugiere que la indecisión, y quizás cierta ingenuidad, del mismo Virgilio contribuyeron, por lo menos en parte, al fracaso de algunas de las traducciones. Lo que es más, se puede inferir al leer algunos comentarios que hizo Piñera que éste se sentía un poco inseguro con la idea de traducciones de sus obras hechas por las importantes casas editoriales de Europa, ya que conllevarían más lectores y más críticos para un autor cuya obra había circulado en ediciones relativamente pequeñas en Cuba y Argentina. En la misma carta Virgilio justifica su vacilación de la siguiente manera:

> Cuando Valerio regresó de Italia hace cosa de dos meses, me dijo que había pasado por París, que estuvo en [Éditions] Julliard y que allí le dijeron que ellos (Julliard) no traducirían mi libro pues de hacerlo los franceses pensarían que estaban leyendo a Alphonse Allais. Valerio les hizo ver que C.F. nada tiene que ver con Allais, pero ellos le dijeron que esa era la opinión del lector de Julliard para América Latina. Ese señor pasó por encima del consejo de Sartre, que aconsejó vivamente la traducción al francés de C. Fríos. ¿Qué te parece? Entonces Valerio les dijo que ellos (Fletrinelli) sí editarían en italiano C. F. y que sería un éxito editorial, y que Julliard al ver sus decisión [...] reconsideraría el asunto. Te juro que tengo una suerte de perro. A los 52 años debo seguir haciendo la figura de niñito a quien se recomienda. Bueno, que estoy harto y dispuesto a colgar el sable. Ahora me escriben de Praga para que firme un contrato por los C.F. para traducir al checo. He pasado esta carta a la secretaria de Valerio pues de acuerdo con el *contrato*

verbal que hicimos ellos (Feltrinelli) son los corredores de mis traducciones para toda Europa. Veremos qué hacen, y qué deciden. (29 de abril de 1964)

Como tantas otras, esta traducción al checo nunca se dio, pero en septiembre de 1964 Piñera viajó a Europa con la intensión de arreglar en persona las traducciones de varias de sus obras. En Italia firmó el contrato con Feltrinelli, noticia que compartió de inmediato con Humberto en una carta escrita a mano y fechada el 18 de septiembre:

> Por fin en Milán. Ya te hube de avisar por cable que había firmado contrato con Feltrinelli por toda la obra, es decir C. f. La C. de René, Pequeñas M. y Teatro Completo. Por todo esto me hicieron un adelanto de 800 dólares [...][30] El trad. para italiano de C. F. será Álvar González-Palacios (tu lo conoces, iba a Guanabo, amigo de Eva). Ya empezamos a trabajar. El libro aparecerá entre febrero y marzo del '65. (18 de septiembre de 1964)

El tono positivo de esta carta sugiere que Virgilio creía que por fin su famosa "suerte de perro" había cambiado. Después de resumir sus planes con Feltrinelli explica que en octubre va a viajar a París para reunirse con el escritor español Juan Goytisolo (1931-), quien en esa época estaba trabajando como lector para Éditions Gallimard, para discutir una traducción al francés de sus *Cuentos fríos*. También habla de planes para negociar con un representante de Éditions du Seuil la traducción de *Pequeñas maniobras*.

Desafortunadamente no pudo cumplir con estos planes tampoco. Pues, le explica a Humberto que después de recibir una carta urgente de su hermana Luisa en la cual le rogaba que volviera a Cuba para ayudarla con varios asuntos familiares, se sintió obligado a volver. Justo antes de su partida a la Habana, Virgilio trata de justificar su decisión de regresar:

> [...] llegaron desde la Habana noticias que me obligan a regresar, como siempre, cosas familiares. Luisa me escribió con dos noticias "bombas": que se divorcia de Pablo ... y que no tiene dinero para los gastos de papá ... Decidí regresar. Yo sé que me acusarás de vacilación y de pensar demasiado en la familia, pero así soy y además estoy cansado de tanto luchar. (26 de octubre de 1964)

---

[30] Según un cable que reproduce Carlos Espinoza Domínguez, Valerio Riva le había mandado a Virgilio el contrato por correo aéreo el 3 de Julio de 1964 (168).

Explica, además, en la misma carta, que había considerado las posibilidades de quedarse en Europa o exiliarse de nuevo en la Argentina. Tentador como era, sin embargo, otro exilio argentino no le parecía una opción viable: pues Piñera creía (y a lo mejor con razón) que tal decisión hubiera resultado en la cancelación de los proyectos con Feltrinelli y Gallimard debido a que apoyaban la Revolución. En noviembre de 1964 Piñera volvió a Cuba, sin saber, desde luego, que no saldría más de su país, pues habla en muchas cartas futuras de posibles viajes a Europa y América Latina.

Desde la Habana Virgilio mantenía a Humberto al tanto de sus negocios con Feltrinelli y Gallimard, y parece que la noticia de sus supuestos contratos con las dos casas editoriales se había diseminado en la Habana. En una cronología de la vida literaria del autor que salió en un programa para la puesta en escena de *Aire frío* en el Teatro Sótano en la Habana en 1967, por ejemplo, se lee el siguiente detalle: "1965: FELTRINELLI y GALLIMARD, dos de las más prestigiosas editoriales europeas recogen la obra de Virgilio para la exclusiva traducción y edición, asegurando su posición dentro del público lector italiano y francés y por tanto, su reconocimiento internacional". El autor de estas palabras apreciaba el gran impacto que tales traducciones tendrían en la trayectoria profesional de Virgilio, pero parece que no sabía que ya para esa fecha el autor tenía muchas razones para suponer que los proyectos se iban a malograr como tantos otros.

En mayo de 1965, a pesar de que ya habían pasado más de dos meses desde la fecha que Feltrinelli había designado para la publicación de la edición de *Cuentos fríos*, Piñera da la impresión de no haber perdido la esperanza. Por cierto, le hace saber a Humberto que todavía tiene planes de viajar a Milán para dar publicidad al libro: "*Cuentos fríos* aparecen ya en italiano para junio", le escribe a Humberto, "El lunes 10 llegan [a la Habana] Feltrinelli y Valerio Riva. Si no voy [a Italia] con ellos lo haré a mediados de junio. Pienso pasar en Europa unos seis meses. Desde allí te escribiré in extenso" (8 de mayo de 1965). En su siguiente carta a Humberto, de agosto 10, menciona de nuevo la elusiva edición italiana. Todavía seguro de su próxima publicación, da la siguiente explicación para su demora: "Ya Cuentos F. está al salir en edición italiana. Se ha demorado porque añadí todos los cuentos que aparecen en la edición de Unión" (10 de agosto de 1965). Pasaron siete meses antes de que Piñera se refiriera de nuevo al proyecto que ya se había convertido en una verdadera pesadilla. En marzo de 1966 anuncia prematuramente que el libro por fin ha salido: "Ahora me acaba de llamar Carlos [Franqui] para decirme que Valerio [Riva] le envió la portada de mi libro. Por fin salió […] Creo que aparece bajo el título Racconti Freddi". Otra falsa alarma, pero no iba a ser la última, desde luego. El libro, como bien sabemos, no salió en marzo como anuncia Piñera en su carta.

Pasó más de un año, y Piñera volvió a la saga de la edición italiana en una carta con fecha del 18 de julio de 1967: "Parece que por fin saldrá mi libro en italiano, al cabo de tres años. Llevará el título *La Caramella Nera*, pues Valerio [Riva] dice que Cuentos Fríos no es un título vendible y además aparecerá en una colección de 'horror', cuyo primer libro ha sido de Pierre de Mandiargues". Como en muchas cartas, y bajo circunstancias igualmente tentativas, Virgilio habla de nuevo sobre sus planes de viajar a Italia para celebrar la publicación de un libro que todavía no existía: "Si sale en agosto", escribe, "iré a Italia para la propaganda. […] Ahora mismo iría a París […] pero todo se ha ido al diablo por no poder obtener sitio en el avión debido a la congestión en los aviones" (18 de julio de 1967).

En marzo de 1968, después de más de cuatro años de espera, Virgilio, ya desalentado, vuelve al asunto. El tono de sus comentarios refleja bien la creciente desilusión que va a dominar la última década de su vida:

> Estas son las horas que mi libro de cuentos traducidos al italiano no ha aparecido. Durante el Congreso Cultural, Valerio me aseguró que a fines de marzo saldría, que me avisaría con un mes de anticipación para hacer mis preparativos de viaje (pues me dijo que yo debería estar en Milán para la salida del libro) y ya ves, aún no me ha avisado. (21 de marzo de 1968)

En la misma carta habla de otra traducción que nunca se realizó: le cuenta a Humberto que Julliard, una de las mejores casas editoriales de Francia, había pedido los derechos para que su obra completa fuera publicada como parte de su serie Les Lettres Nouvelles. Sin embargo, añade que todavía no había recibido un contrato, y podemos presumir que después de tantos fracasos, tenía suficiente razón para pensar que este plan tampoco tendría un fin feliz. Y como era de esperar, no salió ninguna obra suya con Julliard.

La última vez que Piñera menciona la edición italiana de *Cuentos fríos* es también uno de los últimos planteamientos del tema de la traducción de su obra en sus cartas a Humberto. En una carta de octubre de 1969 Piñera cuenta que por fin, después de seis años, ha perdido toda esperanza de ver sus cuentos en italiano: "De Feltrinelli nada", le escribe a Humberto en una carta particularmente deprimente. "Valerio Riva se separó de él y esto le dio el golpe definitivo a la posibilidad de que se editaran [los cuentos] en italiano. Ya estoy hecho a tales reveses" (2 octubre 1969). Después de tantos esfuerzos y tantas ilusiones vacías, todo se quedó en nada. Según comentarios en las cartas a Humberto, más de cuarenta cuentos fueron traducidos para la edición italiana, pero, que yo sepa, ninguna colección de los cuentos de Virgilio ha aparecido en Italia y ninguna obra suya ha llegado a los preciados catálogos de Feltrinelli. Todo esto nos deja preguntándonos ¿Qué ha pasado con estas y tantas otras traducciones de las obras de Piñera? ¿Veremos el día en que salgan a la luz y que lleguen a los lectores que tanto tiempo han tenido que esperar para leer la obra de uno de los maestros de la literatura latinoamericana contemporánea?

No he podido ni querido enfocarme aquí en todas las facetas fascinantes de la voluminosa correspondencia entre Virgilio Piñera y Humberto Rodríguez Tomeu, pues para eso hay que leer las páginas que siguen. Pero vale la pena añadir –a fin de concluir esta introducción– que las cartas a continuación ofrecen, especialmente para los extranjeros y los que no tuvieron el privilegio de conocer a Piñera personalmente, una vía cándida a través de la cual se pueden vislumbrar detalles claves tanto de la vida diaria en la Cuba revolucionaria, como de las circunstancias particulares del autor durante los últimos veinte años de su vida. Como hemos visto, son fascinantes e iluminadores sus comentarios sobre sus lecturas y sus diversos empeños profesionales como autor. Pero el que lea las cartas verá que son igualmente reveladores los detalles que muestran sobre su vida personal y su manera tan única y mundana de pensar y de entender su propia circunstancia humana. Sirven de buen ejemplo de esto sus frecuentes observaciones tragicómicas sobre todo lo que le falta en la vida, desde la comida, el dinero, la pasta de dientes y la crema de afeitar, hasta cosas más trascendentales como la suerte, la fama y el amor. También es de notar, desde luego, lo que Virgilio no menciona en las cartas que mandó a quien fue durante tantos años su mejor amigo, compañero y confidente. Quizás para evitar la censura o para salvarse de las consecuencias negativas que pudieran resultar de haber sido interceptadas sus cartas, nunca entró en discusiones sustanciales de situaciones y temas particularmente delicadas: las razones por la clausura de *Lunes* y otras publicaciones, el escándalo cultural desatado por la película *P.M.* y el subsiguiente encuentro con Fidel Castro en la Biblioteca Nacional, su detenimiento y encarcelamiento en octubre de 1961, la persecución de los homosexuales y los UMAP, el "Caso Padilla", la censura oficial de sus obras y el silencio impuesto a partir de 1971, etc.

En fin, estas ochenta y siete cartas –tanto en lo que contienen como en lo que dejan sin decir– no solamente dan fe de muchas circunstancias históricas, sino que también reflejan importantes aspectos del cambiante estado de ánimo de su autor durante sus últimos veinte años de vida. Para parafrasear lo que se dice sobre la correspondencia de Virgilio en la contraportada de la reciente compilación de misivas que se publicó en celebración de los cien años de su natalicio, tenemos que ubicar estas cartas a Humberto dentro de la suma de la obra del maestro Virgilio y "Tenemos que reconocer que gran parte de la mejor literatura es algo común. Estas cartas son todo lo atronadamente comunes para pertenecer a la mejor literatura ... Son la confirmación de una personalidad literaria que tendrá siempre el estrépito de lo callejero, lo común, donde habita la buena literatura".

Notas a la presente edición y reconocimientos

Setenta y siete de las cartas incluidas en este volumen se encuentran en The Virgilio Piñera Collection en la Firestone Library de Princeton University y me gustaría expresar aquí mi más profunda gratitud a esta institución y a la familia Piñera por permitirme reproducir estos importantes textos, los cuales en su gran mayoría no han sido publicados previamente. Nueve de las diez cartas restantes –ocho de las cuales fueron escritas entre el 4 de noviembre de 1958 y el 7 de junio de 1959, y una más fechada el 15 de noviembre de 1976– han sido publicadas en *Virgilio Piñera de vuelta y vuelta: Correspondencia 1932-1978*. La carta con fecha del 10 de noviembre de 1958 fue publicada en la *Gaceta de Cuba* [(39.5 (2001): 8-9]. Agradezco el permiso concedido por Ediciones Unión, *La Gaceta de Cuba* y la familia Piñera para reimprimir todas estas cartas. Por razones de continuidad, decidí limitar este volumen a las cartas escritas tras el regreso definitivo de Virgilio Piñera a la Habana –después de varios periodos de exilio voluntario en Buenos Aires– a finales de 1958 y, por esta razón, no he incluido las cartas que le escribió a Humberto durante sus largas visitas a Cuba a mediados de los cincuenta, alrededor de una docena de las cuales han sido recogidas en el volumen mencionado anteriormente.

La mayoría de las cartas incluidas en este volumen fueron escritas a máquina, pero varias de ellas fueron escritas a mano. Estas últimas se presentan en letra itálica a lo largo de este volumen, al igual que todas las firmas, posdatas y comentarios escritos a mano. He hecho todo lo posible para reproducir todas las cartas con la mayor fidelidad y he elegido mantener la puntuación irregular y el uso inconsistente o no estándar de las mayúsculas (por ejemplo, los títulos de libros), las faltas de ortografía y otras imperfecciones tan típicas de este tipo de correspondencia. En los casos en que he considerado que estas irregularidades podrían causar confusión, he hecho tan sólo correcciones o alteraciones mínimas. Aunque he intentado evitar a toda costa tal escenario, algunas de las faltas de ortografía en los documentos originales pueden haber sido corregidas automáticamente por alguna de las máquinas que, por desgracia, sean más aptas que yo para identificar estos asuntos. Por razones de claridad, también he decidido presentar los títulos de obras de arte y literatura en letra itálica cuando las reglas estándares de escritura así lo requieren. Debido a que no tuve acceso a los manuscritos originales de las cartas recogidas en *Virgilio Piñera de vuelta y vuelta* (con la excepción de aquélla fechada en 1976), he tenido que apoyarme en las transcripciones proveídas allí.

Muchas de las cartas contienen pasajes en francés y una de ellas, fechada el 14 de enero de 1962, está escrita casi en su totalidad en esta lengua. Quiero reiterar nuevamente que he intentado por todos los medios mantenerme lo más fiel posible a los originales. Puesto que el francés de Piñera no carecía de imperfecciones y su ortografía a menudo dejaba mucho que desear, algunos de los pasajes son un tanto confusos y poco claros y fue necesario en algunos casos añadir acentos o corregir ligeramente la ortografía de ciertas palabras. Siguiendo el consejo de varios lectores, elegí hacer estos cambios y también opté por no presentar los pasajes en francés en letra itálica, puesto que no se presentan en este tipo de letra ni con ningún otro tipo de alteración en las cartas originales. No hablo francés y mi conocimiento de lectura de esta lengua es limitado. Aprovecho entonces esta oportunidad para darle las gracias a mi esposa, Marisel Moreno, por su ayuda en la interpretación y traducción de estos pasajes al igual que a James Martel, un estudiante de doctorado en el PhD Program in Literature de University of Notre Dame, por su cuidadosa revisión de mis imperfectas traducciones y por sus propias traducciones de muchos de los fragmentos en francés.

A diferencia de ediciones anteriores de la correspondencia de Virgilio Piñera, la presente edición proporciona un aparato exhaustivo de más de quinientas notas. Uno de mis lectores consideró que muchas de estas anotaciones no eran necesarias, especialmente porque la información suministrada en algunas de ellas es de fácil acceso en internet, en libros publicados y en fuentes de referencia bibliográfica. Otros lectores, sin embargo, estimaron que en la mayoría de los casos las notas fueron de mucha ayuda puesto que sirvieron para facilitar la experiencia de lectura y clarificar muchas de las referencias a nombres, libros, lugares, fechas, eventos, entre otros asuntos que Virgilio Piñera menciona en sus cartas a Humberto. Me gustaría añadir en este punto que muchos miembros de la audiencia a quien esta edición va dirigida, en específico aquéllos que residen en Cuba, no tienen fácil acceso a internet o a material de referencia fiable y, por esta razón, he decidido pecar de exceso en cuanto al aparato de notas. A aquellos lectores que no las juzguen necesarias, los invitó a pasar por alto las anotaciones al leer las cartas a continuación.

Finalmente, querría darles las gracias a Antón Arrufat y Abilio Estévez, quienes me brindaron una ayuda fundamental al contestar muchas de mis preguntas acerca de personas, lugares y otros asuntos que menciona Virgilio Piñera en sus cartas a Humberto. Disfruté mucho discutir este proyecto con ambos, con Antón en la Habana y con Abilio en Nueva York. Sin su ayuda, habría estado aún a oscuras respecto a muchos detalles importantes que aparecen en esta correspondencia. Varios amigos y colegas, incluyendo a Juan Carlos Quintero Herencia, César Salgado, David Alan West y José Antonio Ponte, proveyeron muy útiles comentarios acerca de este proyecto cuando presenté versiones preliminares de esta introducción en la Habana en el verano de 2012 así como en Nueva York en noviembre del mismo año. Agradezco mucho sus comentarios y sugerencias. Finalmente, también querría expresar mi agradecimiento a Emmanuel Ramírez Nieves quien tradujo parte de la introducción así como esta breve sección de aclaraciones y reconocimientos. En el pasado había hecho un trabajo fabuloso traduciendo para mí una conferencia acerca de Nicolás Guillén y me encantó saber que estaba dispuesto a ayudarme una vez más mientras le da los toques finales a su disertación en Harvard University.

Cartas a Humberto: 1958 -1976

Noviembre 4, 1958[31]

Querido Humberto, acabo de recibir tu carta del día 29 de octubre. Bueno, querido, cinco meses más viviendo en casa.[32] Las perspectivas son malísimas para mí: *Carteles*[33] es cosa de risa. Lo de Jarry[34] no va definitivamente. Hoy, día muerto, me quedan diez pesos, que se irán en cinco días pues tengo que soltar un peso diario en casa y moverme yo. Mamuma me debe quince pesos, pero ¿cuándo me los paga? Y si recibo tu dinero tendré que seguir dándole. El artículo de Navidad lo

---

[31] Aunque ésta no debe ser la primera carta que Virgilio le escribió a Humberto después de haber vuelto definitivamente a Cuba el 27 de septiembre de 1958, es la más temprana que tenemos de esa época.

[32] Virgilio vivió con sus padres hasta el regreso de Humberto en junio de 1959, o sea siete meses más.

[33] *Carteles*, revista mensual cubana en el cual Piñera colaboró irregularmente entre 1956-1959. La revista dejó de publicarse en julio de 1960.

[34] Se refiere a su ensayo sobre el dramaturgo, novelista y poeta francés, Alfred Jarry (1873-1907), y su obra dramática más conocida y controversial, *Ubu Roi* (1896). Piñera terminó publicando el ensayo en cuestión –"Alfred Jarry o un 'joven airado' de 1896"– en *Nueva Revista Cubana* en los primeros meses de 1959, pero no antes de causar un pequeño escándalo. Pues, como el mismo Piñera le contó a Humberto en carta con fecha del 21 de marzo de 1959: "se armó un escándalo pues reproducía un fragmento del 'Ubu Roi' donde Jarry dice: culo". En el ensayo, Piñera, con su típico tono provocador, defendió la obra de Jarry –que críticos contemporáneos franceses tildaron de "grosera", "sucia", y "chocante"– y abogó por el estreno de la obra en la Habana.

vendré a cobrar para mediados de diciembre.[35] Guillermo [Cabrera Infante],[36] según te conté en mi anterior, está en "el duro"; ya te dije que ni las gracias me dio por el regalito, de vernos, nada, siempre está ocupado, y se excusa con: llámame la semana que viene... Para colmo de males (y esto no lo comentes pues vendría de vuelta para acá) Ramón y Agustín[37] me dieron un escándalo de padre y señor mío en la esquina de 23 y 12. Esa noche yo iba a comer a casa de Eva. Como todavía era temprano aproveché para limpiarme los zapatos. Al pasar por uno de los cafés que están en dichas esquinas, Ramón, que estaba sentado con Agustín tomando, me gritó: Cucaracha, cucaracha ... y todo acompañado de Eh, Eh, y Oh, Oh... Yo seguí como si nada, crucé la calle y me fui al otro café a limpiar los zapatos. Cuando me bajé del sillón, ya estaban junto a mí los dos. Ramón me dijo, completamente borracho: ¿Qué haces por nuestro barrio? Tú no puedes frecuentar este barrio, te vamos a dar una golpiza que te vamos a matar. Entonces Agustín y Ramón dijo [sic]: Mal gusto ni un carajo porque te vamos a pulir. Agustineta añadió: Esta vez es de palabras pero la próxima será de obra. Y se alejaron lanzando carcajadas. Como no quiero darles el gusto, los evitaré, pero piensa que en cualquier momento pueden llevar a vías de hecho o por lo menos seguir gritándome en cada esquina, lo cual es muy desagradable. No puedes imaginar las caras convulsas de ellos y la virulencia de todo. Enrique Collado,[38] a quien se lo conté, por si me pasa algo, me dijo que eso era la explosión de envidia de Ramón por su fracaso teatral en Méjico y que todo el mundo dice que la obra a llevar debería haber sido *Electra*. Estoy tan nervioso que me han entrado temblores y cosquilleos en las piernas. No se me quitan.

---

[35] Este artículo nunca fue publicado en *Carteles*.
[36] Entre 1954-1960 Guillermo Cabrera Infante (1929-2005) trabajó como crítico de cine para *Carteles*. Después del triunfo de la Revolución fue nombrado director del Consejo Nacional de Cultura, ejecutivo del Instituto del Cine y director del suplemento literario *Lunes de Revolución*.
[37] Ramón Ferreira (1921-2007), dramaturgo cubano nacido en España. Publicó dos cuentos –"Juan de Diós" [1.2 (1955)] y "Un color para este miedo" [2.4(1956)] y una obra de teatro –*Dónde está la luz* [2.2(1956)]– en *Ciclón*. Se exilió en 1960. Agustín Fernández (1928-2006), pintor cubano conocido por sus obras surrealistas. En 1959, motivado por una beca otorgada por el gobierno de Cuba, Fernández salió para Francia donde radicó hasta 1968. Más tarde se estableció en Puerto Rico, y de 1972 hasta su muerte radicó en Nueva York.
[38] Enrique Collado, psiquiatra del ejército cubano y tercer esposo, después de Alejo Carpentier y Carlos Enríquez, de Eva Fréjaville .

Si pudiera comprar el Neuro Basal, pero cuesta ocho pesos. Ni pensar en eso. Sigo durmiendo en casa de Pepe,[39] pero sábados y domingos en casa, y para colmo, como ayer fueron las elecciones la criada no vino y debí quedarme esa noche. Niso[40] ni piensa ayudarme para la casa en Guanabo. Nadie, la tierra de nadie. Y ahora cinco meses más. Pero no te queda otro remedio, por aquello de las migajas. Recibí carta de Pepe Bianco[41] y volví a escribirle contándole lo del libro. La única lectura buena que he hecho es un libro que Eva[42] trajo de París: *Dictionnaire du snobisme*, editado por Plon.[43] Agota el tema. Procura leerlo. Veo lo del premio. No tengo esperanzas de nada. Por supuesto, el primero, nunca, y quien sabe si tampoco ni el segundo ni el tercero. Bueno, hasta pronto. Recuerdos a todos.

IMPORTANTE: Mándame con urgencia todos los datos de fecha, incidentes, etc. del episodio asesinato duque de Enghien.[44] Conozco bien el asunto pero debo fijar fechas, etc. Tú podrías hacerme un resumen telegráfico de todo y yo acá lo inflo. Creo que Lenotre se ocupa del asunto. En el I. F. de Est. Super. está el libro de S. Beuve sobre Talleyrand y la opinión de Napoleón en el Memorial de St. Elena. Acabo de hablar con Ortega[45] y Jarry no va, y es preciso que gane algo.

---

[39] José "Pepe" Rodríguez Feo (1920-1993), co-fundador de *Orígenes* con José Lezama Lima y de la revista *Ciclón* con Piñera en 1955. Fue, durante muchos años, uno de los amigos más cercanos de Piñera. Su correspondencia con Virgilio –que abarca mayormente la época de *Ciclón* (1955-1957)– ha sido publicado en *Virgilio Piñera de vuelta y vuelta*.

[40] Niso Malaret (1928-), escritor y dramaturgo cubano, que según me contó Antón Arrufat "tenía demasiado dinero para tener vocación de escritor". Fue colaborador en *Orígenes* y *Ciclón* entre otras revistas cubanas. Vivió con Virgilio en la casa de playa en Guanabo hasta junio de 1960.

[41] José "Pepe" Bianco (1908-1986), escritor, ensayista, y traductor argentino; fue colaborador, secretario, y luego jefe de redacción de la revista *Sur* durante su época más importante. Piñera lo conoció en Buenos Aires en 1955, y desde entonces mantenían una íntima amistad.

[42] Eva Frejaville (1913-1998), mujer culta francesa y amiga de Virgilio. Recibía a él y a otros intelectuales en su casa en el Vedado para tertulias semanales. Fue la primera esposa (aunque el matrimonio duró apenas un mes) de Alejo Carpentier, y vino con él a Cuba cuando éste volvió en 1939 después de varios años de exilio en París.

[43] Jullian, Phillipe. *Dictionnaire du Snobisme*. París: Plon, 1958.

[44] Se trata de Louis Antoine de Bourbon, Duque de Enghien (1772-1804), pariente de los monarcas Borbones de Francia. Más famoso por su muerte que por su vida, fue detenido y ejecutado, bajo cargos fabricados, durante el Consulado Francés.

[45] Antonio Ortega (1903-1970), escritor e intelectual asturiano. Se exilió a Cuba en 1939, y durante la década de los cincuentas fue el director de *Carteles*.

Imagina, tu no cobrarás hasta pasado el 20, en el mejor de los casos. No me animo a llamar a Guillermo pues siempre me da excusas. Por otra parte, P. debe estar a punto de volver. No puedes tener una idea de lo aplastado que me ha dejado tu noticia de la vuelta en marzo.[46] Bueno, ya no puedo tragar más hiel.

Virgilio

Noviembre 10, 1958[47]

Querido Humberto,

recibo tu nueva carta de fecha cinco. Veo lo de la Rosina.[48] No vale la pena que explotes. Estoy tan horrorizado por todo que cada vez más me convenzo de la inutilidad de defenderse, y, mucho menos de atacar. Ahora ya estoy en el suelo, y para colmo, con un temblor general en piernas y brazos. Qué será? Las visitas a *Carteles* son como excursiones en que uno chapoteara excremento, salivas, tumores abiertos y miles de lamentos de enfermos desahuciados. Cabrera I.

---

[46] Humberto no volvió a la Habana hasta julio de 1959, así que Virgilio tuvo que esperar aún más de lo que pensaba para ver a su amigo.

[47] Esta carta fue publicada por primera vez en *La Gaceta de Cuba* 39/5 (2001): 8-9.

[48] La Rosina (también "Rosa", "Rose" y "La duquesa"), dueña de la casa de pensión en Buenos Aires donde vivían Humberto y Virgilio. En su correspondencia con José Rodríguez Feo, Virgilio ofrece descripciones coloridas de Rosa, su casa de pensión y de su propia vida en ella. En una carta con fecha del 4 de septiembre de 1956, observa, por ejemplo, que estaba viviendo "en la mazmorra de la duquesa Rosa [...] en una piececita llena de frío y cucarachas, me baño una vez a la semana, como fideos y galletas" (*Virgilio de vuelta y vuelta* 169). En otra, fechada el 18 de mayo de 1958, Piñera escribió lo siguiente: "debo hacerte una descripción detallada de la casa y de sus habitantes. Se trata de un primer piso compuesto de cinco habitaciones, una buhardilla, un altillo, cocina y baño. En la pieza delantera vive Rosa, en medio de los objetos más heteróclitos: si los surrealistas descubrieran esta cueva harían un álbum. Encima de una máquina de coser puedes ver dos naranjas, un jarro de leche cortada, un almanaque del año pasado, montones de periódicos, que servían para envolver el hielo (no, señor, ni pensar en el Frigidaire), montones de ropa para planchar, trapos viejos ... Y pensar que ese es el punto de reunión donde Humberto y yo leemos las *Memorias* de Saint Simon ..." (*Virgilio Piñera de vuelta y vuelta* 190). En sus cartas a Humberto, Piñera menciona a Rosa con mucha frecuencia, revelando así el profundo cariño que se le sentía.

cumbre de vulgaridad, de suficiencia idiota; Ortega, el director, aquí ya no hay palabras para describirlo, pero eso sí, tiene el poder de hacerle sentir a uno su bajeza y estulticia.

No sé cómo hacerte comprender que estoy sin un centavo. Hoy volví a *Carteles*, pues el sábado Cabrera me dijo que si estaba sin dinero podían adelantarme los 25 pesos del artículo de Navidad. Hoy me salió con el cuento que además de no haber leído todavía el artículo, y por supuesto, lo mismo Ortega, resulta que si yo espero a cobrarlo cuando aparezca el número, esto es, el 14 de diciembre cobraría esos pesos más 25 más por concepto de aguinaldo pascual. Como supondrás acepté. Me dijo que le llevara enseguida lo del duque de Enghien y que lo cobraría antes de su publicación. Pero cómo puedo hacer nada si no tengo los libros más elementales. Ya supongo habrás recibido mi carta pidiéndote con urgencia esos datos. Manolo Casal[49] me prestará hoy una revista francesa donde él dice tratan del duque. Veremos qué cosa es. Volviendo entonces al dinero por qué no lo mandas? Me decías en una de tus primeras cartas que si lo necesitaba no te era trastorno alguno mandarme 50.00 dólares. Por qué no lo haces? ESTOY SIN UN CENTAVO. Piensa que día a día tengo que dar en casa un dólar y lo que cuelga. Hoy por fin lo vi a Villaurrutia y me entregó el libro. Según me cuenta vio a todo el mundo en Bs.As. Je ne le connais pas mais il me seinble un toutpetit niais. [No lo conozco, pero me parece un pequeño idiota.] Ya Bianco te habrá dicho lo que le conté de Biondi, pero creo no haber metido la pata pues le decía que tú ignorabas que el libro seguía en la maleta, es decir que suponías que ella lo había llevado realmente. No sé cómo haré la nota,[50] pues además de tener la cabeza a pájaros los libros a consultar están en la biblioteca de Pepe. Llamaré a Olga a ver si quiere retirarlos. Esto será bien difícil pues aunque le dé los títulos y la ubicación en los estantes es tan bruta que desconfío que los encuentre.

---

[49] Manolo Casal, actor y crítico de teatro cubano; hermano de Violeta Casal, famosa actriz y locutora de radio. Por varios años Manolo fue subdirector de *Prometeo*, revista mensual de divulgación teatral.

[50] Se está refiriendo a un ensayo sobre el Duque de Enghein que preparaba para *Carteles*.

Veo lo de Jorge.⁵¹ A este respecto podría aplicársete el dicho: No quiero, no quiero, pero échalo en el sombrero... Te harta pero te vas con él a Mar del Plata. Pero qué lejano está todo eso para mí y qué tengo yo que ver con todo eso!

Bueno, son las cinco. Mamuma⁵² y papá se disponen a rezar el rosario, que un cura tarado dice por radio en compañía de alumnas del Sagrado Corazón todas las tardes desde San Juan de Letrán (del Vedado). Dichoso tú que vives en lo de la Rosina y vas a casa de Graziella.⁵³ Dichoso tú que vives en Ayestarén⁵⁴ y vas a casa de Adolfo de Luis.⁵⁵ Así se consuelan dos pobres diablos que toda su vida han dado palos de ciego. Abrazos.

Virgilio

*Procuré olvidar el incidente*⁵⁶

---

[51] Se trata de Jorge Antuña, la pareja argentina de Humberto. Según lo que me ha contado Antón Arrufat, Jorge pertenecía al Cuerpo de Baile del Ballet del Teatro Colón de Buenos Aires.

[52] Así Virgilio llamaba a su madre.

[53] Graziella Peyrou (1908-1990), escritora y traductora argentina, y hermana menor del escritor y periodista Manuel Peyrou (1902-1974). Piñera la conoció poco después de su llegada a Buenos Aires en 1946 y mantuvo una amistad cercana con ella durante sus estadías en Buenos Aires. Se ha dicho que ella "estaba muy enamorada de Virgilio" (Rússovich 23), y yo he postulado en mi libro *Everything in Its Place: The Life and Works of Virgilio Piñera* que su relación frustrante llegó a servir como modelo del amor frustrado entre Sebastián y Teresa en *Pequeñas Maniobras* (218). Virgilio, en una carta a su amigo Carlos Coldaroli comentó que Graziella estaba muy sentida por su "fuga" de Buenos Aires (*De vuelta y vuelta* 223), y debe de ser por esto que Virgilio se refiere tanto a su silencio en las cartas a Humberto. Graziella era una escritora aspirante, y gracias a Virgilio, logró publicar un par de textos en *Ciclón* y *Lunes de Revolución*.

[54] "Dichoso tú", aquí Virgilio se refiere a sí mismo. Ayestarán, reparto de La Habana. La familia Piñera había vivido en la Calle Panchito Gómez 257 –entre la Avenida 20 de Mayo y la Calle Gral Aguirre– de dicho reparto desde 1947.

[55] Adolfo de Luis, director y crítico de teatro cubano. Fue el director de la puesta en escena de *La boda* en 1958.

[56] Debe de tratarse del incidente con Ramón Ferreira y Agustín Fernández que describió en la carta del 4 de noviembre.

Enero 6, 1959

Querido Humberto, espero que la carta puesta a Graziella en los últimos días del año se haya recibido. Mandaba un recado para ti diciendo que el Bismagen lo llevaba Naty. Después esperaba carta tuya, pero nada. Después, la caída de Batista y la huelga general. Recién hoy funciona correos y te hago rápidamente estas líneas. Por tu madre supe que ustedes están bien y que la embajada está tomada muy felizmente por los fidelistas. No puedes imaginarte la alegría de este pueblo. La noche del 31 la pasé en casa de Pepe [Rodríguez Feo] escuchando la transmisión de la Sierra Maestra. Y aunque sus locutores estaban muy esperanzados nadie, ni el mismo Fidel —como él lo ha declarado— imaginaba que Batista pondría pies en polvorosa. A las cinco y media de la mañana Juan E.[57] corrió hasta casa y nos dijo la noticia. Bueno, ya sabrás por los diarios todo lo ocurrido. Por supuesto, comenzaron los saqueos, cosa inevitable y además que estos saqueos son una de las reparaciones que el pueblo se da con justicia. Por ejemplo, saquearon el hotel Sevilla de fond en comble [de arriba a abajo]. Todas las oficinas de agencias aéreas fueron saqueadas: Aerolíneas, Postal Venezolana, Air France, KLM, Iberia, etc. Un detalle: La Marta Fernández[58] tomó el avión en grand decolleté [en un gran escote] y capa de armiño. Vi en Miramar una negra que se había echado encima una estola de visón y encima del visón unas bombachas de nilón rosado. ¿Qué te parece? Al día siguiente entraron las tropas de Camilo Cienfuegos. La Habana tiene el aire de una ciudad en pie de guerra. Aire que me ha gustado sentir. Detalle: un muchacho del Escambray declaró que el colchón en que dormía (está alojado en el hotel Hilton) era tan mulle que no había podido dormir en toda la noche. Otro: que al abrir una canilla del baño salió una espuma rosada y que él retrocedió espantado. Otra cosa: los cubanos del interior de la Isla son seres totalmente distintos a los de La Habana. Tipos fabulosos. La huelga ha durado cuatro días. Como no teníamos vituallas me vi obligado a salir una noche. Al llegar a San Rafael y Amistad un miliciano me puso un rifle en las manos y me dijo que le hiciera el favor de guardárselo hasta que él

---

[57] Se trata de Juan Enrique Piñera, uno de sus hermanos menores.
[58] Marta Fernández Miranda de Batista (1917-2006), segunda esposa de Fulgencio Batista y primera dama de Cuba entre 1952-1959.

volviera. Estuve veinte minutos con ese rifle. Imagina mis terrores y mi indecisión: no sé manejar ese artefacto. Diariamente se fusilan entre diez y veinte batistianos. Con toda seguridad Cantillo[59] será pasado por las armas. Está comprobada su traición. Baquero está temblando, Zéndegui asilado, Ichaso.[60] Presos Martínez Sáenz y Santovenia.[61] Fidel llegará el miércoles. Vuelven miles de exilados. Yo creo que debes volver cuanto antes. El ministro Agramonte[62] hará una gran depuración y sabes cuántos batistianos había en el Ministerio. Pepe va a editar un número de *Ciclón* dedicado a la Revolución. Escríbeme enseguida. Hoy voy al Ministerio a la toma de posesión de Agramonte. Los bombardeos, me olvidaba decirte de Santa Clara y demás pueblos son comparables al de Guernica. Vi las películas y quedé horrorizado.

---

[59] Eulogio Cantillo (1911-1978), militar cubano y Jefe del Estado Mayor durante la dictadura de Batista. Cuando Bautista huyó de Cuba Cantillo se nombró a sí mismo Comandante en Jefe de las Fuerzas Armadas. Fue condenado a quince años de prisión por los tribunales revolucionarios.

[60] Gastón Baquero (1916-1997), poeta, escritor y periodista cubano; fue miembro del Grupo Orígenes y llegó a ser director del periódico conservador *Diario de la Marina*. Contrario a la Revolución, se vio obligado a exiliarse en 1959. Desde las páginas del único número de *Ciclón* publicado después del triunfo de la Revolución, Rodríguez Feo lo acusó de colaborador con el régimen de Batista, y Piñera en su artículo corrosivo "El baquerismo literario" (Revolución, 27 julio 1959. 21, 33) lo presentó como epítome del autor corrupto y sin escrúpulos de la época de Batista durante el cual, según Piñera, "no existía ningún tipo de consciencia ni mucho menos de convicción moral" (33). Guillermo de Zéndegui (1910-¿?), director del Instituto Nacional de Cultura en los años cincuenta. Según el mismo Piñera, en su papel de director "Zéndegui hizo tanto estuvo en su mano para que la cultura, ya ampliamente prostituida, fuera todo menos cultura" ("El baquerismo literario" 22). Francisco Ichaso Macías (1901-1962), periodista, escritor y crítico de arte cubano. Fue por muchos años redactor de *Diario de la Marina*, y durante los últimos años del Batistato presidió la Comisión Nacional Cubana de la UNESCO y fue miembro de la Junta de Asesores del Instituto Nacional de Cultura. Fue acusado de colaborar con el gobierno de Batista y pasó un año en la prisión en el Castillo del Príncipe antes de exiliarse a México.

[61] Joaquín Martínez Saenz (1900-1970), presidente del Banco Nacional de Cuba durante la dictadura de Batista. Fue condenado a prisión por su colaboración con el gobierno de Batista. Emerito Santovenia y Echaide (1889-1968), fue Ministro de Estado en el gobierno constitucional de Batista en 1943, y presidió el Banco de Fomento Agrícola e Industrial tras el golpe de estado en 1952. Se exilió a los EE.UU. en 1959.

[62] Roberto Daniel Agramonte y Pichardo (1904-1995), filósofo y político cubano. Se desempeñó como primer Ministro de Relaciones Exteriores de la Revolución Cubana entre el 6 de enero de 1959 –fecha de esta carta– hasta el 12 de junio del mismo año, cuando renunció a su puesto.

A Masferrer[63] lo detuvieron en Tampa con una valija conteniendo 17 millones de dólares. Bueno, recuerdos y cariños a todos.

Virgilio

Enero 7, 1959

Querido Humberto, hoy día siete recibo dos cartas tuyas y la biografía de Julio Verne.[64] Me sorprende no hayas recibido una carta mía donde te acusaba recibo de los veinte dólares del día 21 de noviembre. Pero todo eso es agua pasada ... y ahora estamos en una nueva etapa. Que se anuncia tremenda. Por supuesto, en *Carteles* faltaron a la palabra empeñada y no publicaron mi artículo de Navidad. Resultado: cero dinero. Por otra parte supongo estarás enterado que Dick y señora no pudieron viajar con lo cual se quedó acá el Bismagen y los tabacos. Están asilados con el padre de esta última en una embajada. Ayer por la mañana fue la toma de posesión de Agramonte. Asistí. Estuvo muy amable conmigo, lo mismo que Lazo,[65] que firmó el acta correspondiente, lo que me hace pensar que sea el subsecretario. Como Pepe va a editar un número especial de la revista dedicado a la Revolución, le pedí un artículo, lo mismo que a Agramonte.[66] Entonces me dijo que lo visitara en su casa. Ayer a la noche lo hice, pero no estaba; hoy volveré pues le pediré un cargo de agregado cultural, o lo que

---

[63] Rolando Masferrer Rojas (1918-1975), político, periodista y paramilitar cubano. Fue senador en Oriente durante el Batistato, y en los años cincuenta fue jefe de una banda de paramilitares, "Los Tigres de Masferrer", que fueron acusados por el gobierno de Fidel Castro de unos 2,000 asesinatos. El 1 de enero de 1959 huyó de Cuba con su familia y fue detenido en Miami por agentes de Inmigración y Naturalización con $17,000,000. El 26 de enero del mismo año se le concedió asilo político en los EE.UU.

[64] Jules Gabriel Verne (1828-1905), escritor, poeta y dramaturgo francés conocido por sus novelas de aventuras como *Veinte mil leguas de viaje submarino* (1870) y *La vuelta al mundo en ochenta días* (1873). Aquí Virgilio se refiere a la biografía de Verne escrita por Marguerite Allotte de la Fuye: *Jules Verne: sa vie, son oeuvre*.

[65] Raimundo Lazo y Baryolo (1904-1976), profesor, ensayista y crítico literario. Después del triunfo de la Revolución sirvió como primer embajador y delegado permanente del Gobierno Revolucionario ante la UNESCO.

[66] No aparecieron textos ni de Lazo ni de Agramonte en dicho número de *Ciclón*.

puedan darme. Silencio sobre esto. No quiero hacerme ilusiones, pues ya sabes nuestra mala suerte y además, los aspirantes incontables y los "empujadores". De todos modos, lucharé. Al mismo tiempo, Cepero Bonilla, el nuevo Ministro del Trabajo es íntimo de Humberto,[67] y le ha prometido a Mamuma, es decir Humberto, mover cielo y tierra con este señor para conseguirme algo. Veremos. Ayer hablé con tu madre y quedamos que yo le hablara del traslado a Julia[68] en marzo para el Ministerio. Si consigo verlo hoy y él me orienta en este sentido, te lo pondré al final de la carta. Ella, por su parte, hablará con Concha, la señora de Agramonte. Hablé también con Lila y me dijo que no sabía nada de tu check, pero que habían dicho que los cheques salían el 30. ¿Será así? De todos modos, mañana iré al Ministerio para hablar con Martí. Si estuvieras acá podrías hacer algo para conservar el cargo. El Pepe está imponente, al extremo que he decidido aguantarlo sólo hasta que salga el número de *Ciclón*. Si todo fracasa te juro que preferiré pasar hambre a soportarlo. Silencio también sobre esto. Hoy veré a Cabrera Infante para que de todos modos haga por que me paguen el artículo de Navidad, aunque sólo sea 25 pesos. Aunque no tengo ninguna esperanza. Vi una carta que Espinosa le manda a Berenguer, me la enseñó Dalia, la viuda de Guiteras,[69] casada actualmente con Berenguer. Le quieren formar expediente y dicen que su renuncia dos días antes de la caída del régimen no tiene ningún valor y que está por medio el asunto de Méjico con los exiliados cubanos. Asaltaron la casa de Campa y las pieles de María Teresa[70] estaban en los hombros de las negras. Justa revancha del pueblo. A Guillermo lo felicité del 31. Muy

---

[67] Raúl Cepero Bonilla (1920-1962), economista, historiador y periodista cubano. En enero de 1959 fue designado Ministro de Comercio (no de Trabajo, como indica erróneamente Virgilio aquí) del Gobierno Revolucionario. En 1960 fue promovido a Presidente del Banco Nacional. Humberto Piñera Lera (1911-1986), hermano mayor de Virgilio, profesor de filosofía. Se exilió a Estados Unidos a fines de 1960.
[68] Julia volvió con Humberto en julio de 1959, y trabajó en el Ministerio de Relaciones Exteriores.
[69] José Raúl Berenguer, político cubano que desempeñó varios cargos durante el Batistato. Fue nombrado embajador de Venezuela en 1960. Dalia Rodríguez, viuda de Antonio Guiteras (1906-1935), líder revolucionario cubano que se destacó durante la revolución de 1930.
[70] Miguel Ángel de la Campa (1882-1965), diplomático cubano. Fue Ministro de Relaciones Exteriores bajo Batista entre 1952-1955. Resignó a su puesto de embajador cubano en los Estados Unidos cuando triunfó la Revolución y no volvió a Cuba. Su esposa, María Teresa Roff, murió en 1952.

amable, me deseó todo género de venturas pero nada más. Correcto pero impenetrable. Si, Pepe recibió tu tarjeta, que yo tuve que leerle pues casi no le hizo el menor caso. Dime si Graziella recibió una carta mía. Bueno, creo no olvidar nada. Te escribiré tan pronto tenga una noticia importante. Copiaré tal artículo sobre Verne avec quelques retouches et commentaires. On sonne le toesin tout le temps, on tue, on se agite … Au moins, le magasiss sont ouverts et les buses marchent. Je suis au complet denument et physique et moral. C'est la preuves de preuves. [con algunos reajustes y comentarios. Suena la sirena todo el tiempo, la gente se mata, se agita… Al menos las tiendas están abiertas y los autobuses circulan. Estoy en la miseria completa, moral y física. Es la prueba de pruebas.] Quedaste muy bien en la foto, esta tarde se la pasaré a tu madre. Bueno, hasta pronto, Abrazos,

Virgilio

Al fin pude verlo a Lazo. No es el subsecretario, aunque todo el mundo lo cree así. Agramonte le dice que quiere que él coopere, pero no le da nada fijo. De todas maneras, me preguntó qué yo hacía y cuál era mí situación. Le conté todo. Me dijo que si era nombrado Sub. me ayudaría totalmente. También es posible que le den la Dirección de Cultura, pero todo son rumores. Veremos.

Oye esto: es casi seguro que el jefe de personal de Berenguer [*sic*]. No se lo digas a Lara por nada del mundo y tampoco a Rose. Prenez garde. [Ten cuidado.] Esto me ayudaría mucho pues sus amigos de Dalia, su mujer me (palabra ininteligible) el trabajo sobre Verne, que he transcrito todo.

V.

Enero 12, 1959

Querido Humberto, recibí tu carta de fecha 5. Supongo que ya tendrás en tu poder dos cartas mías posteriores a la caída de Batista. Ayer fui por tu casa y me dijo tu madre que Eduardo Tomeu[71] había estado por allá. Pienso en cuantas imposibilidades te habrán amarrado para verte obligado a renunciar a volver por el momento. Amén que la vuelta no te habrá costado un centavo, tendrías el chance de defender tu puesto sobre el terreno. Yo, imagínate, nada puedo hacer pues trato de conseguir algo. A estos efectos te decía que hablé con Lazo, el que por desgracia no ha sido nombrado Subsecretario; esos puestos han sido dados: la subtécnica a Chibás, y la administrativa, a Erick Agüero Montoro.[72] De todos modos, mañana lunes veré a Lazo para que entregue a Agramonte un memorándum y curriculum vitae (¡una vez más!) pidiendo la plaza de Agregado Cultural en París. Se me ocurre que si me falla sería un buen recurso que los intelectuales argentinos dirigieran un escrito a Agramonte pidiendo que me nombrasen en Buenos Aires. Del lobo un pelo. Sobre esto te tendré al corriente; habla desde ahora con Bianco, (no le digas nada de mi proyecto de París) y que Victoria[73] sea la que presida la petición. Pero que no lo haga hasta que yo te escriba. No puedes imaginar los días que estoy pasando. Sin un centavo. *Carteles* falló en toda la línea. Ahora copié de cabo a rabo el artículo Verne y le puse versión de V.P. y que estaba escrito por H. P. Hombourg. De todos modos en tu próxima mándame el nombre del autor. Estoy muy nervioso, pues si ahora no consigo nada me tendré que resignar a terminar mi vida como desempleado. El Pepe cada día más imponente, al extremo que trato de verlo lo menos posible. Ni da ni dice dónde hay. Me cuenta tu madre que Martí le aseguró que tu check había salido el día 30. ¿Lo has recibido? Carbonell[74] está

---

[71] Se trata del tío de Humberto y Julia.
[72] Raúl Chibás (1916-2002), revolucionario cubano que alcanzó el grado de Comandante del Ejército Rebelde. En 1960, debido a su discrepancia con el giro totalitario del gobierno, se fugó de la isla. Eric Agüero y Montoro, viceministro de relaciones exteriores.
[73] Victoria Ocampo (1890-1979), escritora e intelectual argentina. En 1931 fundó *Sur*, la revista literaria más importante de Latinoamérica de su época, y fue su primera directora. Virgilio la conoció durante su estancia en Buenos Aires.
[74] Néstor Carbonell y Rivero (1883-1966), escritor, historiador y político cubano. En los años cincuenta desempeñó, entre otros cargos, de Secretario General del Ministerio de Relaciones

escondido pero Mercedes, Dick y Natty siguen en la casa. Acá las cosas están bastante normalizadas, por lo menos externamente. Se dice que le darán una embajada a Lazo, también podría pedirle que me llevara con él. Se dice que Portel Vilá es el embajador en Washington, que Massip en México, que Piedra en Londres, que Mañach en Madrid, pero todo son rumores.[75] Lo cierto es que han quedado fuera 41 embajadores. No creo que deban demorar el viaje tanto. Este es el momento de estar acá. Si J[ulia]. pudiera arreglar sus asuntos, deben volar en el menor tiempo posible. Y si es en cuestión de días, mejor. Por otra parte, Humberto es íntimo de Cepero Bonilla y le ha prometido a Mamuma ayudarme pero ayer ya dijo que era muy prematuro. Mi impresión final es que no conseguiré nada. Todo es siempre como siempre, aunque aparentemente sea como nunca. Imagina que [Armando] Hart, el Ministro de Educación, ha nombrado como su delegado en el Instituto de Cultura ¿sabes a quién? Pues a Eduardo Boffil, el Chino, el antiguo amante de W. Monet, y junto a él están Lezama, Gaztelu, Cintio, Orbón, Lozano, Marta Arjona, Natalia Bolívar, es decir el grupo Orígenes y añadidos, Mariano está desolado y se siente frustrado.[76] Todo el mundo está tallando como loco. Y considera que son muchísimos más los aspirantes que los cargos. Es como para volverse loco. Bueno, seguiremos pasando hambre. Luis Lastra[77] se fue a la Sierra el día 30, el 31 la pasó en esas montañas y el 1 cayó Batista. Ahora ha regresado

---

Exteriores y embajador cubano ante la Argentina y Perú. Entre 1956-1957 Humberto trabajó como su secretario privado en la Habana. Mercedes Pradas, su esposa. Dick y Natty (Ricardo y Natalia), sus hijos.

[75] Herminio Portell Vilá (1901-1992), historiador cubano. José Massip (1926-2014), cineasta cubano. Alberto Martínez Piedra (1926-), político cubano; nunca fue nombrado embajador en Londres, pero desempeñó otros cargos para el Gobierno Revolucionario hasta exilarse a los Estados Unidos en los años sesenta. Jorge Mañach (1898-1961), escritor, periodista y filósofo cubano.

[76] Ángel Gaztelu Gorriti (1914-2003), sacerdote y poeta cubano nacido en España, miembro fundador del Grupo Orígenes. Cintio Vitier (1921-2009), poeta, narrador y crítico literario cubano. Julián Orbón (1925-1991), músico, crítico musical y compositor cubano de origen español. Alfredo Lozano Peiruga (1913-1997), escultor cubano. Marta Arjona Pérez (1923-2006), ceramista y escultora cubana. Natalia Bolívar Aróstegui (1934-), etnóloga cubana especialista en las religiones afrocubanas. Mariano Rodríguez Álvarez (1912-1990), pintor e ilustrador cubano. Fue colaborador en las revistas *Orígenes* y *Ciclón*, para las cuales contribuyó varias ilustraciones, incluyendo la de la cubierta de esta última.

[77] Luis Lastra (1930-2004), crítico de arte e historiador cubano. Fue un colaborador asiduo en *Ciclón* y colaboró también en *Lunes de Revolución*.

en la columna de Fidel Castro "en jeune heros"... [a la héroe joven] ¿Qué te parece? Ramón Ferreira se dispone a que Violeta Casal[78] le haga su nueva obra, que es revolucionaria (la vida de Ventura) y quiere pasar como tal, él estuvo junto a Zéndegui todo el tiempo. Bueno, sería mejor suicidarse. Gastón [Baquero] se dice está escondido, otros afirman que "ya" está en *La Marina*, de una u otra forma ya dicen que sí, que él estuvo vinculado al régimen, pero que en el fondo era ferviente fidelista. Et ainsi de suite. [Y así sucesivamente.] Bueno, escribe, y si te sobran unos pesos mándamelos, pues he llegado a tener que comprar los cigarros en la bodega del chino. Voilá. Abrazos.

Virgilio

No quería echar ésta hasta tener algo concreto que decirte sobre mi aspiración. Pues estoy bien impresionado. El lunes se decidirá, pero de todas maneras si no logro lo de ataché cultural entonces Lazo me llevará a la Unesco. Trágate esto. Luis Lastra me habla ya. ¿Qué te parece? El embajador en París será el físico Gran,[79] amigo devoto de Lazo, esto sirve a mis aspiraciones.

Enero 19, 1959

Mi querido Humberto,

en líneas generales mi suerte se decide hoy. A las once tengo cita con Lazo para que me informe de las gestiones realizadas cerca de Agramonte para lo de mi cargo de agregado cultural. Si esto falla me queda la esperanza de que el propio Lazo me encaje en un puesto de su embajada Unesco. No tienes una idea de lo que es ese Ministerio:

---

[78] Violeta Casal Díaz (1916-1962), actriz cubana y co-fundadora en 1961 del Conjunto Dramático Nacional. Durante la década del sesenta fue directora de Radio Rebelde.
[79] Manuel Francisco Gran Guilledo (1893-1962), eminente físico cubano. En 1959 fue nombrado el primer embajador de Cuba ante Francia, cargo que desempeñó hasta finales de 1960.

empujadores, suplicantes, lloronas, manadas enteras corriendo en pos de Conchita Fernández (ex-secretaria de Eddy Chibás) y que ahora es embajadora.[80] La nueva sede es, como sabes, la casa de la Gómez Mena.[81] Lujosa y sin mal gusto la decoración. Nada excepcional pero aceptable. De otra parte han nombrado a Cabrera Infante, Delegado del Ministerio de Educación en el Instituto de Cultura. Imagina los chismes y las intrigas. Primero había sido nombrado Eduardo Boffill (antiguo amante de W. Monet) pero lo sacaron pues apoyaba las aspiraciones de Lezama para director de Cultura. Toda la gente del oficio armó la podrida con esa aspiración. Pero la designación de Cabrera es peor aún pues ya sabes lo vulgar y ambicioso que es el tipito. Mañana aparece en *El Mundo* un artículo mío –"El nuevo Director de Cultura"– donde expongo que ningún artista deberá ser el director de cultura, y basado en ello propongo a José A. Portuondo.[82] El otro día fui a una reunión de escritores de "Nuestro Tiempo". ¡De película! Una escritora dijo que la "primicia" fundamental por la premisa fundamental. ¡Qué me cuentas! Cecilio trebuchant avec toutes ces histoires noires de ses freres –actuellement en fuite. [tropezándose con todas esas historias negras sobre sus hermanos– actualmente a la fuga.] Dihigo[83] es el embajador de Washington.

El Pepe imponente, al extremo que nos vemos, o mejor dicho, yo lo veo muy poco. Estoy dispuesto a romper de una vez por todas. Con puesto o sin puesto. Ya la Enriquetona[84] no vive en la casa, pero él pretende que yo haga de criado. Por más que le digo que ponga a un criado me dice que la calle está muy dura y después se gasta cien

---

[80] Conchita Fernández (1912-1998), secretaria de Roberto Agramonte. Pasó a ser, durante muchos años, la secretaria personal de Fidel Castro. Antes había sido secretaria del etnólogo cubano Fernando Ortiz (1881-1969) y de Eduardo Chibás (1907-1951), fundador del Partido Ortodoxo.

[81] La casa de José Gómez-Mena Villa (1882-1980) –hombre de negocios cubano que fue propietario y residente de varios centrales azucareros– se encuentra en el #502 Calle 17 en el Vedado y es hoy en día el Museo de Artes Decorativas. Con el triunfo de la Revolución la familia Gómez-Mena dejó el país y el Gobierno tomó posesión de su mansión.

[82] José Antonio Portuondo Valdor (1911-1996), profesor, crítico y ensayista. Fue uno de los ideólogos más importantes en las primeras décadas de la Revolución.

[83] Ernesto Dihigo y López Trigo (1896-1991), jurista, profesor y diplomático cubano. Se desempeñó de embajador cubano ante los Estados Unidos entre enero de 1959 hasta febrero de 1961.

[84] "Enriquetona", Enriqueta Fernández Casas, la madre de Rodríguez Feo.

pesos en cualquier cosa. De carácter imposible. Zaida y Wicha[85] le tienen terror y se quejan del servicio y la atención cuando se juega canasta. Para colmo, las obliga a coger máquina de alquiler pues se niega a llevarlas. Ya sabes bien los bemoles del niño. Ojalá pudieras conseguir ese pasaje gratuitamente. Conchita [Fernández] le dijo a tu madre que todavía no se ha empezado a dar permisos para la vuelta a Cuba de funcionarios. Ya sacaron a los botelleros: más de doscientos. ¿Qué te parece? Bueno, te agradezco esos veinte pues estoy en la inopia y "sin blanca".

Día 24: Por fin Lazo habló con Agramonte de mi asunto. Le dijo que le parecía justa mi aspiración y que la tendría en cuenta. Esto son sólo palabras pero lo importante es el interés que Lazo tiene en que mi puesto salga adelante. A estos efectos me presentó al viejo Gran, que como sabes es profesor de física de la Universidad. Persona muy amable, sencilla, sin afectación, presque taré, malgré tout ce qu'on dit de son savoir come connaisseur en physique nucléaire. [casi retrasado, a pesar de todo lo que dicen sobre su saber como conocedor de física nuclear.] Vacila todavía en aceptar la embajada en París pues le tiene miedo al gasto; me dijo que no era hombre de dinero, que no tiene automóvil, etc. Lazo, que tiene una gran amistad con él, le decía, casi gritando, que la aceptara. Era una escena de farsa. Después Lazo me dijo que seguiría martillando a Agramonte. El lunes, día en que Agamonte regresará de Venezuela (adonde fue en la gran equipée [aventura] de Fidel) se decidirá lo de Gran, que tengo la impresión que al fin aceptará. Veremos. Tengo ideado, pidiendo por supuesto parecer a Lazo, que Humberto le pida una recomendación afectiva a Cepero Bonilla, Ministro de Comercio, de quien es íntimo amigo. Me dijo tu madre que Carrillo le traía dos libros. Supongo serán para mí. Ella iría a buscarlos hoy por la tarde. Todavía no he recibido el dinero. Al fin en *Carteles* me pagaron 30.00 por el artículo de Navidad, pero

---

[85] Zaida Cabrera, amiga y compañera de canasta. Como observó Julia Rodríguez Tomeu: "[A Virgilio] le gustaba mucho jugar canasta. Por esa época estaba de moda, y Virgilio era un experto. Lo gracioso era que casi todas las compañeras de canasta eran unas señoras grandes. Todas de buen nombre, de familias conocidas en La Habana" (Dossier Virgilio Piñera *Diario de poesía* 23). Wicha, amiga y compañera de canasta. Era esposa del famoso actor cubano, Enrique Santiesteban (1910-1983).

imagina lo que debía. Diez a Luisa,[86] tres del Bismagen, etc. Bueno, escribe más a menudo. Dice tu madre que Herminia te va a aguantar el puesto con un alto jefe del Ministerio de Estado, gran amigo de ella. No sé quién será.

Virgilio

Febrero 24, 1959

Querido Humberto:

no sé cómo tengo fuerzas para escribirte. Todo paró en el tacho. El cargo de agregado cultural se lo dieron a Natacha Mella.[87] A pesar de las promesas de Gran y de Lazo. Pero ha pasado algo insólito. Se me ocurrió pasarle, por medio de Conchita Fernández una cartita a Agramonte. Esta cartita ha sido una verdadera bomba en el Ministerio. El lunes llegué al Ministerio y advertí que todo el mundo me miraba, murmuraba, etc. De pronto un señor gordito al que sólo conozco de vista, se me acercó. ¿Usted es el doctor Piñera? me dice ... Sí, le contesto. Tengo que hablar con usted. Me llevó a su despacho. Es el Jefe de Comisión Depuradora en el Ministerio de Estado. Mire, Piñera —me dijo. Usted le ha escrito una carta al Ministro y el doctor Agramonte está muy afligido. Yo quiero que usted sepa que el Ministro tiene el mejor concepto de usted, que todos reconocen su competencia en materia de cultura, y patatí patatá ... Pero ya la señora Mella estaba nombrada. Entonces le dije: Pero es que yo reúno todos los requisitos para ese cargo y la Sra. Mella no reúne ninguno. Bueno, me dice, la

---

[86] Luisa Joaquina Piñera de Rubio (1910-1995), la única hermana de Virgilio y la mayor de los seis hermanos Piñera, que también incluían a Humberto (1911-1986), Vinicio (1914-1988), Juan Enrique (1915-2002), José Manuel (1917-1997). Con Luisa Virgilio mantenía durante toda la vida una relación muy cercana.

[87] Natasha Mella Zaldívar (1927-2014), hija del legendario líder estudiantil Julio Antonio Mella (1903-1929). Fue nombrada, por Roberto Agramonte, al puesto de agregada cultural de Francia, pero ella renegó la oferta y decidió quedarse en la Habana donde fue asignada al Departamento de Asuntos Asiáticos del Ministerio de Relaciones Exteriores.

Sra. Mella es arquitecto y sabe un poco de francés. Le digo; así que un poco nada más ... Pero es preciso saber bien el francés. Bueno, para no cansarte: el tío me dio una coba enorme. Salí del despacho. Entonces viene la secretaria de Conchita. Doctor Piñera, no se vaya que la embajadora quiere hablar con usted a propósito de la carta que usted envió al Ministro. Me puse a esperar, pero viendo que era la una y media, me harté y me fui. Antes había visto a Lazo. Me dice: Piñera, qué ha hecho usted, le ha enviado una carta a Agramonte donde dice que yo y el doctor Gran le hemos comunicado a usted que el doctor A. desestimaba su petición. Imagínese, Roberto me ha dado "un café" de padre y señor mío, etc. etc. Bueno, como te digo, me fui del Ministerio. Por la tarde, a las cuatro y media me fui a casa de Pepe a terminar un trabajo para la revista. Suena el teléfono. Me dice una voz: Habla Sardiñas, el Ministro quiere hablar con usted. ¿Te das cuenta? No era precisamente A. sí no Conchita, en quien A. había delegado, para que me localizaran y antes que terminara el día me diera las más rendidas excusas de parte del Ministro, y que el Ministro me citaba para el viernes, en la primera de las audiencias señaladas para ese día. Sabes por qué de todas esas amabilidades, pues de un modo maquiavélico hice llegar a A. que estaba dispuesto a dar un escándalo por la prensa. Oscar Zaldivar fue el chivo emisario. Se lo dijo a Olivín su hermana,[88] madre de Natacha [Mella], esta corrió y se lo dijo a Gran, Gran a Lazo y Lazo a Agramonte. Ahora tengo más esperanzas, y voy a pedir un cargo aquí en La Habana pues realmente vivir en París con 150 pesos es imposible. Claro, puede ocurrir que A. me escuche, me dé promesas y nada, pero al menos ahora tengo una posición frente a él más soberana. Hablando de otra cosa mándame con Julia una armadura de lentes, una patilla de los míos se ha roto. Recuerda que los compré en esa óptica que está en Puyrredón y Santa, sobre Puyón, casi pegadito al Olmo. Di mi nombre. Esto fue a finales de 1955 o principios del 56. Abrazos,

Virgilio

---

[88] Oscar Zaldívar (1909-1978), tío de Natasha Mella e hijo del agrimensor e ingeniero de minas Oscar Zaldívar Peyrellade. Olivia "Olvín" Zaldívar Freyre (1904-1982), abogada y diplomática cubana. Se casó con Julio Antonio Mella en 1924.

Marzo 21, 1959

Querido Humberto, recibí el dinero; ya vi a Julia. Muy desagradable Agramontina hasta la exageración y vicentinista[89] hasta el grito. Corté pronto y hablamos de otra cosa. Por supuesto, me sermoneó, diciendo que tú no podrías venir hasta que yo no tuviera algo seguro. Bueno, es la misma hostilidad de siempre, que se suma a las hostilidades que me ha tocado padecer. Mis esperanzas en el Instituto Nacional de Cultura terminaron. Vicentina [Antuña] nombró para redactores de la [*Nueva*] *Revista Cubana* a: Cintio, Retamar, Grazielita Pogolotti, Adrián Fernández, Jorge Rigol, Serrá Badué y Luis Aguilar León.[90] Qué me contás … Yo di un artículo sobre Jarry y se armó un escándalo pues reproducía un fragmento del "Ubu Roi" donde Jarry dice: culo. Para qué fue eso … que si la revista era moral, que si esto y lo otro… Bueno ¿crees que aquí en el sentido cultural se puede ser decente? Cuéntame si hablaste con Viola de mi caso. Preciosas las medias; lástima lo de las patillas de los lentes pues estoy a punto de quedarme sin ojos. Sabrás que ha habido todo un affaire con *Ciclón* para decirte nada más que me fui de casa de Pepe y me peleé. El insistía en publicarle a Ramón Ferreira. Le dije que no lo hiciera pues todos los colaboradores de *Ciclón* se abstendrían si Ferreira publica. Después de prometerme por dos veces que no lo haría, el día que llevaríamos el material a la imprenta, dijo que lo de Ramón iría. En seguida yo retiré mi material y se armó

---

[89] Es una referencia a Vicentina Antuña (1909-1993), destacada pedagoga y filósofa cubana. Fue directora de cultura del Ministro de Educación (1959-1961) y presidenta del Consejo Nacional de Cultura (1961-1963).

[90] Roberto Fernández Retamar (1930-), poeta, ensayista, crítico y promotor cultural cubano de gran renombre. Colaboró en *Orígenes, Lunes de Revolución, Bohemia* y muchas otras revistas literarias y fue director de la revista *Casa de las Américas*, director de *Nueva Revista Cubana* y coeditor de *Unión*. Graziella Pogolotti (1932 -), ensayista y crítica literaria, hija del gran pintor cubano Marcelo Pogolotti (1902-1988). En 1959 comenzó a trabajar como asesora de la Biblioteca Nacional José Martí. Jorge Rigol (1910-1991), dibujante, grabador, historiador de arte y profesor cubano. Contribuyó ilustraciones a *Bohemia, Carteles* y otras revistas cubanas e ilustró varias obras de literatura. Daniel Serra-Badué (1914-1996), artista gráfico y pintor cubano. Entre 1959-1960 se desempeñó como Subdirector de Cultura para el Ministro de Educación. Luis Enrique Aguilar León (1926-2008), periodista, historiador y profesor cubano. A raíz de la clausura de *Diario de la Marina* en 1960, Aguilar León publicó en *Prensa Libre* un breve artículo, "La hora de la unanimidad", que abogó por la libertad de expresión para todos los cubanos. Se dice que el artículo precipitó la clausura de *Prensa Libre* y la salida del autor al exilio en los EE.UU. Piñera se refiere al exilio de Aguilar León en la carta del 18 de mayo de 1960.

la gorda. Arrufat, que estaba, hizo lo mismo. Entonces tuvimos una tremenda discusión, y entre otras cosas me dijo que la revista se había comprometido conmigo publicando el artículo sobre Ballagas.[91] Terminado el picadillo, fuimos para el living; allí sacó violentamente nuestros artículos y nos lo tiró en la cara [*sic*]. Entonces yo le devolví la llave y me largué con Arrufat. Empezaron los puorparlers [las discusiones.]. La revista en pleno, le dije, que se retiraba. Pretendía, que yo además de cesar como secretario no podía publicar en el número revolucionario para dar satisfacción a Ramón. ¿Qué te parece? La gente se mantuvo firme. El tuvo que ceder. Imagina ese orgullo domeñado. Después todo se arregló y volví a la casa. Pero ahora, para vengarse, no le publica a Arrufat con el pretexto de que en el próximo número le publicará un capítulo de la novela. Todo es muy asqueroso y te digo de una vez por todas, que procures venir cuanto antes. Estoy seriamente afectado de los nervios, y no me atrevo a alquilar nada sin saber si tú vendrás o no. Contesta en este sentido. Bueno, hasta luego.

Virgilio

Junio 3, 1959

Mi querido Humberto: estoy muy contento por tu decisión de regresar cuanto antes; a estos efectos ya había iniciado unas gestiones con mi amigo Adrián, primo de Erik Agüero Montoro. Pero Adrián todavía no ha regresado de Bolivia o Buenos Aires; Julia me dice que debemos esperar ese regreso de Adrián para conjuntar las influencias. Hoy llamaré a su señora pues él anuncia su regreso para los primeros días de este mes. Ya estoy instalado en nuestra antigua casa y por nada del mundo volveré al carromato,[92] a los fríos, y a ese tipo de vida en que

---

[91] Se trata, desde luego, de "Ballagas en persona" (1955) ensayo controversial en el cual Piñera discutió abiertamente la homosexualidad de Emilio Ballagas (1908-1954), poeta cubano y amigo personal, quien había fallecido el año anterior. Para una discusión detenida del ensayo ver mi libro, *Everything in Its Place* (72-75).

[92] Se refiere a la casa de pensión en Buenos Aires donde había compartido una habitación con Humberto.

uno aparenta tener y se está muriendo realmente de necesidad. Sobre todo, el frío, que ya sabes lo que afecta física y moralmente. Por nada del mundo volvería a Buenos Aires en condiciones tan desastrosas. Basta de viajes aventurados; este año cumpliré 47 y estoy bien cansado de la trashumancia. Estas son las horas que no he empezado todavía a trabajar en *Revolución*. Primero se produjo un incidente por el cual Cabrera Infante presentó su renuncia –la que Franqui[93] no aceptó; parecía que todo estaba bien pero cuando fui el viernes pasado a empezar mis labores de corrector de prueba, Guillermo Cabrera Infante me dijo que le habían modificado un artículo sobre Sartre y que él no permitía eso, y que antes de seguir en el magazine iba a exigirle a Franqui una completa autonomía. Esto ha demorado el asunto; ayer lunes fui al periódico; Guillermo no apareció. Hoy martes vuelvo en la esperanza de que las cosas se hayan arreglado. El puesto está seguro, sólo debo trabajar el jueves, de ocho de la noche a seis de la mañana, y volver el viernes a las seis de la tarde a revisar las pruebas de plana, durante dos horas. Creo son cien pesos, lo que unido a las traducciones y colaboraciones originales me daría unos 150 pesos. Pero ya sabes cuánto me cuesta a mí el obtener un empleo. Niso se está portando muy bien. Ya imaginarás que la casa está hecha una taza de oro. En materia de batería de cocina, menage en general está completa. Respecto de tu colchón y cama cuando yo me fui a Buenos Aires, como no pude venderlo se lo di a Pepe y ahora la usa un empleado. Aunque no se la regalé formalmente no quiero pedírsela pues no tienes idea de lo frías que están nuestras relaciones. A tu vuelta te contaré. El otro día, jugando canasta volvió a atacarme a propósito de una carta que levanté pero que no vi; me dijo que se iba del juego, le dije que hiciera como quisiera. No lo he visto más. Con Niso voy bien; me invita sábados y domingos a comer y almorzar; yo no abuso; además no le doy confianza mayor. Te diré que Mamuma está muy mal; ya casi no puede comer, cada día se debilita más, y con el problema moral de papá encima, pues ella sabe que si papá se queda solo la pasaría muy mal. ¿Te acuerdas

---

[93] Carlos Franqui (1921-2010), escritor, periodista y activista político cubano. Desde la Sierra Maestra dirigió *Revolución*, el periódico clandestino de los rebeldes, y su estación de radio, Radio Rebelde. Después del triunfo de la Revolución fue nombrado director de *Revolución*. El suplemento literario del periódico, *Lunes de Revolución,* fue encargado a Guillermo Cabrera Infante.

de la peluquera Pupo? Ahora es una gorda indecente. No tienes idea. Me intriga cómo llegó a manos de ese escritor mejicano «La Boda», pregunta si puedes. Ojalá la pongan en Méjico. Qué lata eso de los parásitos. Estas seguro que son parásitos? Dime qué opinó el médico. Niso hasta ha comprado una cera especial para darle a los cristales de la galería. Pregunta a Pepe Bianco si recibió mí carta y que mande la colaboración para *Lunes de Revolución*.[94] Que me la mande a mi dirección.

Junto a la carnicería vieja han hecho una nueva. El colegio Newton por fin fue terminado; la escuela pública de la esquina de casa fue trasladada para una casa de una hermana de M[arta]. Fernández; así que pas de enfants [nada de niños.]. Ya el cactus está lleno de botones, la mata llena de aguacates, y la granada grandísima. Pienso ponerte una cama muy buena cuyo bastidor es nuevo y pedir a Rodríguez un colchón nuevo, pero también puedes comprar un colchón de muelles. Tan pronto como tenga la respuesta de Adrián te escribo. Ya me contó Julia tu afogue con motivo de la batalla campal de los bancarios. Ten cuidado en la calle. Bueno, esta noche será la decisiva en *Revolución*. No echaré la carta hasta saber el resultado del affaire Guillermo-Franqui. ¿Has visto qué suerte la mía? Pero no desesperemos; creo al final todo saldrá bien. Estoy traduciendo unos cuentos franceses paquetones para *Carteles*. Abrazos, y recuerdos a las amistades.

8 de la noche: acabo de hablar por teléfono con Adrián y mañana ceno en su casa para tratar tu asunto. Ya Julia me dio instrucciones al respecto. Antes de echar ésta te informaré. Voy a dar una conferencia sobre pintura cubana en el Instituto de Cultura. En la sección literaria no puedo hacer nada pues el grupo Orígenes lo tiene copado todo. Natalio viene a vivir a Cuba en julio o agosto. José Manuel viene de New York el día 19 de este mes.

Junio 7/59 Prosigo ésta. Nueva y más crítica gravedad de Mamuma. El médico me dice sin rodeos que esta vez podría tirar un mes a lo sumo. Sueros y carpa de oxígeno. Ya no come. Imagina el afogue y la estupidez de los visitantes. Hace tres días que no duermo. Veremos.

---

[94] José Bianco no publicó un texto en *Lunes* hasta marzo de 1961, mes en que apareció su cuento "Las ratas" (1961).

Ya hablé con Adrián y me prometió en firme pedir a Erik tu traslado enseguida. Hoy lunes debo preguntarle si el sábado se entrevistó por fin con Erik. Tengo hoy que llamarlo (8 de la noche). Llego a tu casa y me dice la criada que tu madre y Julia están en el Centro Médico pues mañana operan a Herminia, de un fibroma, que se sintió con colitis y resultó fibroma. Algo sin importancia. Acabo de recibir tu carta del 3 está escita en papel de *Sur*, que no lleva fecha. YA ENGANCHÉ en *Revolución*. Puesto de redactor fijo (sección arte y literatura) 3 artículos de 3 cuartillas 3 veces por semana.[95] Bicoguita. Los hago en Guanabo, los entrego por la noche a las 10. Mamuma sigue igual, esta noche llega José Manuel de New York, Vinicio[96] llegó hoy de mañana. No pude hablar con Adrián anoche, deja ver si hoy lo hago. De todos modos no puede seguir demorando ésta. No puedes imaginar mi alegría con la botadura del Lara. Merecida la tiene. Si antes de echar ésta yo hablo con Adrián te lo cuento. Abrazos,

Virgilio

Julio 11 / 59[97]

Querido Humberto, dos líneas para rendirte la autorización de cobro en Losada. Otra cosa: avisa fecha de llegada no olvides los zapatos. Tráeme un cinto azul, como el que mandó Graziella, pues lo tuve que regalar a Pablo[98] *por su santo. Estoy enloquecido con papá. Un verdadero problema. No sabemos que hacer con él, pues no coopera. Ya te contaré. Bueno, cuídate*

Abrazos,

Virgilio

---

[95] Aunque Piñera había publicado un ensayo –"Nubes amenzadoras"– en *Revolución* en enero de 1959, no fue hasta junio de 1959 que empezó a publicar con regularidad en dicho periódico.
[96] Vinicio, hermano menor de Virgilio, nacido en 1914.
[97] Las cartas en cursiva fueron escritas a mano. Esta carta, igual que todas las que siguen, pertenece a la Colección Virgilio Piñera en la Biblioteca Firestone de Princeton University.
[98] Se trata de Pablo Rubio, el esposo de su hermana, Luisa.

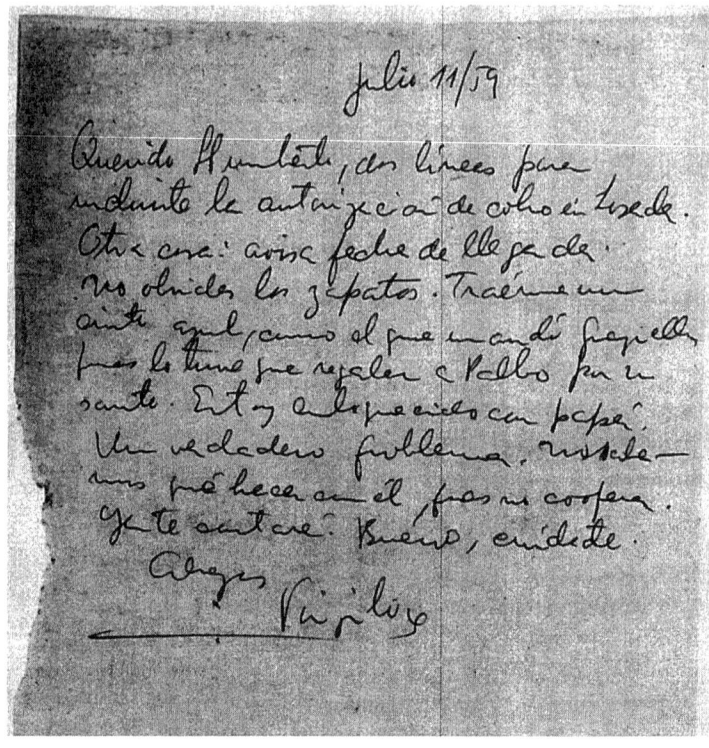

Por la presente, autorizo al señor Humberto Rodríguez Tomeu, funcionario de la Embajada de Cuba en Buenos Aires, a retirar las cantidades que, por concepto de venta de mi libro "Cuentos Fríos", pueda tener a mi favor en la editorial Losada S. A.

Virgilio Piñera

Habana, julio 11 de 1959[99]

---

[99] Esta nota está escrita en una hoja aparte.

Marzo 1/60[100]

Mi querido Humberto,

ayer recibí tu carta. Temía que por estar dirigida a Guanabo, se perdiera. Ya había hablado con el cartero, y le dije que en caso de certificado me dejara un papel por debajo de la puerta avisándomelo, que yo pasaría por correos a retirarlo.

Menos mal que el viaje fué tranquilo. Verdaderamente ha sido regalo de dioses encontrar Bruselas con sal y seis grados. Julia me llamó por teléfono para decirme que habían llegado bien. De todos modos es bien paquetoso vivir en esa ciudad tan aburrida. Ya nuestro inviernito concluyó. No tienes idea de los días deslumbrantes que están haciendo. Calor pero no sofocante, aire divino, y grandes deseos para todo. Bueno llegó Sartre.[101] Fuimos al aeropuerto. Esa misma noche lo llevé a Tropicana.[102] Te parecerá raro pero aparte de que tenían ganas de salir, la Beauvoir estaba empeñada en ver bailar rumba. Se divirtió como loca. Son simpáticos a pesar de "les gríffes" [las garras].

---

[100] Después de una larga estancia en La Habana –entre julio del 1959 y febrero de 1960– Humberto viajó con su hermana Julia a Bruselas, donde él trabajó como canciller de la embajada Cubana desde marzo del 1960 hasta finales de 1961. Julia trabajó como secretaria de las embajadas en Bruselas y Luxemburgo durante la misma época.

[101] En 1960, Jean Paul Sartre (1905-1980), el gran filósofo e intelectual francés, fue invitado a Cuba por Carlos Franqui y pasó un mes en la isla con su compañera y amante Simone de Beauvoir (1908-1986), filósofa escritora y feminista francesa. Durante su visita Sartre y de Beauvoir viajaron por la isla con el Che Guevara y se reunieron con intelectuales prominentes. Un par de semanas antes de la visita del gran escritor y filósofo francés, Piñera, desde las páginas de *Revolución*, escribió sobre la importancia de su visita, pero al mismo tiempo avisó a sus lectores de no poner demasiada importancia en su opinión y en las de otros autores extranjeros: "Para nosotros, los escritores, esta visita es tan importante como la reciente de [Anastas] Mikoyan para nuestra economía. No es el caso que Sartre tenga la facultad de hacernos mejores escritores, pero es el caso que Sartre está facultado para pincharnos. Por supuesto el único pinchazo que se negaría a dar será ése basado en la idiota pregunta: Maestro ¿cómo estima usted que debemos escribir? Esa pregunta idiota se le hizo a Gerard Phelippe, a Carlos Fuentes y a Miguel Ángel Asturias. Reconozcamos que todavía estamos en esa fase que es sentirnos empequeñecidos ante los maestros extranjeros que nos visitan" ("Miscelánea" 2). En otro ensayo, "Diálogo Imaginario", que Piñera escribió justo después de su visita, admitió que no estaba al tanto de la filosofía de Sartre, que no le gustaba la falta de humor en su teatro, y que sus novelas le parecían aburridas.

[102] Famoso cabaret habanero a cielo abierto, localizado en la zona de Marianao.

El sábado van a *Electra*.[103] Ya empezó. Los llenos son constantes. A propósito de estrenos ¿te dije que el Teatro Nacional me encargó una pieza para estrenar la Sala Covarrubias?[104] Con el tema de El Filántropo estoy escribiendo una obra en un Prólogo y Dos Actos.[105] Algún día la conocerás. Bueno, pues la casa sigue como siempre. ¿Sabes que el otro día puse el periódico en la reposera? Uno se queda con esos automatismos, que por lo demás son muy reconfortantes. Seguimos en la canasta. El domingo Pepe y Zaida se dieron una fajada de película. Imagínate: Zaida se baja en 150 y se queda con dos cartas. Pepe dice: esto va a ser de película. Zaida cree que Pepe no tiene el baje y le tira un As. Pepe coge el paquete. Explosión histérica de Zaida. Para colmo se había bajado con dos diez y se quedaba con otros dos diez arriba, que como el paquete estaba congelado Marta[106] le tiraría un diez. Bueno, el partido se declaró anulado y se fueron medio peleados. Pero como ella es canastera nata me dijo que volverá el domingo. ¿Sabes que Luis Lastra se encontró con Luisa en el café El Carmen y le dijo horrores de mí? También le dijo lo mismo a Pepe [Rodríguez Feo]. Pues la noche de *Electra* fue el primero en llegar al teatro (con Ramón)[107] y aplaudió y gritó entusiasmado. No entiendo a esta clase de gente. Ya mandé a arreglar el traje. Me cobran diez pesos, pero vale la pena. Rodríguez[108] me trajo el botellón de gas. El resto lo transportamos entre Álvaro[109] y yo. No te olvides del dinero. Será mi tranquilidad material para el resto

---

[103] La tercera puesta en escena de *Electra Garrigó*, bajo la dirección del gran actor y director cubano Francisco Morín Vidán (1918-¿?), abrió en el Teatro Prometeo el 25 de febrero de 1960.

[104] La Sala Covarrubias, una de dos salas del Teatro Nacional, de aproximadamente ochocientos asientos. Se inauguró la construcción del edificio en 1952, pero no se acabó hasta 1979. En un interesante artículo de abril de 1960, "El Teatro Nacional funciona", Virgilio escribió que a pesar de "andamios, vigas al descubierto, paredes sin repellar, mármoles por poner ... el Teatro Nacional está funcionando" (2).

[105] *El filántropo*, obra en dos actos basada en el cuento del mismo título, estrenó el 20 de agosto de 1960 y fue presentada en la televisión cubana en octubre del mismo año.

[106] Marta Valdivia, actriz cubana, amiga y compañera de canasta de Virgilio. Virgilio la quería para el papel de Julia en *La Boda*, pero ella, según el mismo Virgilio le cuenta en una carta a Humberto de enero de 1958, "encontró la obra 'fuertemente' inmoral" (*Virgilio Piñera de vuelta en vuelta* 181).

[107] Se trata de Ramón Ferreira. Es evidente que siguen las tensiones entre Piñera y Ferreira que empezaron con el encuentro descrito en la carta del 4 de noviembre de 1958.

[108] Se trata del dueño de la casa que Virgilio alquilaba en Guanabo.

[109] Debe de tratarse de Álvaro Sariol (1917-2001, joven poeta cubano nacido en Camagüey.

del año. ¿Sabes una cosa? Me encontré con Lazarito, y pensándolo bien no estaría mal hacer un trato con él. No sé, de pronto me interesó. Martínez Estrada[110] está acá, pero no he ido a verlo. Por favor envía saludos para Pepe. Bueno, escribe pronto. Saludos a Jorge. Te quiere,

Virgilio

De Graziella nada.

¿Has visto a Wally – Carlos?[111]

Fausto Masó te saluda[112]

V.

Marzo 18. 60

Mi querido Humberto,

son las tres de la tarde, y cae uno de esos aguaceros "antológicos". La galería está inundada, la cocina, y hasta la sala. Empezó a llover sobre las doce. Pepe llevó a Arrufat[113] a comprar la galleta y un quesito crema. Mañana es el santo de Pepe y daré un almuerzo con Zaida,

---

[110] Ezequiel Martínez Estrada (1895-1964), poeta, ensayista, y crítico literario argentino. Visitó la isla brevemente en marzo de 1960, pero volvió en septiembre del mismo año para servir como director del Centro de Estudios Latinoamericanos de la Casa de las Américas en la Habana, puesto que ocupó hasta noviembre de 1962.

[111] Wally Zenner (1905-1996), poeta y recitadora argentina. Amiga de Piñera durante sus años en Buenos Aires. Se dice que es una de las mujeres que Jorge Luis Borges cortejó sin éxito. Borges escribió un prólogo para sus dos poemarios –*Encuentro en el allá seguro* (Buenos Aires: Viau y Zona, 1931) y *Antigua lumbre* (Buenos Aires: Francesco a. Colombo, 1949) y le dedicó su relato "El Zahir". Carlos, el esposo de Wally Zenner. Ignoro su apellidos, pero se dice que fue miembro de la Fuerza de Orientación Radical de la Joven Argentina (FORJA).

[112] Fausto Masó (1934-), escritor, periodista e intelectual cubano, fue colaborador en *Lunes de Revolución* y formó parte de su buró de directores.

[113] Antón Arrufat (1935-), poeta, dramaturgo y narrador cubano. Uno de los amigos más entrañables de Virgilio. Fue colaborador asiduo en *Ciclón*, en el cual publicó su primera obra de teatro –*El caso se investiga* [3.2 (1957)]– y *Lunes de Revolución*. Además de sus obras literarias, ha escrito extensamente sobre la vida y obra de Virgilio Piñera.

Marta, Wicha y Niso. Y ahora oye la bomba: Niso se va de la casa, no la vuelve a alquilar; dice que las cosas están muy mal (en el fondo es por E. que ha decidido apartarse y hasta casarse.)[114] Mis planes respecto al dinero se han ido al diablo. Ya había hablado con Julia y le dije que como en el teatro nacional casi seguro me darían 500, me alcanzaría para pagar mi parte, de modo que tú te quedabas con los doscientos. Pero, imagina, ahora con esto de Niso las cosas cambian. De todos modos, yo tomaré sólo 100 y ella te llevará cien. De los mil, ni hablar. Eso fue sólo una delirancia más de Fermín.[115] El sigue diciendo que los obtendrá, pero no lo creo. Ya tenía pensado ir a París. Como siempre estas risueñas perspectivas nos muerden. Uno no escarmienta. De todos modos estoy satisfecho pues por primera algo me pagan por escribir teatro. Por cierto, *Electra* va muy bien. El domingo pasado se llenó de tal modo que se pusieron sillas de tijera. Andrés[116] dice que me dará participación pero que primero hay que cubrir gastos, que el montaje le ha costado más de ochocientos. Es posible, pues trajes y decorados son buenos. Mañana sábado irá Sartre a verla. Veremos qué dice. Estoy terminando la obra de teatro. ¿Te dije, que era sobre el tema de El Filántropo? Ahora están acá los balltes [*sic*] de siete naciones, entre ellas los rusos, con figuras del Bolshoi,[117] y el Theater Ballet. Ayer se puso *La Putain*,[118] fué [*sic*] Sartre y Fidel. Si te pones en contacto con gente de letras de Bruselas y encuentras textos interesantes, podrías ganar algo, o tú escribir sobre algo de interés de por allá. Te diré que Osvaldo[119] ya dejó Escuela de Televisión, y se dispone a pintar. Te manda un gran abrazo. Tienes razón con lo de la carta de Mme. de

---

[114] Ignoro a quién se refiere "E".
[115] Fermín Borges (1931-1989), dramaturgo cubano. En 1958 fundó el grupo teatral Los Comediantes Cubanos, y después del triunfo de la Revolución trabajó en el Teatro Nacional en el cual sirvió como director del departamento de artes dramáticos.
[116] Andrés García Benítez (1916-1981), pintor, dibujante y escenográfico cubano. Estuvo a cargo de la escenografía de la segunda y tercera puestas en escena de *Electra Garrigó* en febrero de 1958 y febrero de 1960, respectivamente.
[117] Ballet Bolshoi, compañía de ballet de renombre internacional basada en Moscú. Fundada en 1776, es una de las compañías de ballet más antiguas del mundo.
[118] *La Putain respectueuse* [La puta respetuosa] (1946), obra de teatro de Jean Paul Sartre.
[119] Osvaldo Gutiérrez (1917-1997), escenógrafo y pintor cubano. Entre otros proyectos, estuvo a cargo de la escenografía de los estrenos de *Electra Garrigó* en el teatro Valdés Rodríguez en octubre de 1948, y del *Filántropo* en el Teatro Nacional en agosto de 1960.

Sevigné,[120] pero escribe uno con esa maldita falta de textos, que nada se puede comprobar, y para colmo, me faltas. ¿Sabes que Pepe le va a ceder a Arrufat el departamento de Humboldt? Volviendo a la ida de Niso: no sé qué hacer con la casa, es decir a quién alquilaría los altos. En Guillermo,[121] ni pensarlo, pues caería en sus eternas reconvenciones, y además, no creo que le interese. Pepe ha mostrado cierto interés pero ya te imaginas lo que eso me traería: Jones y todo lo demás ... Si no encuentro una persona que sólo venga sábados y domingos, prefiero estar solo y pagar yo el año. En *Revolución* cada día me rebajan más: ahora sólo gano 116 de 136 que ganaba. ¿Qué te parece? De Buenos Aires: silencio. Ni letra de Graziella, de Bianco, etc. Fausto nada me ha dicho si, por fin invitan a Bianco. Los cuentos de Juan José y de Graziella[122] no aparecen por el problema de enviar los dólares. De todos modos, le escribiré muy pronto. Bueno, te dejo porque Pepe me acaba de hablar para llevarme para la Habana. Recuerdos a Jorge, Un gran abrazo.

Virgilio

Ahí te mando la foto de la asistencia de Sartre a Electra. Él quiere llevarla a París. Está chocho con la obra. Con Julia te mandaré el traje. Te volveré a escribir en estos días. Fidel va a Electra el sábado que viene. Aire frío *va en* Tempes Modernes[123]

---

[120] En su artículo "Post concurso", publicado en *Revolución* el 12 de febrero de 1960, Piñera había citado una de las "celebérrimas cartas" [*sic*] de la aristócrata francesa Marie de Rabutin-Chantal, marquesa de Sevigné (1626-1696) a su hija Françoise-Marguerite de Sévigné, comtesse de Grignan (1646-1705). El comentario que hace aquí sugiere que Humberto, en una de sus cartas, había cuestionado la exactitud de la cita que, desde luego, parece tener un poco de Piñera: "Y ahora te hablaré de lo más maravilloso, de lo nunca visto, de lo que todo París habla, pero me resisto, no puedo, la pluma se me cae de las manos: es asombroso, es inconcebible ..." (2).

[121] Después del triunfo de la Revolución Guillermo Cabrera Infante fue nombrado director del Consejo Nacional de Cultura, ejecutivo del Instituto del Cine y director de *Lunes de Revolución*.

[122] Juan José Hernández Arregui (1913-1974), escritor y político argentino. Su cuento, "La creciente", y uno de Graziella Peyrou, "Paso a paso", aparecieron en el número de *Lunes* correspondiente al 23 de mayo de 1960.

[123] Prestigiosa revista francesa bajo la dirección de Jean Paul Sartre. La traducción al francés de *Aire frío*, que Piñera menciona aquí, nunca apareció en dicha revista.

Marzo 18.60

Mi querido Humberto,
son las tres de la tarde,y cae uno de esos aguaceros "antológicos".La galería está inundada,la cocina,y hasta la sala.Empezó a llover sobre las doce.Pepe llevó a Arrufat a comprar la galleta y un quesito crema.Mañana es el santo de Pepe y daré un almuerzo con Zaida,Marta,Wicha y Niso. Y ahora oye la bomba Niso se va de la casa,no la vuelve a alquilar;dice que las cosas están muy mal (en el fondo es por E. que ha decidido apartarse y hasta casarse).Mis planes respecto al dinero se han ido al diablo. Ya había hablado con Julia y le dije que como en el teatro nacional casi seguro me darían 500,me alcanzaría para pagar mi parte, de modo que tú te quedabas con los doscientos.Pero imagina,ahora con esto de Niso las cosas cambian.De todos modos, yo tomaré sólo 100 y ella te llevará cien.De los mil,ni hablar.Eso fué sólo una delirancia más de Fermín.El sigue diciendo que lo obtendrá, pero no lo creo.Ya tenía pensado ir a París.Como siempre estas risueñas perspectivas nos muerden. Uno no escarmienta. De todos modos estoy satisfecho pues por primera algo me pagan por escribir teatro.Por cierto,Electra va muy bien.El domingo pasado se llenó de tal modo que se pusieron sillas de tijera.Andrés dice que me dará participación pero que primero hay que cubrir gastos,que el montaje le ha costado más de ochocientos.Es posible,pues trajes y decorados son buenos. Mañana sábado irá Sartre a verla. Veremos qué dice.Estoy terminando la obra de teatro. ¿Te dije que era sobre el tema de El Filántropo ? Ahora están acá los ballets de siete naciones, entre ellas los rusos,con figuras del Bolshoi,y el Theater Ballet.Ayer se puso La Putain, fué Sartre y Fidel.Si te pones en contacto con gente de letras de Bruselas y encuentras textos interesantes,podrías ganar algo, o tú escribir sobre algo de interés de por allá.Te diré que Osvaldo ya dejó Escuela de Televisión, y se dispone a pintar. Te manda un gran abrazo.Tienes razón con lo de la carta de Mme.de Sevigné, pero escribe uno con esa maldita falta de textos,que nada se puede comprobar,y para colmo, me faltas. ¿Sabes que Pepe le va a ceder a Arrufat el departamento de Humboldt? Volviendo a la ida de Niso: no sé qué hacer con la casa, es decir a quién alquilaría los altos.En Guillermo,ni pensarlo,pues caería en sus eternas reconvenciones,y además,no creo que le interese.Pepe ha mostrado cierto interés pero ya te imaginas lo que eso me traería: Jones y todo lo demás... Si no encuentro una persona que sólo venga sábados y domingos, prefiero estar solo y pagar yo el año. En Revolución cada día me rebajan más: ahora solo gano 116 de los 136 que ganaba. ¿Qué te parece De Buenos Aires: silencio. Ni letra de Graziella,de Bianco,etc.Fausto nada me ha dicho si por fin invitan a Bianco. Los cuentos de Juan José y de Graziella no aparecen por el problema de enviar los dólares.De todos modos, lesescribiré muy pronto. Bueno, te dejo porque Pepe me acaba de hablar para llevarme para la Habana. Recuerdos a Jorge, Un gran abrazo.

Virgilio

Ahí te mando la foto de la conferencia de Sartre y Electra
El jueves llevarla a París. Esto dicho en broma. Con Julio
te mandaré el traje. Te volveré a escribir en estos días
Fidel vió Electra el sábado pasado. Ahí Fui
vi a Tiempos Modernos.

Abril 11/60

Mí querido Humberto:

estoy por escribirte hace días; mejor dicho te escribí tan pronto recibí tu carta, pero como en ese momento llegó Pepe, y, como siempre, te hacía comentarios, pues la metí en el ropero, de tal modo, que se ha extraviado. Si pudiéramos hablar te contaría montones de cosas. Peu être on se rreverait quelque tour . . . [Quizás nos volveremos a ver alguna vez...] Ya me pagaron lo del teatro. Con los descuentos 487. Metí cuatrocientos en el banco, pues estoy sobregirado, ya que mi sueldo en Rev. es ahora de sólo 116. Con los cien tuyos completaré el alquiler y estaré tranquilo por esa parte. No quiero convivir con nadie, a no ser contigo. Prefiero la soledad, y créeme, es más constructiva. Arrufat solo todavía es tolerable pero ya Mike[124] es el colmo. De modo que pasaré mis días en mi casona encantadora. Hablando de otra cosa, te diré que Fermín Borges viaja a Buenos Aires a un congreso de teatro. Le di una carta para Carlitos[125] y otra para Omar del Carlo.[126] Irá también a Chile, Uruguay y Brasil. *El Filántropo* irá en junio pues Adolfo [de Luis] ya no la dirigirá. Lo hará Humberto Arenal,[127] es más serio. El día 1 de mayo desfilaremos uniformados. Jornada ecrasante [*sic*] [abrumadora]: de las ocho de la mañana a las dos de la madrugada. Traduje un libro de Jacques Brouté "Rare la Machine",[128] me pagarán cincuenta pesos. Te diré que he recibido todas tus cartas, hasta esta

---

[124] Maikel Sánchez (1936-), escenográfico y pintor cubano. Vivió varios años en Nueva York donde estudió pintura en la Hudson Academy.

[125] Carlos Coldaroli (1920-¿?), escritor, traductor y crítico de música argentino. Piñera lo conoció en 1946 durante su primera estancia en Buenos Aires, y desde entonces mantenían una larga amistad. Fue uno de los colaboradores en la traducción de *Ferdydurke*, de Witold Gombrowicz, y también colaboró con Piñera en algunas traducciones con la casa editorial Argos de Buenos Aires como *El romanticismo en Alemania* de Arturo Farinelli (1948).

[126] Omar del Carlo (1918-1975), escritor y dramaturgo argentino. En 1960 fue nombrado director del Teatro Nacional Cervantes en Buenos Aires, y debe ser por eso que Piñera quería ponerse en contacto con él.

[127] Humberto Arenal (1926-2012), escritor, dramaturgo y director de teatro cubano. Dirigió varias obras de Piñera.

[128] Jacques Brouté (1932-), delineante francés que vivía en Cuba, fue el primer diseñador artístico de *Lunes de Revolución*. Según Tony Évora, "había llegado con la empresa que construyó el túnel bajo la bahía habanera" (151). Aquí Piñera se refiere a su traducción de una colección de poemas de Brouté: *Rara la máquina*, 1960.

última del 25 de marzo. El cartero es el hermano de Panchito, y yo le doy alguna propina. Seguimos en la canasta; ayer tuve el placer de cogerle un paquete; Pepe con los doce monos. Yo había bajado tres reinas y él creyó que no tenía dos arriba. Para colmo, como Arrufat, que era mi compañero, no jugaba más me bajó dos reinas, entonces yo que ni soñaba que me iba a tirar una reina, dije para mis adentros: bueno, me conformaré con hacer la canasta de reina limpia. Entonces me tiró la reina, es decir que le cogí el paquete con séptima y octa. Se quedó muerto, y todo el mundo me felicitó. Zaida viene de vez en cuando. La otra noche coincidí con Julia en casa de Eva [Frejaville]. Me dice que se va a fines de este mes. Ella te llevará el traje y los cien. ¿Qué pasa con Graziella? Enmudecida. Bianco me mandó una carta con un argentino que pasó por acá, pero tuvo la mala suerte de dársela a otro argentino actor de teatro, que vive acá, y el muy tarado me lo dice el otro día después de diez días que el viajero se había marchado. Para colmo, la carta todavía no me la ha entregado. Ya le escribí a Pepe excusándome. No dejes de mandarme Korzack. Y la novela de Dürrenmatt.[129] En su oportunidad, es decir cuando podamos hablar te contaré cosas de Pepe R. F. C (Ets [sic] le comble, mon cher. Il ne s'agit pas de moi mais de choses inouibles [sic]. [Es el colmo, mi querido. No se trata de mí sino de cosas inauditas]. Bueno, no creo olvidar nada. Arrufat te manda un gran abrazo. Escribe pronto. Recuerdos a Jorge. Te abraza,

Virgilio

Abril 20/60

Mi querido Humberto, acabo de recibir tu carta fechada el 14. Hará cosa de una semana contesté la tuya del 25 de marzo. Con esa carta son

---

[129] Desde Bruselas Humberto le mandaba a Virgilio muchos libros europeos, como los que menciona Piñera aquí. Janusz Korczak, nombre de pluma de Hanryk Goldszmit (1878-1942), escritor y educador polaco-judío. Friedrich Dürenmatt (1921-1990), escritor y dramaturgo suizo. Aquí Piñera se refiere a *La Promesse*, traducción al francés de la novela policíaca *Das Versprechen* (1958), obra que menciona en varias cartas (ver, por ejemplo, la del 18 de mayo de 1960).

cinco las que te he escrito. Dos a la Embajada y tres a la pensión. Me da rabia pensar que se pierdan. En cambio, recibo tus cartas sin demora, excepto una. Hablé con Julia antes de ayer. Me dice que ahora no se va hasta junio pues debe organizar una exposición de fotos; además ha pasado una laringitis o faringitis que la tuvo doce días enclaustrada. Ella pasará por acá para retirar el traje marrón. Dime las cosas que te hacen falta para enviártelas con ella. ¿Sabes que ya no hay gillettes roja? A duras penas conseguí un *postrer* paquetito en la vidriera de Las Avenidas. Sólo venden la cubana Rey Plata[130] ¡un horror! Figúrate, ahora afilaré las hojas usadas, y después, veremos ... Por más de quince días no hemos tenido aceite cocinero; como no me gusta el Sensat para cocinar, tuve que recurrir al Hersey, que es intragable. Pero vamos tirando.[131] Lo que sí me está complicando la vida es el Magazine: Guillermo es muy infundioso y constantemente está cargando con llamaditas y reuniones allá en Miramar en la Casa de *Lunes de Revolución*. Por poco si no puedo empezar los ensayos de la obra en el Nacional por sus "fantasmas y cosas" que ve en todas partes. Al fin ayer Franqui autorizó que firmáramos con el Teatro. Arenal dirigirá *El Filántropo*. Te diré como acontecimiento teatral, que viene la Opera China u Opera de Pekín. Dentro de quince días. Ahora resulta que Carpentier ha resucitado a un músico del siglo XVIII, el cubano Esteban de Salas,[132] maestro de capilla de la Catedral de Santiago de Cuba. No es malo del todo, pero en su desmesuramiento (de Carpentier) dice del tipo que es nada menos que un aporte a la música universal y no sé cuantas sandeces más. Pues la otra noche, la del viernes santo, en la iglesia de El Espíritu Santo del Padre Gaztelu ofrecieron un concierto de Salas, Stabat Mater sobre las siete palabras de Cristo.[133] El sermón estaba a cargo

---

[130] "Gillettes roja [mejorada]" y "Rey Plata Cubanas", marcas norteamericanas y cubanas, respectivamente, de hojas de afeitar.
[131] Con el paso del tiempo las referencias a la escasez de productos básicos en Cuba, desde hojas y cremas de afeitar hasta cepillos de dientes y aceite de cocinar, serán cada vez más frecuentes.
[132] Además de ser una de las figuras más importantes de la literatura hispanoamericana, Carpentier (1904-1980) fue un musicólogo muy destacado. En su obra *La música en Cuba*, un clásico en los anales de la musicología hispanoamericana, le dedicó un capítulo entero a Esteban Salas y Castro (1725-1803), compositor, instrumentista y cantor cubano. Hoy en día Salas se considera el primero y mayor músico clásico cubano.
[133] Es de notar que en su artículo "Concierto malogrado", publicado en *Revolución* dos días después de que escribiera esta carta, Piñera ofreció una crítica bastante áspera del concierto

de Gaztelu. ¡Imponente! Pas precisamment un Bossuet. Il n'arrivait pas a se produire d'un façon intellible. Comme il est bete ! Par comble Berestein avait grimpé a la chaire avec son appareil photographique et faisait un etrange personnage. D'un autre coté, c'est a dire, dans le chapitre se tenaient Vicentina Antuña (avec mantille a la tete) Marta Arjona, la femme de Carpentier et Carpentier luimeme. Soudain on a entendu un cri dechirant. Ça venait d'une negresse quimagenouillé devant l'image de Santa Bárbara etait prisedu "santo". Qu'est ce que tu me raccontes? ¡Il faut voir! Et comme si cela ne suffitait le camión des ordures avec son gang gang passait et repassait la rue avec une vacarme infernal. Quant a la musique cela ne s'entendait pas. J'ai filé exactement a la troisieme parole[134] [No exactamente un Bousset.[135] No lograba expresarse de un modo inteligible. ¡Qué bestia! Para colmo, Berestein[136] subió al púlpito con su cámara fotográfica y parecía un personaje extraño. Del otro lado, es decir, entre la asamblea estaban Vicentina Antuña (con mantilla en la cabeza) Marta Arjona, la mujer de Carpentier y el propio Carpentier. De repente se escuchó un grito desgarrador. Venía de una negra arrodillada frente a la imagen de Santa Bárbara, estaba poseída por el "santo". ¡Qué me cuentas! ¡Había que verlo! Como si no fuera suficiente, el camión de basura con su gang gang pasaba y repasaba la calle con un ruido infernal. En cuanto a la música, ésta no se escuchaba. Yo me salí exactamente a la tercera letra]. Me dice Arrufat que te pida un artículo para la nueva revista

---

mencionado, y se aprovechó del momento para criticar a Carpentier también. Después de quejarse de "las condiciones tan precarias", "la falta de acústica" en la iglesia y los miembros del público que "entraban y salían continuamente y hablaban entre sí", Virgilio sugirió que Carpentier había exagerado bastante la importancia de Salas: "me entretuve en leer las notas del programa, firmadas por Carpentier. En ellas se dice que 'la obra de este compositor nuestro no es tan sólo una adquisición para la música cubana, sino también para la música universal'. No soy musicólogo, Carpentier lo es, por lo tanto su afirmación debe basarse en un exhaustivo estudio de este compositor. Pero a juzgar por lo entreoído y por unos villancicos escuchados en otra ocasión, mi impresión de Salas es que se trata de un académico con una buena dosis de sensibilidad, pero muy lejos de un gran compositor . . . escuchado en una audición junto a Bach, Handel y Hyden pasaría totalmente inadvertido" (2).

[134] Debo recordar al lector que conservo aquí –y a lo largo de esta edición– todos los errores del francés precario de Virgilio.
[135] Se refiere a Jean-Baptiste Drouart de Bousset (1632-1725), compositor barroco francés.
[136] Julio López Berestein (1915-1968), fotógrafo cubano.

de la Casa de las Américas. Ahora tengo que hacer para el número del primero de Mayo del Magazine un artículo sobre las milicias en relación con la guardia nacional francesa.[137] Y aquí me ves sin nuestros queridos textos. Mañana iré a la Alianza[138] en busca de ellos, y tendré que pedirle a Eva que me los saque. De Mariano no sé nada; me dicen que todavía no se ha marchado, pero veo que nombraron otro agregado cultural en Nueva Delhi. Un tal Eguren.[139] ¿Dos agregados en Delhi? Tu entiendes algo? Y cinco en París. No puedes imaginar las beuveries [borracheras] espantosas de Pepe, Ramón [Ferreira] y Luis [Lastra] los sábados y domingos en el bar.[140] Mais cela c'est un chapitre apart [Pero eso, es un capítulo aparte]. Por fin encontré en un libro que el amante de la mujer de Philippe Egalité se llamaba Folmón. Eso se me había olvidado totalmente. Envidio esa lectura de les *nieces* de Mazarin.[141] Ya la mujer de Depestre me habló de La Promesse,[142] pero no la tiene, de modo que espero esa carnita. Si te es fácil, cuando consigas una carnita histórica, mándala. Siempre me llegará a tiempo. El otro día gran rataplán ici a cause de un tipe qui a volé ça [*sic*] Niso la voiture, et par comble le Cadillac du pere. Grand branle [aquí a causa de un tipo que robó, sin más, el carro de Niso, y para colmo el Cadillac de su padre. Gran algarabía]. Bueno, escribe pronto. Ya tengo reunido el

---

[137] "Espíritu de milicias". *Lunes de Revolución*, 1 mayo 1960, 35-39.
[138] El capítulo habanero de la Alianza francesa, ubicado en el Vedado, fue fundado en 1951. Piñera solía sacar libros de su pequeña biblioteca.
[139] En 1959 Mariano Rodríguez fue nombrado agregado cultural de la India, cargo que desempeñó hasta 1961. Piñera mantenía una larga amistad con Mariano y su esposa, Celeste Alomá. Gustavo Eguren (1925-2010), escritor cubano de origen vasco. Entre 1960-1965 desempeñó varios cargos diplomáticos en la India, Alemania, Finlandia y Bélgica.
[140] "El bar" se refiere a "El Bikini", bar de la playa de Guanabo que Pepe Rodríguez Feo compró en 1958.
[141] Amédée Renée. *Les Nieces de Mazarin: Etudes de Moeurs Et de Caracteres Au Dix-Septieme Siecle* (1858).
[142] Se trata de Edith Gombos Sorel (1933-2015), destacada periodista francesa y primera esposa de René Depestre (1926-), poeta y escritor haitiano que vivió en exilio en Cuba entre 1959-1978. Sorel trabajó con *Revolución* y *Lunes* y en el segundo publicó una entrevista a Simone de Beauvoir en marzo de 1960. Depestre fue uno de los fundadores de la casa editorial de Casa de las Américas. La obra en cuestión es *La Promesse: requiem pour le roman policier* (1960), traducción francesa de *Das Versprechen: Requiem auf den Kriminalroman* (1958), novela policíaca por el escritor y dramaturgo suizo de habla alemana, Friedrich Dürenmatt (1921-1990). Cabe añadir aquí que Piñera tradujo varias obras de Depestre, tales como su libro de poemas *Mineral Noir* (1956) [*Mineral Negro* 1962] y un ensayo "35 años de la vida revolucionaria del Vietnam" (*Lunes de Revolución* 1961), y el cuento "El que no tiene de congo…" [*Unión* (1965)].

dinero para la casa. Es decir con los cien de Julia. Recuerdos a Jorge. Te abraza y quiere.

Virgilio

Abril 29/60

Mi querido Humberto

recibí ayer tu carta del 21. Ahora ya no sé más, si recibes las mías o no. Veo que te enteras de la muerte de Ricardo[143] por un magazine del 11 de abril. Yo ya había escrito diciéndote, entre otras cosas, que él pobre Ricardo había fallecido; te daba detalles, etc. Dime si la recibiste. Cuando voy a escribir la dirección, je balance [estoy indeciso] entre la de la Embaj. o la pensión. Dime cuál sería más segura. ¡Al fin, Graziella salió de su largo silencio! Te incluyo la carta. Hoy le pongo un cable por su cumpleaños te incluyo a ti y a Julia. Anoche estuve en tu casa a recoger la carta de G[raziella]. Tu madre ha estado enferma, nada de cuidado, me dijo que escribieras más a menudo. Ahora sale Julia de su larga bronquitis; está enloquecida con los preparativos de la exposición de fotos. Parece que su viaje se alarga. Le encarecí mucho lo de llevarte el traje. Ahora que me acuerdo: le huyo como a la peste a los peluqueros, pues me tienen enloquecido con la amenaza de una conferencia mía en el nuevo centro cultural [sic][144] de Guanabo. A todas estas, una noche viajé con Malena ¿te acuerdas? Ella es la presidente del club, y tiene unos entusiasmos inexplicables. Me dio una lata sobre la cultura o la importancia de la cultura en Guanabo, que temí enloquecer. Así que evito encontrarme con ella y con los "tristes peluqueros" como diría Gombrowicz.[145] Pues hijo, mañana desfilaré como miliciano.

---

[143] Ricardo Vigón, Jefe de Publicidad del Teatro Nacional hasta su muerte en abril de 1960. Piñera discute la probable causa de su muerte en la próxima carta.

[144] El "[sic]" es de Virgilio.

[145] Witold Gombrowicz (1904-1969), novelista y dramaturgo polaco que Piñera conoció en Buenos Aires en 1946 durante su primera estancia en Argentina. Colaboraron en varios proyectos literarios, el más importante de los cuales fue la traducción al español de su novela

Debemos estar en Ayestarán y Desagüe a las siete de la mañana, y como desfilarán un millón de personas y como hay que permanecer hasta que Fidel hable, yo calculo que saldremos de allí sobre las dos o tres de la madrugada. Veremos si resistiré semejante mecha. Ya Niso definitivamente se va: ayer empezó a llevarse cosas. Me alegro, pues sabes cómo hay que tratarlo. No sé si por fin Arrufat también se irá. Me sentiré muy solo, pero debo tener fuerzas para resistir. No te preocupes, que de noche, a personne. [con nadie.] Ahora mandaré para que me arreglen la ventana y pondré un llavín en la puerta de mi cuarto. Me dice Julia que en el Ministerio han puesto reloj para ponchar la hora de llegada trabajo; mañana y tarde y los sábados. Está enloquecida. Hay un libro a tu nombre en correos, y dice Julia que teme lo reexpidan pues ya le llegaron los tres avisos. No quise comprometerme pues a ella le es más fácil, y también que pienso sea alguna pavada. Si por acaso eres tú que me envías un libro a tu nombre, hámelo [sic] saber; entonces lo sacaré. Te diré que por fin estoy leyendo de la Alianza. El otro día tenía que hacer un trabajo sobre la Garde Nacional, y me fuí a la Alianza. Pues me enteré que dando un depósito de cuatro pesos puedes sacar hasta tres libros de una vez. Ahora estoy leyendo estas carnitas: La Duchesse de Bourgogne, La Jeunesse de Phillipe Egalite y La Vie Dissipée de la Duchesse de Bouillon.[146] Pero eso no es todo, y de estas carnitas hay, por lo menos, cuarenta o cincuenta. Así que espera una temporada agradablemente sumergido en el pasado. Recibí los sellos; el otro día estuve hablando con Ostulki[147] [sic] y le conté que en el correo no mataban las estampillas. Se quedó asombrado. ¿Te

---

Ferdydurke, con Humberto, Carlos Coldaroli y Adolfo de Obieta, entre otros. Para una discusión detallada de la relación entre Piñera y Gombrowicz, ver mi libro, *Everything Its Place* (45-85); el segundo capítulo de *Gombrowicz en Argentina: 1939-1963* por Rita Gombrowicz; y los siguientes ensayos de Piñera: "Gombrowicz en Argentina" (1960) y "Gombrowicz por él mismo" (1968).

[146] Aquí Piñera se refiere a tres obras sobre figuras históricas de Francia: Claude Saint-André. *La duchesse de Bourgogne* (1934); Amédé Britsch. *La jeunesse de Philippe-Egalité (1747-1785): la Maison d'Orléans à la fin de l'Ancien Régime* (1926); y un libro sobre Marie Anne Mancini, Duchesse de Bouillon (1649-1714), cuya información bibliográfica no he podido encontrar. Es evidente al leer sus cartas a Humberto que los dos leían constantemente textos de este género, que Piñera denomina "nuestras queridas 'vejeces" francesas" (ver carta del 25 de abril de 1963).

[147] Enrique Otulski Osacki (1930-2012), coordinador del movimiento 26 de Julio en las provincias centrales de Cuba y miembro de la guerrilla de Che Guevara en las montañas del Escambray. Después del triunfo de la Revolución desempeñó varios papeles gubernamentales, tales como jefe del Ministro de Comunicación y viceministro de la industria de pesca.

dije que la semana que viene llega la Opera de Pekín? Iré a todas las funciones pues el teatro no me cobran. Allí me adoran y reverencian. La pieza les ha gustado mucho. La dirigirá Humberto Arenal. Al fin *Electra* no pudo ir a París, pues Elena Huerta[148] se fajó a galletas con Andrés García. Resultado: la retiró del cartel. Fidel no pudo verla, y el crédito no se votó. En *Temps Modernes*[149] publicaré Le Philanthrope (creo que sobra la h, n'est pas? [¿no?]). Hasta tu vuelta pondré en los altos una especie de estudio. Quiero comprarme un tocadiscos, o marchandear el de Pepe, que es magnífico. Maintenant je suis abonne au Gitane. Pas grand chose, mais auand [*sic*] meme elle est charmante. Je brule par l'arrivée de la Comtesse de Boigne. Chaque fois de plus je deteste la litterature dite moderne et, surtout, les romans. [Ahora estoy suscrito a la *Gitane*. No es gran cosa, pero al menos es encantadora. Me muero por la llegada de la Comtesse de Boigne.[150] Cada vez más detesto la llamada literatura moderna y, sobre todo, las novelas.] Bueno, viejo, creo que te cuento todo lo que sé. Recuerdos a Jorge. Te abraza y recuerda siempre,

Virgilio

Mayo 18 de 1960

Mi querido Humberto

hace días que estoy por escribirte. Recibí tu última fechada en mayo 7. Pues el pobre Rircardo [Vigón] murió aparentemente de una oclusión intestinal, pero creo que fue sólo una consecuencia de otras enfermedades. Comenzó todo por un trastorno psicosomático que se manifestaba por unas colitis terribles. Algo parecido te dió a ti en Buenos Aires en el 55, cuando llegamos de la Habana, ¿te acuerdas?

---

[148] Elena Huerta, actriz y cantante cubana. Desempeñó el papel de Clitemnestra en *Electra Garrigó*.
[149] *Les Temps Modernes*, revista literaria francesa fundada en 1945 por Jean Paul Sartre.
[150] Se refiere a la aristócrata y escritora francesa, Adèle d'Osmond, Comtesse de Boigne (1781-1866).

Esto le sucedía a Ricardo cada seis u ocho meses. Parece que el surmenage [trabajo excesivo] producido por su nuevo empleo (Jefe de Publicidad del Teatro Nacional). Tuvo la mala suerte de caer en la Benéfica del Centro Gallego. Durante quince días estuvo deshitrándose [*sic*] y el tratamiento era, a lo que parece, muy anticuado. En N. York un médico lo sometió a la cura por el sueño, pero aquí acabaron con él. Pues de tantas deposiciones se le ulceró el intestino, vino la oclusión, de la oclusión surgió una fístula, a más tuvo pneumonía por la horizontalidad, tuvieron que operarlo dos veces. En fin se agotó. Otros dicen que fue leucemia. ¿Sabes que se me perdió la carta de Graziella y estas son las horas que no la encuentro? Le escribí en seguida y metí la pata: le anunciaba que le mandaba por correo la página del Magazine de Lunes con su cuento y el de Juan José [Hernández Arregui]. Pablo Armando[151] me había asegurado que salían en ese número. Esa carta la eché un viernes. El lunes compro el magazine y veo que ni asomo de cuento. Me puse hecho una furia. Pero ahí no paró la cosa: no se habían publicado pues estaban perdidos. ¿Qué te parece? Ahora, después de diez días, al fin los encontré yo en la casa de *Lunes*, y salen el lunes 23. En ese Magazine que te digo, es decir ese donde no aparecieron los cuentos, salió, en cambio, mi critica de los libros de Silvina y Adolfito.[152] Espero que la habrás leído. Lunes, ¿llega a esa Emb? Pues te diré que ayer me llegó el libro de la Condesa de Boigne née Osmond.[153] Es una verdadera carnita. Además, en esos días había leído la biografía de la Princesa de Lamballe[154] (te diré que se pronuncia Lombal) y La Jeunesse de Philippe Egalité. De modo que los nombres de estos personajes están en boca de la de Boigne. Todavía no me llegó *La Promesse*. ¿La mandaste a tu dirección o a Guabano [*sic*]? De ahora en adelante, envía

---

[151] Pablo Armando Fernández (1930-), escritor cubano y subdirector de *Lunes* entre 1959-1961.

[152] Silvina Ocampo (1903-1993), poeta y cuentista argentina, y su esposo, Adolfo Bioy Casares (1914-1999), escritor, periodista y traductor argentino. Piñera los conoció en Buenos Aires en 1946. Mantuvo una amistad bastante cercana con Silvina Ocampo. Se trata aquí del artículo "Un libro de Bioy" (1960), que contiene reseñas favorables de dos libros de esta famosa pareja literaria: *Guirnalda con amores* (1959) de Bioy Casares, y *La furia* (1959), de Ocampo.

[153] Eléonore-Adèle de Boigne. *Recits d'une tante. Memoires de la Comtesse de Boigne, née D'Osmond*. 2 Vol., 1907-1908.

[154] Para esa fecha se habían publicado varios libros sobre la Princesa de Lamballe, pero lo más probable es que Piñera se está refiriendo a *La Princesse de Lamballe*, de Jacques Castelnau (1956).

los libros a Guanabo. Me los trae el hermano de Panchito. Así me evito el horror del Correo Central. A fines de junio saldrá el tomo de mi *Teatro Completo*. Inclute [sic]: *Electra, Jesús* (que he rehecho) *La Boda, Aire Frío* y *El Filántropo*. Además, El *Flaco y el Gordo* y *Falsa Alarma*. Son ediciones del periódico. Un tomo de cerca de cuatrocientas páginas. La portada es muy buena.[155] Ayer fui al teatro para lo del presupuesto de la representación de *El Filántropo*. Me parecía estar soñando. Presupuesto: siete mil pesos. Aquí se inclute [sic] pago de actores, director, asistente de director escenografía (que hará Osvaldo) etc. etc. Aquí estuvo una americana –Maya Deren[156]– que hace cine y viene precedida de una gran fama. Muy dudosas sus cintas, surrealismo trasnochado. Pero te lo digo porque es el vivo retrato de la Rosina. De espaldas y hasta de frente uno cree estar en presencia de Ella. Tan recargada como la Duquesa, y para colmo usa un solo pendiente que le pende hasta el cuello, pero es un arete impresionante que recuerda las torres de los palacios birmanos. Te diré que estaba en lo de escribirle a Borges para invitarlo a dar unas conferencias y me entero por Fermín que acaba de llegar de Bs. As. que él firmó la declaración de la SIP contra la Revolución.[157] Bueno, se me agotó el repertorio. Ahora voy a casa de Luisa a resolver la estancia de papá el sábado y domingo pues Estela[158] no quiere que esos días papá los pase en la Víbora.[159] Tuve un pequeño problema al corazón, una distonía, dijo el médico de la C. de Socorros de Guanabo. Presión más que baja, me mandó unas inyecciones, pero iré con Aixalá. Supongo que sabrás que cerraron la Marina[160] y ya no

---

[155] *Teatro completo* no salió hasta marzo de 1961. La edición fue diseñada por Tony Évora (1937-), artista cubano y diseñador gráfico de *Lunes de Revolución* y Ediciones R.
[156] Maya Deren (1917-1961), cineasta, coreógrafa, bailadora, escritora y fotógrafa rusa. Nacida en Kiev con el nombre Eleanora Derenkowskaia se mudó con su familia a Nueva York en 1922. Fue una de las proponentes más importantes de cine experimental en los años 1940-1950.
[157] Piñera conoció a Jorge Luis Borges (1899-1986) en marzo de 1946 durante su primera estadía en Buenos Aires, y mantuvo con él una suerte de amistad intelectual durante su exilio en Argentina. Aquí se refiere a una declaración de La Sociedad Interamericana de Prensa en contra de la Revolución Cubana que Borges firmó en 1960. Para más información sobre la relación entre Borges y Piñera ver mi libro, *Everything in Its Place* (49-55).
[158] Estela Piñera, cuñada de Virgilio, esposa de su hermano mayor, Humberto.
[159] La Víbora, consejo popular dentro del municipio del Diez de Octubre, en la provincia de La Habana.
[160] *Diario de la Marina*, publicación periódica de más larga historia en Cuba. El diario fue fundado en 1832 y clausurado por el gobierno revolucionario el 10 de mayo de 1960. En su artículo

sale. Lo mismo Prensa Libre[161] ¿Qué se dice del fracaso de la Conf. en La Cumbre?[162] Saludos a Jorge. Te abraza y quiere,

Virgilio

Junio 5/60

Mi querido Humberto:

Hace tres días recibí tu carta del 24. Ya Julia me había dicho que te mudabas de chez Mme. Orogne (elle est une carogne)[163] [ella es una crápula.]... Aunque ya sabes que los planos no me aclaran gran cosa, espero estés bien instalado. El día primero pagué la casa (500.00). Julia me dio los cien. Estuvo por aquí un sábado a traerme *La Promesse*, unas *Carnes de René* [*sic*] y a llevarse tu traje, que va en el baúl. Tu madre enloquecida con los preparativos de viaje de Julia. Tiene la casa patas arriba. Ella cree que vas a París a esperarla. ¿Es así? ¡Qué feliz eres! Todavía me pregunto, asombrado, cómo logré llegar a Europa. Te mando Una colonia D. Gray (seca). Julia me aguó un poco el placer del regalo, aclarándome que enviar Colonias a Europa era insensato

---

"Un ataque que honra: la 'Marina' vs. 'Lunes'", publicado dos días después, Virgilio ataca a un autor anónimo que había arremetido contra *Lunes* desde las páginas de *Diario de la Marina*. William Luis ha observado que *Diario de la Marina* fue condenado varias veces desde las páginas de *Lunes* ya que, especialmente en sus comienzos, la revista "hizo eco de la voz política imperante" (31).

[161] *Prensa Libre*, el último periódico cubano en manos privadas, fue cerrado el día después de *Diario de la Mariana*.

[162] Se refiere aquí a la cumbre fracasada entre los líderes de la Unión Soviética y los Estados Unidos, Nikita Khrushchev y Dwight D. Eisenhower, en París el 16 de mayo de 1960. Al principio de la reunión, cuya meta principal había sido llegar a un acuerdo de coexistencia pacífica entre las dos naciones, Khrushchev se tiró en contra de Eisenhower porque el 1 de mayo la Unión Soviética había derribado un avión espía U2 de los Estados Unidos y capturado a su piloto, Gary Francis Powers. Eisenhower negó rotundamente las alegaciones del líder soviético –que el avión estuvo en una misión de espionaje– y el resultado fue el colapso total de la cumbre y la cancelación de una visita a la Unión Soviética que Eisenhower tenía planificada para el mes de junio.

[163] Chez Orogne, la casa particular en que vivía Humberto en Bruselas. Aquí Piñera quiere decir "charogne", una persona que lleva una vida de vicio y libertinaje, no "carogne".

ya que Europa es la tierra de las Colonias, etc. etc. Su lógica me pone los pelos de punta. Tu madre dijo entonces que a ti te gustaba mucho la D. Gray. Ya leí *La Promesse*. Me quedé un poco desencantado. Me gusta mas *La Panne*.[164] Aunque siempre es una buena lectura. Pero demasiado construido todo. Anoche fui al ensayo general de la Opera de Pekín. Función sin interrupciones. Es un espectáculo grandioso. Los actores son geniales, también son mimos, bailarines, acróbatas, y todo a la perfección. El espectáculo se compone de cinco óperas cortas, números de baile y una inexplicable aparición de una soprano vestida a la europea, que canta en español La Bella Cubana, de White,[165] Canción de Cuna de Chaicovski y un himno a las Revoluciones china y cubana detestable. Buena soprano. Por fin Niso se mandó mudar. Viene de tarde en tarde. Ahora es íntimo de Pablito Mandieta. Arrufat se muda en estos días. Mike lo llamó por teléfono a esta casa y anunció su llegada para el 24 de este mes. Se mudan en un apartamento en Sol e Inquisidor, al lado de Natalio,[166] que fué a N. York a buscar su piano. No dejes de leer el Magazine donde presento al nuevo poeta Fernando Pazos.[167] Dime tu opinión. Tiene veinte años. Ya mandé a Graziella y a Juan José sus cuentos publicados. En cuanto al pago tendrán que esperar un poco. Ahora es casi seguro que viajaré a Buenos Aires para preparar un número argentino. También a Uruguay y Chile. Pienso irme a mediados de este mes. Te lo avisaré tan pronto tenga la seguridad. Yo quería ir a Europa pero el congreso en Berlín es auspiciado por el State Department.[168] De todos modos tengo ganas de ver a Graziella, a Rosa,

---

[164] *La Panne*, traducción al francés de *Die Panne* (1956), por el autor suizo Friedrich Durrenmatt.
[165] "La bella cubana", composición más famosa de José Silvestre White Lafitte (1836-1918), violinista y compositor cubano.
[166] Natalio Galán (1917-1985), músico, compositor y maestro de piano y clavicordio. Antes de exiliarse en 1964, compuso dos óperas y escribió música para varias películas y obras dramáticas, incluyendo *El flaco y el gordo* de Piñera.
[167] "Poemas de Fernando Pazos" (*Lunes de Revolución* 30 mayo 1960). Fernando Pazos es el nombre de pluma de Fernando Palenzuela (1938-), poeta cubano que publicó sus poemas por primera vez en dicho número de *Lunes*. En una breve apreciación Piñera elogió a Pazos como un poeta con mucho potencial e hizo el siguiente comentario al respecto: "Nosotros que tenemos mucha gente que escribe versos pero pocos poetas, nos sentimos conmovidos y esperanzados" (15).
[168] Se refiere al Departamento de Estado de los Estados Unidos, el departamento ejecutivo federal que es responsable por las relaciones internacionales.

a Pepe, etc. Leo ahora Journal du Voleur, de Jean Genet.[169] Cómpralo vale bien la pena. No me mandes las navajitas, tendría problemas en la aduana. María Elena volvió después de su fracaso con Agustín, que se vuelve a casar, con una rumana-caraqueña.[170] A Luis [Lastra] lo rechazaron para Londres. Julia te ampliará. Ramón [Ferreira] sufre ya ataques de deliriums tremens. Estoy leyendo una biografía excelente de Talleyrand (dos tomos, de G. Lacour-Gayet)[171] ¿Sabías que l'abbé era el padre del pintor Delacroix? Lo tuvo con la mujer de Charles Delacroix, anterior Ministro de Relc. Exteriores sous le Directoire. [Relaciones Exteriores bajo el Directorio.] Pronto saldrá mi tomo de teatro. En ese magazine que te digo, se ven las portadas de los libros. *El Filántropo* estrena el 10 de agosto. Hoy pagué el teléfono veinte pesos. Es una locura, pero también es una comodidad. Mon cher, je vis au jour le jour… [Mi querido, yo vivo al día]. Manda algo para el Magazine, cuento o crítica. Si te sientes tan desabusé [desengañado], escribe. Bueno o malo es lo único que nos saca el vacío [*sic*] del cuerpo. Ahora Luisa pasará aquí, en los altos, y con Pablo,[172] desde el 10 de junio hasta el 30. ¡Qué paquete! ¿Y que más? Estas son las noticias. Mando a Jorge el tomo de M. Estrada. Dale saludos. Van también los Hoyos.[173] Ahora llueve y estoy un poco triste, pero ya pasará. Mon cher, el 4 cumplo cuarenta y ocho. J'approche de la cinquantaine. Presque deja un viellard [estoy llegando a los cincuenta. Casi ya un anciano]. Adiós,

Virgilio

---

[169] Jean Genet (1910-1986), novelista, dramaturgo, ensayista y poeta francés. *Journal du voleur* [Diario del ladrón], una novela autobiográfica publicada en 1949.

[170] María Elena Molinet (1919-2013), destacada diseñadora de vestuario escénico de teatro, ballet, danza, y otros géneros. Sirvió por varios años de figurinista del Teatro Nacional. Durante esta época estaba viviendo en Caracas con su esposo, el pintor cubano, Agustín Fernández. Se divorciaron a finales de 1960.

[171] G. Lacour-Gayet. *Talleyrand*. 2 Tomos (1754-1799; 1800-1838) 1928, 1934. Se trata de la biografía de Charles Maurice de Talleyrand-Périgord, príncipe de Talleyrand (1754-1838), diplomático francés que sirvió de Primer Ministro y Ministro de Relaciones Exteriores.

[172] Pablo Rubio, el esposo de su hermana, Luisa.

[173] *El Hoyo* (1950), libro de cuentos de Humberto Rodríguez Tomeu.

Habana, junio 29/60

Mi querido Humberto:

me voilà riche. Et par quel hagard?[174] [sic] On vient de me nommer a la Imprimerie Nationale en qualité de traducteur. Traitement: soixante dix piastres par semaine. J'ai commençait avec Le Pére Goriot, c'est a dire je compulse la traduction espagnole. Avec cela je vais faire un cours de dramathurgie [sic] au Theatre Nationale. Traitement: cent cinquante piastres par mois. Si on ajoute mon revenu de Lundi, je compose un avoir de cinq cents piastres. Qu'est ce que tu me raconte, mon vieux? [Heme aquí rico. ¿Y por cuál azar? Me acaban de dar un puesto en la imprenta nacional en calidad de traductor. Salario: setenta piastras por semana. Comencé con *Le Pére Goriot*,[175] es decir a examinar la traducción al español. Junto con esto voy además a hacer un curso de dramaturgia en el Teatro Nacional. Salario: ciento cincuenta piastras por mes. Si agregamos mi ingreso de *Lunes*, tengo un capital de quinientas piastras. ¿Qué me cuentas, mi viejo?] Y por supuesto, el trabajo de traducción y compulsión, lo hago en Guanabo, pero ya ves, esta mejoría económica viene cuando menos la necesito. ¿Te acuerdas de aquellos tiempos en que gastar un peso de más significaba un desequilibrio horrible? Ahora tengo <u>cantidad</u> de casa inhabitable por así decir, ocupo solo mi cuarto; tengo dinero que no sé en que [sic] gastar. Sin duda no puede dirigirse la vida como un caballo con la brida o como un barco con el timón. Piensa lo que sería ese puesto de traductor para ti: lo que toda tu vida (y la mía) buscabas. Vivir en Guanabo, trabajar en Guanabo, lejos de horarios y oficinas repletas de burócratas; yo con mi trabajo en *Revolución* y lo del Teatro. Canastas, playa, ébats érotiques [correteos eróticos], etc. etc. Pero recordemos lo que decía Gombrowicz a propósito de las quimeras: Point de reveries [sic] [Nada de ensueños]…

---

[174] Quiere decir "hasard".
[175] *Le Pére Goriot* (1835) [Papá Goriot], novela de Honré de Balzac (1799-1850). Originalmente publicada en forma serial (1834-1835), es considerada por muchos críticos la novela más importante del gran autor francés.

Luisa y Pablo terminan sus vacaciones chez moi [en mi casa]. Ha sido una prueba difícil. Salgo deshecho de ella. Por ejemplo, el domingo 19, día de los padres, vino papá, los tres hijos de Pablo y la mujer de Pablito. Comelatas, dominó, etc. El sábado y domingo pasados papá volvió. Menos mal que ya se van el día cinco de julio. Maik llega el tres, y Arrufat se mudará en el apartamento de Pepe en la calle Humboldt, que le vendió por cuatrocientos pesos. ¿Te das cuenta? No pudo ser en la calle Sol, pues el "Habitable" de ese edificio no lo darán hasta fines de año. Espero estar solo para el seis. Le conseguí a Pepe el puesto de traductor del inglés con el mismo sueldo que yo. Ha empezado con la compulsión de la traducción española de los cuentos de M. Twain.[176] Está muy contento, pues ya su aburrimiento había alcanzado proporciones colosales. De esta venderá el tristemente célebre Bikini. ¿Sabes qué me dijo? Que quería vivir conmigo en la casa. Le conteste rodement [francamente] que no. Se quedó desconcertado, pero le hice ver que habiendo perdido tu compañía no quería ninguna otra. Me hizo llorar, pues le dije: Aquí estoy esperando a Humberto; si no vuelve me sacarán de aquí muerto pero solo. Perdona esta explosión y sobre todo que te lo diga, pero sabes que es verdad y no descubro nada que no sepas.

Recibí tu carta del 22. Me dices que fuiste a esperarla a Julia a París, pero no hablas media palabra de la ciudad; verdad que has estado sólo dos días. ¿Recibiste el *Lunes* con la encuesta a los escritores?[177] En el

---

[176] Mark Twain, nombre de pluma de Samuel Longhorne Clemens (1835-1910), célebre escritor y humorista estadounidense, autor de *Las aventuras de Tom Sawyer* (1876) y *Las aventuras de Huckleberry Finn* (1885). El proyecto que Piñera menciona aquí es una antología de cuentos norteamericanos, que terminó incluyendo a varios otros autores, tales como Nathaniel Hawthorne (1804-1864), Edgar Allen Poe (1809-1849), Herman Melville (1819-1891), Stephen Crane (1871-1900), Henry James (1891-1980) entre otros: *Cuentos norteamericanos*. José Rodríguez Feo, trad., 1964.

[177] "¿Qué libros trataría Ud. de salvar? –Una encuesta de *Lunes*"–. *Lunes de Revolución* 20 junio 1960. En esta encuesta veintidos autores cubanos contestaron la siguiente pregunta: "Si su biblioteca se viera amenazada por una hecatombe –la bomba atómica, un rayo, la polilla– ¿qué libros trataría ud. de salvar?" (2). Virgilio respondió con la siguiente lista: "1) *Memorias*, [Henri de] Saint Simon; 2) *Las almas muertas*, Nicolás Gogol; 3) *Dombey e hijo*, Charles Dickens; 4) *Comentarios Reales*, Inca Garcilaso [de la Vega]; 5) *Las flores del mal*, Charles Baudelaire; 6) *Extravagario*, Pablo Neruda; 7) *América*, Franz Kafka; 8) *En busca del tiempo perdido*, Marcel Proust; 9) *Moby Dick*, Herman Melville; 10) *Vida del Buscón*, [Francisco de] Quevedo" (6).

Lunes del día 27 salió mi paso de comedia *La Sorpresa*, que me pidió el Teatro Nacional para ponerlo en las cooperativas.[178] Me pagaron doscientos pesos. Ahora te contaré la explosión del polvorín de Cayo Cruz.[179] Cayo Cruz es ese cayito que está al fondo de la bahía, en el cual estaba situado una especie de pabellón de caza, muy bonito, que cuando uno viene por la ruta de la Estrella se divisa desde la Vía Blanca. Fue el domingo 26. A las seis y diez salimos en el coche rojo Austin, de Niso, para la Habana: íbamos, además de Niso, Zaida, Arrufat y yo. Delante Arrufat y Niso, detrás, con las piernas encogidas Zaida y yo. Como a esa hora hay gran desfile de voitures [carros] íbamos lentamente. Casi saliendo del túnel tuvo lugar la explosión. Algo espantoso. Zaida y yo nos proyectamos encima de Niso y Arrufat. Los oídos se nos pusieron a la miseria. En seguida vimos un cono como el de la bomba atómica, al mismo tiempo que se escuchaban descargas de fusilería y tableteo de ametralladoras. Consternación. A los pocos minutos sirenas de las ambulancias, caras contritas, gritos, gente histérica por no saber de donde provenía la explosión. Felizmente no tuvo mayores consecuencias. Sólo tres muertos, no [*sic*] de la explosión y varios heridos. Vidrieras de comercios rotas por cientos. La onda expansiva se propagó hasta Mariano, es decir unos cuarenta kilómetros. Miscelánea: Graziella me volvió a escribir, aún no he podido enviarle su dinero. Mi viaje a Bs. As. aplazado hasta noviembre o diciembre por cuestión de divisas (hay que pagar el pasaje en dólares). Esta noche vuelvo a la ópera china, que ahora actuará en la sala Covarrubias del T.N. que tiene aire acondicionado. Luisa vivirá con Pablo y papá en Ayestarán. *Aire Frío* irá en el teatro de la Casa de las Américas con los propios muebles de casa. Osvaldito se fué a vivir a Matanzas. Está realizando la escenografía de *El Filántropo*, que se estrenará el 26 de julio. Julio

---

[178] "La sorpresa". *Lunes de Revolución* 27 junio 1960, 9-11. Esta obra dramática de un acto no se estrenó durante la vida del autor.

[179] Se trata de la explosión de un depósito de municiones en la Habana. El periódico *Revolución* informó, en una edición especial del día 27 de junio, que dos personas murieron y más de doscientas resultaron heridas. Esta explosión fue la segunda que se produjo en la Habana en el plazo de cuatro meses. El día 4 de marzo la explosión de un barco francés cargado de municiones belgas, La Coubre, resultó en casi cien muertos y más de doscientos heridos. Se cree que los dos incidentes fueron productos de sabotajes cometidos por enemigos de la Revolución.

Matas puso *Our Town*[180] y ha sido una magnífica mise en scene [puesta en escena]. Et rien de plus [Y nada más]. Te abraza,

Virgilio

Me olvidaba: Luis Lastra se fracturó el tobillo izquierdo. Encima del yeso se hizo pintar por Julio Matilla[181] *una rosa con sus hojitas verdes. ¿Revelador, no es cierto?*

Ahora me doy cuenta de que no viajaste a París. Ya apareció el primer número de la revista Casa de las Américas.

Hay el primer cap. de mi novela "La Conspiración" se titula: Presiones y Diamantes. *V.*[182]

Julio 15/1960

Mí querido Humberto recibí tu carta del 7 (recibida el 12) y cuando empezaba a contestarla, recibo otra tuya fechada el 12. Por supuesto recibí hace más de un mes *Mme. Guyon, Sophie Arnould* y *Les Devoyés Criminales*,[183] amén de los rectores de periódico. Reabrí mi cuenta, que se había agotado por el dinero para el pago del año de casa. Calculo que en

---

[180] Julio Matas (1931-2015), novelista, poeta, ensayista y dramaturgo cubano, introdujo y difundió el teatro del absurdo en Cuba al dirigir en La Habana *La soprano calva* de Ionesco y *Falsa alarma* de Piñera. *Our Town*, obra dramática en tres actos por el dramaturgo norteamericano, Thorton Wilder (1897-1975).

[181] Julio Matilla (1928-), pintor cubano nacido en Camagüey. Ilustró varios números de *Lunes de Revolución* y otras publicaciones cubanas.

[182] Estos dos comentarios se encuentran en los márgenes. Esta es la primera mención de la novela *Presiones y diamantes*, que fue publicada unos siete años después, en 1967. El capítulo en cuestión debe de ser el mismo que apareció en el número de *Lunes de Revolución* correspondiente al 23 de octubre de 1961.

[183] Se tratan de libros mandados por Humberto desde Bruselas: una edición de *Vie de Madame Guyon, Ecrite Par Elle-Même* [Vida de Madame Guyon escrita por ella misma], originalmente publicado en tres tomos en Cologne: Chez Jean de la Pierre, 1720; un libro sobre Sophie Arnould (1740-1802), una célebre soprano francesa; y el número 13 de la revista francesa *Archives du crime* (1946), "*Dévoyés criminels*", colección de textos compilados por Léon Treich.

tres meses puedo tener asegurado el año 61, y seguiré ahorrando por si vienen tiempos difíciles. Mi puesto en la Imprenta N. es fijo hasta donde estas cosas pueden serlo. Estoy en nómina, cobro semanal, trabajo en la casa. Estoy cotejando el texto del 93, y por cierto hay gazapos enormes. Por ejemplo: traducen: l'oratorien Fouché por el orador Fouché.[184] ¿Te das cuenta? Aquí estamos luchando a brazo partido contra los manejos estadounidenses, ya habrás leído la delcaración [*sic*] de Kruchev de disparar cohetes teledirigos [*sic*] hacia Estados Unidos.[185] Fausto Masó perdió el cargo en el Ministro. Se solidarizó con Zamora.[186] A propósito Bianco me escribe y me habla de los cuentos de Fausto. Te incluyo la carta; trae además, unos comentarios muy sabrosos sobre la Rosina. Ya verás que su conversación telefónica con Pepe es antológica. Cuando me contestes comentas el asunto empleando un seudónimo pues aunque Arrufat ya no vive aquí (se mudo por fin con Mike en San Miguel 810) podría estar presente, y no quiero dar que sentir a Fausto. Como veras gracias a mis gestiones la Casa de las Américas lo invita [a Bianco]. Él ya aceptó. Volando. La última solución que se ha dado al affaire "papá" es que viva en Ayestarán con

---

[184] Parece que Piñera está hablando aquí de la traducción al español de una obra de Joseph Fouché, Duc d'Otrante (1759-1820), político francés y Ministro de la Policía bajo Napoleón I. Fouché publicó tres libros en 1793, año que Piñera menciona en su carta –*Réflexions sur le judgement de Louis Capet*, *Réflexions sur l'éducation publique*, *Rapport et projet de loi relatif aux colleges*– pero no queda claro cual de los tres Piñera estaba revisando.

[185] El 9 de julio de 1960 Nikita Kruchev y Dwight D. Eisenhower intercambiaron avisos verbales sobre el futuro de Cuba. Desde Moscú, Kruchev avisó que la Unión Soviética estaba dispuesta a disparar cohetes nucleares hacia los Estados Unidos en el caso de una invasión estadounidense de Cuba. Por su parte, Eisenhower respondió desde Washington que no toleraría el establecimiento en Cuba de un régimen dominado por el comunismo internacional. Este es uno de muchos comentarios de índole política que encontramos en las cartas a Humberto. Como he escrito en otro lugar, "Aquellos que cuestionaron el compromiso de Piñera con la revolución durante la primera fase de esta parecen haberlo juzgado a través del prisma distorsionado del presente o habiendo obviado la cantidad de artículos publicados en *Revolución* y *Lunes* entre enero de 1959 y los primeros meses de 1961, en los cuales él reveló su entusiasmo como escritor en Cuba, su firme apoyo a Fidel Castro y la revolución, y su creciente descontento con los Estados Unidos y sus ambiciones imperialistas en Cuba y América Latina" ("Piñera y la política" 71-94).

[186] Juan Clemente Zamora Munné (1930-2007), lingüista y abogado cubano nacido en Estados Unidos. En los primeros años de la Revolución, Zamora desempeñó varios cargos para el nuevo gobierno revolucionario. Fue Secretario General de la Casa de las Américas, Director de la Hemeroteca Nacional, Director de la Sociedad de Escritores y Compositores, y Jefe de Cancillería del Ministro de Relaciones Exteriores.

la criada que lo cuida en casa de Estela. Veremos si se decide al fin, pues Estela ya no quiere tenerlo más. Mi viaje a Buenos Aires aplazado por la política, y más ahora con las pretensiones de Frondizi[187] de que Cuba no apoye a Rusia en lo de los cohetes a Estados U. Casi estaba por ir; el pasaje lo podía pagar en pesos cubanos (480 ida y vuelta en el Jet). Además a Revolución le interesa pues haría contactos para la distribución de los libros de la editorial. Por cierto mi libro sale dentro de un mes justamente. Ya aparecieron *Cuba: Zona de Desarrollo Agrario* de Lisandro Otero, el libro de poemas de Baragaño y el de cuentos de Guillermo Cabrera. Siguen el mío y el de Sartre.[188] *El Filántropo* se estrena precisamente el día de mi cumpleaños.[189] Han hecho grandes affiches [carteles] para propaganda, y el programa es [*sic*] muy bien. Te lo mandaré. Sería bueno que mandaras en seguida por lo menos un cuento, la revista, es decir, el segundo número está al salir. ¿Cómo ha sido que Gombrowicz te escribió? De mi no se acuerda para nada. Las cartas de G. y el resto sigue en el closet. No dejes de enviarme el *Sade y los Tiempos*.[190] El lunes voy a Camaguey para preparar un número del magazine dedicado a esa provincia.[191] No es Buenos A. precisamente, mais, quan meme c'est un tout petit voyage, qui me plait [pero al

---

[187] Arturo Frondizi Ercoli (1908-1995), presidente de Argentina entre mayo 1958 - marzo 1962.

[188] Se tratan de libros publicados por Ediciones R: *Cuba: Zona de Desarrollo Agrario* por el escritor y periodista cubano Lisandro Otero (1932-2008); *Poesía, revolución del ser* por José Álvarez Baragaño (1932-1962); y *Así en la paz como en la guerra* por Guillermo Cabrera Infante; *Teatro completo* por Piñera; *Sartre Visita Cuba*, una suerte de homenaje a la visita de Sartre a Cuba que contiene dos ensayos del filósofo francés –"Ideología y Revolución", y "Huracán sobre el azúcar"– y "una conversación de Sartre con la mayoría de los escritores revolucionarios cubanos", como dice la solapa de la primera edición. Vale añadir que el libro de Cabrera Infante salió en septiembre de 1960, el de Sartre en octubre. *Teatro completo* no salió hasta marzo de 1961.

[189] El 4 de agosto.

[190] Aunque ya existía una traducción al español, es más probable que Piñera se refiera aquí a la traducción al francés de *Der Marquis de Sade und seine Zeit* [*Le Marquis de Sade et son temps*. A. Weber-Riga, trad., 1901] por Eugène Duehren, nombre de pluma de Iwan Bloch (1872-1922). Bloch, un médico alemán, acuñó el término "sexología" y es reconocido como el fundador de esa disciplina. En 1904 descubrió y publicó el manuscrito de *Las 120 jornadas de Sodoma*. En una breve nota que acompaña su traducción de un capítulo de *Las 120 jornadas de Sodoma* en el primer número de *Ciclón*, Humberto Rodríguez Toméu discute la importancia de la edición de Bloch, aunque su traducción al español del texto se basa en otra edición.

[191] El número de *Lunes* dedicado a Camagüey fue preparado por Virgilio Piñera, con fotos de Mario "Mayito" García Hoya (1939-). Salió el 19 de septiembre de 1960.

menos es un pequeño viaje, que me satisface]. Sábato[192] me escribió volviendo a pedir copia del artículo; de nuevo lo extravió. Típico de la vorágine sabatiana. Dice que il ferait les frais [él pagaría los gastos], pero ya lo di a copiar. También viene para el concurso. Me harté tanto de ópera china que si la veo por una esquina, cojo por la otra … El mes que viene llega el Berliner Emsemble dirigido por la viuda de B. Bretch.[193] Helas [desgraciadamente], en alemán. Tuve que dar una clase a los alumnos de periodismo de Guillermito. Quedó bastante bien y hablé como un perico durante hora y media. Tema: Como escribo mis artículos periodísticos. El Niso medio peleado conmigo porque dice que soy comunista, a propos de ma piece [a propósito a mi pieza] *La Sorpresa*, aparecida en *Lunes* ¿La leíste? Esta noche averiguo lo de los envíos. Pero, querido, qué tiempo loco el bruselano. En fin de cuentas que no tendrás nada de verano. ¿Viste lo del frío en Buenos Aires? El invierno más riguroso en 25 años? Pero, con todo eso, la Rosina no habrá comprado una gota de kerosene. ¿Cómo andará ese carromato? Debe estar bien secoué [agitada] con los truenos de la Josefina.[194] Bueno, creo haberlo dicho todo. Vuelve a escribirme enseguida. Abrazos para Julia y Jorge. Te quiere,

Virgilio

Habana, 17 agosto 1960

Mi querido Humberto,

contesto tus cartas de agosto 5 y de agosto 10. Veo, que recibiste la mía del 31. Antes que me olvide, recuerda que el santo de la Rosina es el 30. Hoy mismo le hago unas líneas. Te mandé las fotos del F[ilántropo].

---

[192] Piñera conoció a Ernesto Sábato (1911-2011) durante su primera estancia en Buenos Aires en los años cuarenta. Contribuyó al primer número de *Ciclón* su ensayo "Sobre el arte abstracto en nuestro tiempo" (1955). Ignoro a cuál artículo se refiere aquí Virgilio.
[193] Helene Weigel (1900-1971), actriz alemana, segunda esposa de Bertold Brecht (1898-1956), poeta, dramaturgo y director de teatro alemán. Por muchos años Brecht y Weigel operaron juntos el Berliner Ensemble, una famosa compañía teatral de posguerra.
[194] Se trata de una de las residentes de la casa de pensión de la Rosina en Buenos Aires.

En vista de la inseguridad que hay del recibo de los periódicos, pero veo que lo habías recibido a tiempo. Como te decía, va finalmente el viernes 19. No estoy nada satisfecho pues [Humberto] Arenal cometió el error de dar él [*sic*] papel de Coco a Escudero,[195] un actor blando y sin personalidad. Le dije y redije que se lo diera a Roberto Blanco,[196] pero él se encaprichó con Escudero, y ahora tenemos los resultados. Como no quiero estar para el estreno, mañana jueves me voy para Camaguey a preparar un número del Magazine. Iré en el tren con aire acondicionado y me alojaré en El Plaza. Ahora estoy fajado con *Le Pére Goriot*. A la verdad que Balzac es bastante paquetoso. Por momentos es brillante pero, en conjunto, no deja de ser un folletín. ¡Qué diferencia con Proust! Por lo que se ve, Balzac tenía ideas muy pobres sobre la alta sociedad parisiense. Hay descripciones que dan risa. J'ai deja a la banque trois cents soisante cinq piastres. Ça va. [Ya tengo trecientos cincuenta piastras en el banco. Ahí vamos.]. Suspiro por que termino la temporada. Il-y-a un surcroit de chusmería. C'est a voir! [Hay un aumento de chusmería. ¡Habría que verlo!]. Niso se va para New York. Pepe, como siempre ¡acabando! Dice que venderá Bikini en septiembre. Hoy por fin mandé a arreglar la ventana de la sala. Como poner el cristal demoraba micho [*sic*], me decidí por una tabla de pino, que es mejor y más segura. ¿Viste *La Bahía del Tigre*? Es un film inglés muy bueno. El lunes veré *Hiroshima mon amour*.[197] El asunto papá me sigue dando dolores de cabeza. Ahora Humberto habla de mandarlo al asilo. Él sigue en sus trece de vivir con la María en Ayestarén. Sería su destrucción. Arrufat se ha definido: por acá no viene y cuando nos vemos en *Lunes* me saluda con un gesto ¿Qué me contás? Pero así es la gente. Jugamos de tarde en tarde pero no con él. El lunes jugué en casa de Niso. Y el viernes anterior aquí con Zaida y Wicha y Pepe. Como ves, mis noticias son bastantes [*sic*] sosas. Dame tu opinión sobre lo que me aconseja Graziella en su carta. Sin

---

[195] Florencio Escudero (¿?-1986), actor cubano. Murió trágicamente después de ser aplastado por una plataforma durante el estreno de *La aprendiz de bruja* de Alejo Carpentier
[196] Roberto Blanco Espinosa (1936-2002), actor, director y diseñador de teatro cubano.
[197] *Tiger Bay* (1959), película de suspenso dirigida por J. Lee Thompson (1914-2002) sobre una niña que presencia casualmente un asesinato. *Hiroshima, mon amour* (1959), película francesa dirigida por Alain Resnais (1922-2014). Cuenta, a través de una serie de conversaciones, la relación entre una actriz francesa, que está filmando una película anti-guerra en Japón, y su amante japonés.

duda ella sabe más que yo sobre ese libro, pues a pesar de ser un autor cubano no tengo elementos de juicio. Ahora mismo me trae el cartero los libros que me mandas. No te dejes engordar de esa manera. ¿Sabes cuál es mi almuerzo, día por día? Pues compro un pollo y papas.[198] Lo meto todo en el horno y a los 45 minutos estoy almorzando. Ya sabes que por la noche no como, sólo un bocadito y el infaltable café con leche. Sacrifico en el altar de Afrodita, no mucho pero tampoco me rehúso. Eso sí, mucha prudencia y *pas de personnes inconnues* [ningunas personas desconocidas]. Ahora abrí el paquete. Es un regalo de dioses. J'emporterai *La Marquise Gagnes*, pour le voyage [Traeré *La Marquise Gagnes* para el viaje]. La semana que viene llega el Berliner Ensemble, dont la metteur-en-scene c'est la veuve [cuya directora es la viuda] de B. Bretcht. Darán *Madre Coraje*, *Los Fusiles de la Madre Carrá* [sic], *El Golem*, *Hamlet*, etc.[199] Pero helas [desgraciadamente] en alemán. Iré de todos modos. Natalio estrena al fin su ópera el quince de septiembre. Tiene, a lo que parece, buenos cantantes. Mikel [sic] hace la escenografía. Bueno, agoto mis noticias. Vuelve a escribirme. Saludos para Julia y Jorge. Te abrza [sic],

Virgilio

Agosto 26/60

Mi querido Humberto, al regresar de Camaguey el miércoles me encontré debajo de la puerta tu carta del 18, y ayer la del 22. Hice un viaje encantador. Por fin me decidí por La Cubana, pero no lo vuelvo

---

[198] Gracias en gran parte a observaciones que hicieron Guillermo Cabrera Infante, en su introducción a la traducción al inglés de *Cuentos Fríos* ("The Death of Virgilio" xiii), y Julia Rodríguez Tomeu, en una entrevista publicada en "Dossier Virgilio Piñera" en la revista *Diario de Poesía* (23), ha corrido el rumor que Piñera era vegetariano durante esta época. Esta y muchas otras observaciones sobre su dieta desmienten tal rumor.

[199] *Madre coraje y sus hijos* [*Mutter Courage und ihre Kinder* (1938-1939)]; *Los fusiles de la madre Carrar* [*Die Gewehre der Frau Carrar* (1937)], obras dramáticas de Bertolt Brecht; *El Golem* [*Der Goylem*], poema dramático en ocho escenas por H. Leivick, nombre de pluma de Leivick Halpern (1888-1962); *Hamlet*, tragedia de William Shakespeare (1564-1616).

a hacer pues esta empresa se ha convertido en chusmería. De todos modos la pasé "bien". En Camagüey me alojé en el G. Hotel. Me pasé cuatro días. Camagüey está desconocido: bares llenos, donde hay que hacer cola para sentarse, los omnibus repletos, etc. Pero a las diez la gente se mete en la cama. Hice un sentimental journey [travesía] por La Zambrana, a las nueve de la noche. Todo prosigue allí como hace veinticinco años.[200] Álvaro, que está en Camaguey, me proporcionó varias carnitas. Debo volver el miércoles que viene a hacer un reportaje en la Sierra de Cubitas sobre el guano de murciélago.[201] ¡Qué me contás! Porque te diré que ahora el periódico se ha reorganizado y soy reportero-viajero. Con eso me quedé después de elegir entre cincuenta paquetes; es lo menos oneroso, pues con dos reportajes al mes te limpias el pecho, no gastas, no tienes quien te mande, etc.

Nunca había oído hablar de ese Walser.[202] Estoy loco por leerlo. Según Brion[203] es una maravilla. Sobre lo que me dices del S. E.,[204] sé lo que sale en los periódicos. Pero te añado por ejemplo, que la reorganización va. ¿Sabías que nombraron embajador en Paris a Harold G.[205] y a Retamar en Londres? Según se dice todo el Serivicio [sic] será puesto patas arriba. Ahora, ¿eso significa que hasta los empleados administrativos también salen? ¿Tu tienes rango diplomático?

Sigo con mis ahorros. Al fin se estrenó el *Filántropo*. Anoche fui a verlo. Comme si comme ça ... [así así]. Crítica dividida. Arrufat está ahora más tratable. Pero envanecido pues dará un curso de Lit. Hisp.

---

[200] La Zambrana, reparto de Camagüey al cual se mudó la familia Piñera en 1926. Piñera vivió en varias casas en Camagüey entre 1925 y 1937, año en que empezó sus estudios en la Universidad de la Habana.
[201] "Extracción de guano de murciélago en Cubitas" (1960).
[202] Robert Walser (1878-1956), autor suizo de habla alemana. Aunque su obra fue olvidada durante mucho tiempo —en gran parte porque vivió recluido en un asilo durante las últimas tres décadas de su vida— es hoy en día considerado uno de los autores en lengua alemana más originales e importantes del siglo XX.
[203] Marcel Brion (1895-1984), ensayista, novelista y crítico literario francés. Un libro póstumo, *Les Labyrinthes du temps: Rencontres et choix d'un Européen* (París, Corti, 1994), recopila artículos de Brion sobre varios autores, tales como Robert Walser, James Joyce, Thomas Mann y Hermann Hesse.
[204] Se refiere aquí a la reorganización de la Oficina de Servicios Exteriores.
[205] Harold Gramatges (1918-2008), compositor y músico cubano. Sirvió de embajador de Cuba ante Francia entre 1960-1964.

en el Teatro Nacional. Mariano [Rodríguez] volvió a escribirme, les manda muchos saludos. Por fin salió el tercer número, o el cuarto, no sé, de la revista de la Dirección de Cultura.[206] ¿No tenías algo para ese número? O son Ideas? Me olvidaba de tu foto. Pues yo te encuentro mas o menos como estabas aquí. No veo la papada por ninguna parte. Niso ha ido de vacaciones, por supuesto tienen plata en Estados U. A Pepe hace hoy diez días que no lo veo, y tiene mi cheque del viernes pasado. No sé si quitar el teléfono. Este mes tengo 25 pesos. ¿No te parece realmente escandaloso? Es inconcebible que yo esté pagando esas cantidades. ¡Ni Pepe ni Niso! Bueno, será hasta la próxima. Julia, el mundillo literario sigue lo mismo. Ahora es de buen tono asistir a las clases de idioma ruso que da gratuitamente la Embajada. Si hay alguna otra novedad te lo avisaré. Recuerdos.

Virgilio

Mañana tomo el avión para Camagüey (miércoles 31).

¿Sabes que tumbaron una parte de la cerca de ladrillos del frente? Le belle Jardiniere la arreglará

Mi relojito nuevo se rompió

V.

Septiembre 18/60

Mi querido Humberto recibí tu última del 15. Escribo con gran esfuerzo, tengo el ánimo en el suelo. Grazielle ne se trompait pas nullement [Graziella no se equivocaba para nada]. Si no te dije nada del ciclón Donna fue porque en esos días estuve muy ocupado, y además, porque aquí poco o nada se sintió.[207] La noche que se suponía iba a

---

[206] *Nueva Revista Cubana* (1959-1962).
[207] A pesar de que su impacto en los alrededores de la Habana fue mínimo, el ciclón Donna fue el huracán más destructivo de la temporada de 1960. Después de pasar al norte de las Antillas

azotar a la Habana, sólo unas ráfagas, y el mar con oleaje. Además llegué a Guanabo a las seis de la mañana, después de una reunión que comenzó a las 11 de la noche. Ce sont mes déboires ... et d'autres [estos son mis deberes ... y otros]. Acabo de hacer un *Lunes* enteramente dedicado a Camagüey, c'est pas mal [no está mal]. ¿Viste mi reportaje sobre el guano de murciélago? Au moins quand je suis a l'interieur du pays je suis bien loin de l'hysterie [por lo menos cuando estoy en el interior del país, estoy bien lejos de la histeria]. Sigo con mis ahorros: ya tengo la anualidad de la casa y unos pesos más. *El Filántropo* continúa esta semana y la otra hasta cumplir las veinte representaciones. Hemos llevado para allá la mesa de canasta y las cartas. Niso está en N.Y. La ópera de Natalio se estrenará para fines de este mes. En la próxima seré más extenso. Cuídate. Abrazos,

Virgilio

Habana, octubre 20/60

Mi querido Humberto, hace varios días recibí tu carta de fecha 10 de este mes, y antes había recibido otra, pero el torbellino en que vivo no me ha dado tiempo para contestarlas. Bueno, ya somos dueños (o presuntamente dueños) de la casona de Guanabo. Hoy llené la planilla de compra-venta. Como la casa es mucho antes del 40 entramos en los cinco años, de modo que al cumplir los 53 años (si Dios quiere) ¿te das cuenta? Seré propietario. Pourvu que ça dure [Siempre que esto dure]. Yo había pagado a Rodríguez, como tú sabes, 500, pero él, para enviarse [*sic*] lo del amillaramiento me daba un contrato por 240.00 o sea 20.00 mensuales. De manera que a partir de junio del 61 pagaremos sólo 20. Eso si el Estado no decide, en vista de mis entradas que debo pagar mayor alquiler, lo cual sería catastrófico, quiero decir si se empeñan en compensar desde junio de este año a junio del 61. Tú crees eso posible? Sería una medida extrema y me parece más lógico que me aumente el

Mayores, golpeó los Cayos de la Florida, los Bancos Externos de Carolina del Norte y Long Island, Nueva York.

alquiler desde junio del 61, lo cual sería seguir pagando más o menos los 42 que actualmente pagamos. También hice el contrato de compraventa de la casa de Ayesterán, a nombre de papá, naturalmente, que ahora la vivirá pues Vinicio traerá una señora de Pinar del Río, que sólo tiene una hija, es viuda y quiere vivir en la Habana. Luisa es la heredera natural y forzosa de papá. Me alegra mucho pues la casa de Luisa está a nombre de Pablo y será para sus hijos o hijo mayor.

Te supongo enterado por el diario de la muerte del pobre Escardó.[208] Iba en el jeep con la sobrina de Núñez Jiménez,[209] un primo y un soldado. La carretera estaba mojada, el jeep empezó a zigzaguear, en eso salió otro coche de un camino y se telescopiaron. Sólo murió Escardó. Se rompió la base del cráneo. Fue en Matanzas. Me lo dijeron en el teatro (en el estreno de *Yerma*, por cierto, la Escartín[210] estuvo en gran actriz). A las dos de la madrugada tomé un bus acompañado por Arrufat y fuimos al entierro, que sería en Camagüey. Hoy vuelvo a Camagüey (en avión) para solicitar fotos y manuscritos de la madre de Escardó, es decir que ella tiene en su poder, para un número especial de *Lunes* dedicado a su memoria.[211]

Ya mi libro está al salir. Son 410 páginas, se harán cuatro mil ejemplares. Te lo mandaré por correo aéreo. ¿Te dije que se puso el *Filántropo* por televisión? Quedó muy bien. Mi cuenta sigue aumentando, pero todavía no he cobrado los 200 del Teatro Nacional. Me olvidaba: puse en el contrato de compra-venta que tú compartías la casa conmigo. Porque otro escollo es que se estime que yo habite una casa demasiado vasta para una sola persona. Si por acaso te pidieran un informe, tu dices que en efecto eres inquilino de la misma desde hace dos años pero que por estar en el extranjero, etc., etc. Ahora me trae el portero el paquete con las revistas *Historia*. Me daré un banquete. Estoy

---

[208] Rolando Escardó (1925-1960), poeta cubano que colaboró en *Ciclón* y *Lunes*. Murió justo en el momento que estaba organizando el Primer Encuentro de Poetas, que debía celebrarse en Camagüey.
[209] Antonio Núñez Jiménez (1923-1998), revolucionario y académico cubano.
[210] *Yerma* (1934), obra de teatro del dramaturgo español Federico García Lorca (1898-1936). Adela Escartín (1913-2010), actriz española que durante muchos años residió en Cuba, país que llegó a considerar su patria artística.
[211] *Lunes de Revolución*. 31 octubre 1960. "Homenaje a Escardó". Número a cargo de Oscar Hurtado y Virgilio Piñera.

leyendo la correspondencia de Chateaubriand a Mme. Recamier.[212] Una carnita enorme (600 páginas) pues no sólo son las cartas sino mil y un chimentos. Ya te supongo enterado de la situación internacional y de la presión de los americanos contra Cuba.[213] René Jordán se fue de Cuba y está en la *Bohemia* de Quevedo en Nueva York.[214] También Roberto Agramonte[215] se fue. La ópera de Natalio se iba a estrenar en el Encuentro de Poetas en Camagüey, pero la orquesta no estará disponible para esa fecha, su estreno definitivo será en Habana para fines de Noviembre. Sabrás que Pepe se ha quedado sin el ingenio, se ha perdido los departamentos, es decir, los perderá dentro de diez años, y aún así el Estado sólo le da hasta 600 pesos, es ese el tope. Menos mal que tiene lo de la Imprenta Nacional. El afecta una indiferencia pasmosa. La madre está recluida en estos días. Niso sigue en Miami y creo no vuelvan por ahora, pues tanto él como su padre son ciudadanos norteamericanos. Hemos jugado en estos días con Pepe, Marta y Zaida. Le regalé diez pesos a la Wicha, pues está pasando hambre literalmente. La han siquitrillado de lo lindo. También le regalé diez a Osvaldito que está por el estilo, y a Julio Matas le he dado como 20, pues en el Teatro Nac. no pagan a él y está en carne … ¿Te dije que me compré un par de zapatos? 22 me costaron pero son americanos y muy buenos. Dale recuerdos a Julia y a Jorge. Te abraza. Escribe pronto.

Virgilio

---

[212] Debe de tratarse de la más conocida edición de las famosas cartas del fundador del romanticismo francés, François-René, vizconde de Chateaubriand (1768-1848), a Jeanne-Françoise Julie Adélaïde Récamier (1777-1849): *Lettres de Chateaubriand à Madame Récamier*. Maurice Levaillant y E. Beau de Loménie, ed. París: Flammarion, 1951.

[213] El 19 de octubre de 1960, un día antes de la fecha de esta carta, Estados Unidos, como respuesta a la nacionalización de propiedades norteamericanas en Cuba, prohibió todo comerció de exportación con Cuba.

[214] René Jordán (1928-2013), crítico de cine, cuentista y periodista cubano. Fue colaborador en *Ciclón* y *Lunes*. Su cuento "Post mortem" apareció en *Ciclón* (1956), y en 1960 una colección de cuentos del mismo título ganó el segundo premio en el Concurso Interamericano en la Habana. *Bohemia*, revista cubana, uno de los semanarios de noticias más populares en sus días en Cuba y América Latina. En 1960 Miguel Ángel Quevedo, hijo del fundador de *Bohemia* y propietario y director de la revista entre 1927 y 1960, decidió abandonar el país, y desde el exilio en Nueva York, fundó una revista de poca duración –*Bohemia Libre*– en la cual colaboraron varios periodistas y escritores que habían abandonado la isla. Se suicidó en 1969.

[215] Agramonte renunció a su puesto de Ministro Extranjero en mayo de 1960 y se exilió en Puerto Rico.

Octubre 27/60

Mi querido Humberto, dos letras para decirte que recibí tu tarjeta del 23. Supongo habrás recibido mi carta detallada del 21 (o puesta ese día viernes) en que te contaba lo de la casa. Rod[ríguez]. no se ha aparecido; ahora me dicen que lo que tengo pagado hasta junio del 61 no me vale. Es decir, son rumores o más bien especulación de la gente. No he tenido tiempo de informarme. De cualquier modo, la planilla de compra-venta está suscrita, y lo que sea pasará ... Ya le contesté a la pobre Graziella. Acá se habla de invasión todo el tiempo, y las perspectivas son tan terríficas que uno acaba por no tenerles miedo. Además, como nuestro punto de referencia es solo teórico, ocurre que no nos damos cuenta cabal.

Mañana viernes 28 salgo para Camagüey de nuevo para el reportaje del Encuentro Nacional de Poetas. He estado endiabladamente ocupado con el número de Lunes, *homenaje a Escardó. Para colmo llegaron Sartre y Simone: comidas, conferencias de prensa, etc. Je suis jusqu' au cou... [Estoy hasta el cuello ...]*

Ahora papá vivirá en Ayestarán (remozada la casa, costo 50.00, puse 20.00) con una señora de Pinar. Me alegro por Luisa que se quitó el paquete de los sábados y domingos.

¿Te conté que René Jordan se exiló? Escribe para la Bohemia de Quevedo en N. York. Roberto Agramonte pidió asilo político en E. U. Tengo ganas de que vengan Bianco y Sábato, sería en diciembre. Mi libro saldrá no antes de mediados de noviembre. Son muchas pruebas y tengo poco tiempo para las correcciones. Tiene el texto 410 páginas. ¿Te dije que tuve un corto-circuito en el enchufe de la sala? Esa noche dormí a oscuras, y, precisamente la noche que tenía miedo, pues vi rondando a un tipo, pero me claquemuré *[me encerré en casa]; para colmo, la Marta se había llevado el quinqué, pero encontré ese cabo de vela que tú habrías puesto en una botella de leche. Ahora escucho la radio en la galería. La renovación de los alambres me sale muy cara.*

Bueno, ya ves que te escribo. Me leí ya todas las Historias. *Tan pronto tengas el* Walzer *[sic], mándalo. Je suis très curieux [Estoy muy curioso]. Abrazos para Julia y Jorge. Te quiere,*

Virgilio

Noviembre 9/60

Mi querido Humberto, hace dos días recibí tu carta del 31 de octubre. Sobre la casa te diré que unos me dicen tengo derecho a ella, y otros que no. Estoy esperando la decisión del consejo de la R[eforma]. U[rbana]. En caso que me pertenezca, Rodríguez deberá devolverme el importe de los alquileres desde octubre hasta mayo del 61, por supuesto a razón de 20 mensuales, de acuerdo con el contrato. También el gobierno le tasa los muebles, que se van pagando en mensualidades. Veremos qué sale de todo esto. Rodríguez no se aparece por aquí; Rosendo lo vió en la Víbora, pero dice que se mantuvo callado sobre la casa.

Ayer Fidel habló y dijo que podemos estar tranquilos, que la amenaza de invasión es cada día menos positiva.

¿Ya viste el Lunes *con el homenaje a Escardó? Te diré que* Lunes *y todos los magazines han sido suspendidos hasta nuevo aviso. Falta de papel y, sobre todo, de tinta.*[216]

De lo que me dices del barco cubano, no es mala idea, pero tengo entendido que son muy pequeños y poco seguros.[217] *En la barbería un muchacho, que era tripulante de uno de esos barcos contó que habían pasado la "mar y Morena" en la travesía del golfo de Vizcaya.*

Niso me pidió tu dirección para escribirte y hablarte de Alfredo [Lozano]. Sería prudente que te limitaras a una tarjeta postal.

Pepe, acabando. Menos mal que le cedió a Julio Matas el depart. de Humbold [sic]. Acabo de reírme a carcajadas haciendo el cotejo del Pére Goriot. *En un pasaje dice Balzac: Depuis le moment ou toute la cour se rua chez la grande Mademoiselle a que Louis XIV arrachait son amant…* [Desde el momento en que toda la corte se arrojó a la casa de la grande Mademoiselle a quien Louis XIV robó su amante…] *Y el traductor pone: Desde el día en que la corte llenó la casa de la* gran señorita, *a la que Luis XIV quitó su amante. ¡Qué me contás! Parece que hablara de una señorita mejicana o algo por el estilo.*

---

[216] Efectivamente, no salieron números de *Lunes* correspondientes a las primeras tres semanas de noviembre de 1960.

[217] Sugiere este comentario que en una de sus cartas Humberto le había propuesto a Piñera la posibilidad de viajar a Europa en un barco cubano.

Por supuesto tengo el Bosch en la mesa de la sala. Hablando de la casa, te diré que mandé hacer una limpieza-monstruo. Me costó diez pesos, pero reluce. Los baños quedaron de maravilla. Toda la porcelana es blanca como coco. Hoy compré un botellón de gas (11.00$) que durará hasta fines de abril, con agua caliente para el baño.

Mi cuenta bancaria sigue subiendo. Hasta hoy 650. No está mal.

De Bianco no sé una palabra. Espero que venga, pues nadie ha dicho en contrario. Le di 50.00 a Luisa para el arreglo de la boca. Haz todo lo posible para venir en febrero. Dale recuerdos a Julia y Jorge. El encuentro de poetas [de Camagüey] fue un desastre. Bueno, escribe.

Abrazos,

Virgilio

Manda las Historias. V.

Noviembre 22/60

Mi querido, Humberto:

recibí tu carta del 16. Por cierto pasó algo cómico. Para empezar, la recibí, el domingo. Estaba leyendo en el fondo, eran las once de la mañana. Brillo,[218] que volvió, me había anunciado visita. De pronto siento que llega una máquina y la voz de Brillo. Cuando llego a la puerta, veo a Brillo con tu carta en la mano. Me dice: Mira, carta de Humberto; ábrela para ver si te dice algo de mi. En seguida me hago

---

[218] Se trata de un apodo de Niso Malaret. Según Antón Arrufat, Niso, quien era ciudadano estadounidense (ver carta del 20 de octubre de 1960), "se preciaba de pronunciar exquisitamente el inglés" y una de las palabras que pronunciaba "excesivamente bien" fue precisamente "Brillo", marca comercial de estropajos de cocina hechos en Estados Unidos. El mismo Piñera comenta en una carta a Humberto con fecha del 30 de enero de 1958 que Niso "habla un poco americano … pero dice bien" (*Virgilio Piñera de vuelta y vuelta* 184).

cargo de la situación: en esa carta vendrá alguna nota irónica sobre Brillo; me demudo (ya sabes que no sé disimular); la abro temblando; hago que leo, ya he visto que has puesto Brillo. Por fin me decido; afectando serenidad le leo todo su parrafito pero sin el brillo. Entonces con ese desparpajo forzado de las comedias de Stan Laurel,[219] pongo la carta sobre la mesita redonda de la galería, y encima le pongo una cja [*sic*] de fósforos. A todas estas tenía un pollo en el horno ya tenía sus buenos cuarenta minutos. Brillo me dice: ¡Qué rico olor! Es un pollo al horno, le contesto. Pasan unos minutos. Brillo mira lejanamente hacia la cocina: Virgilio, dale una vuelta al pollo. Yo, me ilumino: Ven, le digo, míralo tú; nunca sé cuando está el pollo. Brillo se queda sentado. Pero Virgilio, si tú haces el pollo al horno mejor que yo... Por fin conseguí que viéramos el pollo. Volvimos. Esa guerra de nervios duró casi una hora. Por fin se fue a casa de Marta. Se piensa quedar para atender el negocio.

Mi libro está al salir pero yo calculo que será para los primeros días de diciembre. Por fin apareció en *Cuadernos* mí artículo sobre Gombrowicz.[220] Me enviaron un cheque por veinte dólares con cuarenta centavos. También Losada me envió un estado de cuenta de junio a la fecha o de enero a junio, no entiendo bien estas cosas.[221] Les contesté que me retuvieran las cantidades allá. De todos modos serán unos diez o doce dólares. A Graziella le escribí una carta muy corta hará cosa de un mes; se habrá extraviado. No me tienta ese viaje en un barco sólo lo haría en pleno verano. Me parece que es hora que regreses a Cuba; de la casa nada sé de fijo, aunque me consta que nos pertenece. Pero Rodríguez no da señales de vida. Por fin el magazine sale de nuevo el lunes 28. Estuvimos parados tres semanas. Marré[222] hizo una repentina reaparición. Estaba en el Escambray con las milicias. Ahora vivirá en la Habana. Arrufat como siempre; ahora

---

[219] Stanley Laurel, nacido Arthur Stanley Jefferson (1890-1965), actor cómico inglés, famoso por formar parte de la pareja Laurel y Hardy, mejor conocidos en español como El gordo y el flaco.

[220] "Gombrowicz en Argentina" (1960).

[221] Se refiere aquí a los pagos por la edición de *Cuentos fríos* (1956).

[222] Luis Marré (1929-2013), poeta, novelista, ensayista y periodista cubano. Miembro fundador de la Unión de Escritores y colaborador en *Orígenes*, *Ciclón* y *Lunes* entre otras revistas de su época.

está más amigo. Natalio estrena la ópera en Matanzas el día 29 de este mes, después en la Habana. ¿es ciero [sic] que Lam[223] vuelve a Cuba? De A.[224] nada he sabido. En estos días he estado matungo. Pienso ir con Díaz T. para hacerme un chequeo. Pepe sigue en la Imprenta. Te compadezco por el frío. Estas son las horas que no hemos tenido un día de frío. ¿Cuándo mandarás algo para *Lunes*? Nivaria[225] me escribió desde París para decirme que había propuesto de nuevo *Electra* para el Teatro de Naciones. Pero no me hago ilusiones pues falta el crédito del gobierno cubano y son muchos dólares. Bueno escribe pronto. Recuerdos para Julia y Jorge. Te abraza,

Virgilio

Diciembre 3/60

Mi querido Humberto, recibí tu carta del 23 (la date, je crois, du fameux congé) [la fecha, creo, de la famosa convalecencia] y la otra del 27. Ya había hablado con tu madre y ésta me explicó todo. Menos mal que el médico estima que la operación no es tan inminente. A tu edad todavía se puede evitar la intervención del riñón. El problema es saber si, en caso de tener que operarlo, puedas resistir la operación. No eres un viejo pero tampoco un niño. Hay que pesar pro y contra. Porque a la verdad, arriesgar operarte y después quedar peor o quedar en la mesa de operación es algo terrible. A propósito de salud, yo tampoco estoy muy bien; no creas, a pesar de mi apariencia de saludable, ya son 48 años y siempre tengo a retortero mi vesícula. Pero tengo más miedo que tú de una operación. Ojalá no tenga que caer por segunda vez en un hospital. Yo le doy tiempo al tiempo y confío en que con medicinas y régimen de vida tranquila iré escapando.

---

[223] Wilfredo Lam (1902-1982), pintor e ilustrador vanguardista cubano de renombre internacional.
[224] Debe de referirse a Antón Arrufat.
[225] Nivaria Tejera Montejo (1929-2016), poeta y novelista cubana.

Mi libro está al salir. Para el 15 de este mes más o menos. Te lo enviaré por aéreo. Ya Pablo Armando volvió de Moscú. Está encantado –esa es la palabra. Dice maravillas de esa gran ciudad, y habla de su comfort y demás. Guillermito llega el lunes vía París. Arcocha[226] se queda a vivir en Moscú. ¡Cuándo me invitarán a uno de esos viajes!

Hoy juego con Pepe, Zaida y Wicha, en casa de Pepe. A Guillermo A.[227] nunca lo veo. Te mandaré los últimos *Lunes* por correo ordinario. Estoy leyendo *Les Negres*, de Jean Genet.[228] Mañana voy al Ballet Mejicano. Dicen que es muy bueno. Me compré unos espejuelos para leer. Además ¿te dije que los de ver de lejos se me rompieron? Total: 40 pesos en lentes. Sigo ahorrando y diciembre nos verá con mil. No está mal. De Rodríguez ni el polvo. Lo llamo y dicen que no está. Me debe devolver el importe de los alquileres de octubre a junio del 61. No me preocupa pues aunque no quiera tendrá que haverlo [*sic*]. Yo tengo mi contrato. Brillo se fue de nuevo. Es muy pesado y no pienso escribirle. Tú haz lo mismo. Estoy leyendo una biografía magnífica del Gran Condé.[229] Cantidad de chismes. 500 páginas. Además, releo *Les Dandys sous Louis Philipe*.[230] Vi un film japonpes [*sic*] magnífico: *La Fortaleza Escondida*.[231] Al fin pude ver *Las Noches de Cabiria*.[232] El martes dan *Hiroshima mon amour*. ¡Qué lastima el Walser! Dale a Julia y a Jorge mis saludos por Pascuas. De Argentina ni palabra. Bianco llegará a principios de enero. Voy a escribirle a Graziella, Wally y Carlitos por

---

[226] Juan José Arcocha (1927-2010), escritor y periodista cubano. Arcocha fue corresponsal para *Revolución* en Moscú y se desempeñó de agregado cultural en París. Actuó como intérprete de Jean Paul Sartre y Simone de Beauvoir durante el primer viaje de estos a La Habana en marzo de 1960.
[227] Guillermo Alamilla Gutiérrez (1900-1991), abogado prominente y miembro influente de la oligarquía en Cuba, vecino de José Rodríguez Feo. Durante su estancia en la Habana entre 1959-1960 Humberto trabajó como su secretario personal.
[228] *Les Negres*, obra dramática publicada en 1955.
[229] Se refiere aquí a Louis de Bourbon, Príncipe de Condé (1621-1686), general francés y el más famoso representante de la rama Condé de la Casa Bourbon. Por su destreza militar se la conocía como el Grand Condé. Virgilio debiera de estar leyendo *Le Grand Condé, l'homme et son œuvre*, por Georges Mongrédien [París; Hachette, 1959].
[230] Jacques Boulanger. *Sous Louis-Philippe: Les dandys* 1907.
[231] *Kakushi toride no san akunin* (1958), literalmente "los tres villanos de la fortaleza escondida", película del director japonés Akiro Kurosawa (1910-1998).
[232] *Le notti di Cabiria* (1957), película por el director y guionista italiano Federico Fellini (1920-1993) sobre una prostituta –protagonizada por la esposa de Fellini, Guilietta Masina (1921-1994)– que busca el amor en un vecindario de Roma.

la Navidad. Bueno, cuídate, no hagas disparates y evita, en lo posible, que te abran la barriga. Un abrazo,

Virgilio

Me compré camisa de corduroy color arena.

Pas d'autres emplettes [ninguna otra compra]

El reloj de mesa ha salido una porquería. Se para cada dos minutos y, como ves, es bien chato.

Por cierto, ¿te dije en mi otra? Apareció a los dos años justos mi artículo sobre Gombrowicz en Cuad[ernos]. . . . me pagaron veinte pesos con cuarenta centavos. V.

Habana, diciembre 14/60

Mi querido Humberto: acabo de recibir tu carta del 8. No me explico cómo no has recibido mi carta de hace por lo menos diez días, en la que comentaba todo: estuve en tu casa y hablé largo y tendido con tu madre. ¿Se habrá perdido la carta? La envié a 32, Rue de Bordeaux, etc. Después recibí el Walser, que estoy terminando de leer. Me parece magnífico. Ayer recibí carta de Brillo y me incluía tu respuesta. Te decía en esa carta que al fin *Cuadernos* publicó mi artículo sobre Gombrowicz. No había leído la revista hasta ayer, pues la tenía Juan Enrique mi hermano. Y precisamente ayer recibo carta de Gombrowicz. Insultado con el artículo, que no le hice propaganda, etc. En cierto [*sic*] tiene razón, pero él ignora que *Cuadernos* suprimió páginas enteras de mi artículo. Por ejemplo, toda la entrevista –que yo reproducía– de Radio El Mundo[233] ¿te acuerdas? y frases donde yo

---

[233] En abril de 1947, Piñera y Gombrowicz leyeron el texto de una "entrevista" –escrito por el mismo Gobrowicz para promocionar la edición argentina de *Ferdydurke*– en el Radio del Mundo de Buenos Aires.

hablaba "mal" de París y de Londres. De todos modos le envíe una carta muy fuerte; estoy cansado de las bravas de Gombrowicz. Tú sabes que él siempre ha pretendido que uno escriba la propaganda sobre él a base de poner lo que el dicte. En fin, que me importa muy poco. Me pagaron viente [sic] pesos con cuarenta centavos. Sobre el veinte cinco [sic] te mandaré por aéreo mi libro. Estoy expectante con el regalito. No puedo imaginar qué sea. ¿Un libro? Por acá tenemos a [Pablo] Neruda,[234] un gran amigo de la Revolución. Ha dado varios recitales y estuvo en *Lunes* para una conversación, que fue altamente interesante. Le escribí a Bianco, a Graziella. Quiero escribrle [sic] a la pobre Rosa. Dime tú, 45 kilos, pero será un espectro. Es muy probable que la madre la sobreviva, y hasta Lilita[235] ... ¡Qué me contás! Dale a Julia y Jorge mis saludos por Pascuas. Por fin, ¿cuándo vienes? Pepe lesine chaque jour de plus. On va jouer canasta. Pas de boissons, de viandes, meme du café. C'est a voir [Pepe escatima cada día más. Jugamos canasta. No hay bebidas, no hay viandas, ni siquiera café.] Ahora en la Rampa están dando un ciclo de films rusos, muchos de ellos excelentes. Vi una película rusa [sic] muy buena: *As you like it*.[236] No espero que pongan aquí *Private Property*.[237] Cabrera Infante la vio en París y me dice que es muy buena. Supongo asistirás a la boda de Balduino.[238] Hoy leí en el diario la relación de las realezas, altezas y demás. Por cierto, no estaba el Conde de París. Ahora tenemos unos días fríos. Pero sólo ha bajado

---

[234] Neruda (1904-1973) llegó a Cuba el 5 de diciembre y durante su visita se reunió con autores tanto como políticos cubanos, y entre otras actividades culturales presentó un nuevo libro de poemas, *Canción de gesta*, un homenaje a los pueblos del Caribe y su lucha contra el imperialismo norteamericano. Piñera publicó una reseña muy favorable del libro de Neruda, "Una arma directa y dirigida: Pablo Neruda, *Canción de Gesta*", en *Revolución* poco después de la visita del gran poeta chileno (1961).

[235] Lilita, pensionista de la casa de Rosa, donde vivían Humberto y Virgilio en Buenos Aires.

[236] *As You Like It* (1936), filme del director húngaro Paul Czinner (1890-1972). Está basado en la obra de Shakespeare del mismo nombre, y fue la primera adopción fílmica de una obra del bardo inglés en la que actuó el famoso actor, director y productor inglés, Laurence Olivier (1907-1989).

[237] *Private Property* (1960), película de suspenso dirigida por el cineasta norteamericano, Leslie Clark Stephens (1924-1998). Debido a su atrevido erotismo, la película fue promocionada tanto en Estados Unidos como en Europa como "La película que va a chocar a América". Debe de ser por esto que Piñera dudó que se diera en Cuba.

[238] Albert Karel Leopold Axel Marie Gustaaf van België (1930-1993), mejor conocido como Baudoin I, Rey de Bélgica. Se casó el 15 de diciembre de 1960 en Bruselas con la española Doña Fabiola de Mora y Aragón (1928-2014).

hasta 15 grados. Es algo, y uno puede respirar. Te compadezco con esos grados bajo ceros [sic] eternos. ¿Viste las nevadas en Nueva York?[239] Yo estoy ahora mejor de salud, pero no creas mi hígado me da lucha, y la vesícula, pero no arriesgaré una operación hasta el último momento. ¿Cómo sigues tú? Cuídate. Es muy posible que Álvaro de un viaje a España, no sería nada raro que te visitara. Bueno, ojalá tengas unas Navidades placentras [sic]. Te abraza,

Virgilio

¿Puedes conseguirme la novela de Max Frisch: Je ne suis pas Stiller?[240]

La Habana, diciembre 29/60

Mi querido Humberto: ayer recibí tu carta del 21. Mi carta es tan sencilla que hasta un niño de teta la entendería, pero qué le vamos a hacer si complicas las cosas. Recibí el regalito: fue todo una sorpresa. Ahora tendré cuchillitas hasta fines de marzo. Las medias son muy buenas. Le dije a tu madre si era posible enviarte algo pero me dijo que resultaba muy difícil enconterar [sic] a alguien que viajara a Bruselas. Pues el 24 cené en casa de Pepe. Después jugamos canasta con Wicha y Zaida. El 31 lo pasaré aquí en Guanabo con Zaida, W. y Pepe jugando. El libro se ha demorado pues incluiremos fotos de las obras. Calculo que te lo podré enviar para el 20 de enero. ¿Sabes que me pusieron a horario en la Imprenta Nacional? De ocho a 12 y de 2 a 5. Fui el primer día, pero como no hay nada que hacer y no hay tampoco ni despacho ni máquina de escribir, Labrador Ruíz[241] me dijo que me fuera. Creo

---

[239] Durante una tormenta de nieve histórica los días 11-12 de diciembre de 1960 cayeron casi 20 pulgadas de nieve en la ciudad de Nueva York.
[240] Max Frisch (1911-1991), novelista y dramaturgo suizo de habla alemana. En su segunda novela, *Je ne suis pas Stiller* [No soy Stiller] (1954), el narrador cuenta desde la cárcel la historia de su identidad confundida.
[241] Enrique Labrador Ruiz (1902-1991), novelista y cuentista cubano. Al triunfo de la Revolución pasó a ser redactor de la Imprenta Nacional.

que lo evitaré el dichoso horario. Ninguna otra novedad. Ahora voy a reunirme con los actores de *Falsa Alarma* para sacar las fotos pues en aquella ocasión no se hicieron. Graziella no me ha escrito, Bianco tampoco. Sé que Bianco viene pues ayer mandó un cable preguntando por sus pasajes. Es posible que Sábato no venga. Ha estado lloviendo una semana completa y con "grandes" fríos. Te supongo enterado de la bomba en Flogar.[242] 14 heridos. A la pobre Luisa le cogió sentada almorzando. Tuvo una crisis nerviosa. Arrufat me regaló un pull over negro muy bonito. Estas son las noticias. Bueno, me voy a lo de las fotos. Recuerdos a Julia y Jorge por el Año Nuevo. Por cierto, tu madre está cada día más joven. El día que fui a recoger el regalo, estaba vestida para ir al dentista. Un caso como el de la madre de Borges.[243] Mañana tenemos comida con Neruda. ¡Quel corvée! [¡Qué lata!]. De películas he visto una checa –*Hoyo de Lobos*[244]– magnífica. Vienen muy pocas películas norteam. Bueno, que el año 61 te traiga felicidad. Te abrza [*sic*],

Virgilio

Enero 5/61

Mi querido Humberto, recibí tu carta del 29, que al parecer se cruzó con la mía de fin de año. A última hora no esperamos el nuevo como te decía, es decir jugando con Pepe, Wicha y Zaida pues Pepe se rajó. Entonces me decidí por dar una fiesta mónstruo [*sic*], a la que asistieron: Zaida, Wicha, una italiana amiga de ellas (Dina), [Enrique] Collado, María Elena [Molinet], los Porro, [Juan] Arcocha, un periodista

---

[242] Flogar, una tienda habanera en cuya cafetería explotó una bomba el 24 de diciembre de 1960. La explosión fue un acto de sabotaje y resultó en 15 heridos.
[243] Se refiere aquí a Leonor Acevedo Suárez (1876-1975), la madre de Jorge Luis Borges, que tenía fama de verse elegante, joven y atractiva hasta en la avanzada edad. Piñera la conoció durante su primera estancia en Buenos Aires.
[244] *Hoyo de Lobos* [Vlcí jáma, 1957], película del director checo Jirí Weis (1913-2004) que, según los carteles que se produjeron para su distribución latinoamericana, trata de "un triángulo amoroso que se resuelve de un modo sorprendente".

ruso, Mario Parajón, la hija de Carlos Rafael [Rodríguez], [Antón] Arrufat, Mike, [Luis] Marré, Miriam Acevedo, [Oscar] Hurtado, Humberto Arenal, Marta Valdivia, Fermín Borges, Rafael, Pepe Triana y sus hermanas Gladys y Lida, Adolfo de Luis, Julio Matilla, Lisandro Otero y Marcia Leiseca, Calvert Casey, Natalio [Galán], Frank Rivera, Pablo Armando Fernández y la mujer, etc.[245] Terminó a las siete de la mañana y tuvimos un show. ¿Cómo lo pasaste tú?

No he puesto el candado por pura pereza. Sin embargo me encierro bien. Además dejo en la galería dos bombillos de quince bujías. Guanabo está más desierto que nunca. Te supongo enterado del incendio de La Época.[246] Fué la noche del 31. Cinco millones de pérdida y el edificio totalmente destruido. También estarás enterado del rompimiento de relaciones [con los EE.UU.].[247] Mejor. Por cierto, mi hermano Humberto se fue para New York con la familia. No sé detalles pues nunca lo veía. Se murió Paquito Prada.[248] Ladrones entraron a robarle, lo golpearon y a los dos días, por el shock nervioso, le falló el corazón. Así termina todo un capítulo de l'histoire galante de Camagüey. Ya te hablaba en mi última carta de los regalitos. Sobre todo, las navajitas, que alargan mi vida afeitable hasta el mes de marzo. Graziella me escribió por el año, dice que Wally [Zenner] está bien embromada y que Rosa ha mejorado. Por lo demás, Esmeralda

---

[245] Los Porro, el arquitecto Ricardo Porro (1925-2014), y su familia; Mario Parajón (1929-2006), intelectual cubano y el más joven de los integrantes del grupo *Orígenes*; Carlos Rafael Rodríguez (1913-1997), intelectual y político cubano; Miriam Acevedo (1928-2013), célebre actriz cubana que ha interpretado varios papeles en la radio, el teatro y la televisión cubana e internacional. Protagonizó obras de Piñera (*Aire frío*), José Triana (*La noche de los asesinos*), Jean Paul Sartre, Jean Gennet (*Las Cridas*), Bertold Brecht, entre otros; Oscar Hurtado (1919-1977), escritor y periodista cubano; Marcia Leiseca, intelectual cubana y, en esa época, secretaria de dirección de la Casa de las Américas; Calvert Casey (1924-1969), escritor, periodista y crítico cubano, nacido en Estados Unidos. Fue colaborador en *Ciclón*, *Lunes de Revolución* y otras revistas cubanas; Frank Rivera (1938-), joven poeta cubano y colaborador en *Lunes*.

[246] La noche del 31 de diciembre de 1960, esta tienda fue destruida por incendio provocado.

[247] Estados Unidos rompió oficialmente sus relaciones diplomáticas con Cuba el 3 de enero de 1961, e hizo arreglos con Suiza para que su embajada en la Habana asumiera la representación diplomática y consular de Estados Unidos en Cuba.

[248] Paquito Prada, famoso travesti, coleccionista de antigüedades y dueño de una casa de citas en la calle Medio en Camagüey. En los primeros días de 1961 ladrones le asaltaron la casa y Prada, ya un anciano, murió pocos días después de un ataque al corazón.

860[249] sigue su ritmo inmutable. También me escribió Pepe Bianco: desesperado por venir. Hasta mandó un cable diciendo le situaran pasajes. Si las cosas no se complican lo tendremos para el 15 de este mes. No creo finalmente que Sábato venga. J'ai l'impression qu'il se dérobe. [Tengo la impresión de que se esconde]. Leí *La Force de l'Age* de la Beauvoir.[250] Interesante. 800 páginas. Toda la historia de la II guerra mundial. Nosotros continuamos con fríos agradables y Guanabo está delicioso. El padre de Brillo está muy grave, se fracturó la cadera. Mi libro no saldrá hasta el 20. ¿Te dije que llevará 16 fotos de distintas escenas? Por ahora no puedo enviarte nada para esa revista pues estoy enloquecido con artículos, conferencias, etc. El desfile del dos fue algo fenomenal. Hay un despliegue enorme y se cavan trincheras. No creo que los americanos se atrevan a una intervención armada o de cualquier tipo. Bueno, termino mis noticias. Recuerdos para Julia y Jorge. Recibe un abrazo,

Virgilio

enero 18/61

Mi querido Humberto,

ayer recibí tu carta del 13. En primer lugar, ¿quién es A.?[251] Por más que me rompo la cabeza … Sí, mi libro es el parto de los montes. Ahora no estará para enero sino febrero. Se ha complicado con las fotos. Bueno, algún día saldrá por fin. Sábato me escribió ayer en respuesta a una mía donde, por ruego de la Casa de las Am. le decía que no dejara de venir. Vendrá. También Pepe me volvió a escribir para que le diga qué indumentaria deberá traer. El Concurso se ha aplazado hasta el

---

[249] Esmeralda 860, dirección de la casa de playa de Guanabo.
[250] *La Force de l'Age* [La plenitud de la vida] (1960), el segundo volumen de la autobiografía de Simone de Beauvoir, que cubre la época entre 1929-1944.
[251] En la carta con fecha del 22 de noviembre de 1960, Virgilio comenta que "de A. nada he sabido". Debe de referirse a Antón Arrufat.

15 de febrero. Se acaba de formar el Consejo Superior de Cultura: Vicentina [Antuña], [Alejo] Carpentier, Edith García Buchaca, [Nicolás] Guillén, Alfredo Guevara, María T. Freire, Carlos Franqui y Cabrera Infante.[252] Cómo te imaginas que voy a poner rejas en mi cuarto. Eso supondría buscar un herrero, etc. y mi ánimo no está para eso. La fiesta, a pesar de las poninas, me costó cuarenta pesos. Y tu, ¿cuándo es que vienes por fin? Pues por lo que me cuentas tu viaje a Cuba es harto problemático. Me gusta la idea del viaje para abril o mayo, pero yo pensaba que para esa fecha ya estarías en Habana. Si no vienes, empezaré mis preparativos. Puedo hacer Habana-Praga estar unos días en esa ciudad y subir a Bélgica, después visitaría París. Después de estar *Electra* recomendada desde París resulta que el T. N. decide llevar al Teatro de N. los espectáculos de Ramiro Guerra.[253] Qué me contás. Mándame más navajitas y algún libro interesante. Pensaba que estuvieras aquí para la llegada de Pepe. Mi hermano Humberto está en N.Y. con Estela y la niña. Aparte de un ballet yugoeslavo discretón no hemos tenido nada artístico de importancia. Dicen que Celeste[254] viene con el niño el mes que viene. Te dije que Osvaldito obtuvo la plaza de jefe de escenografía en el [Teatro] Nacional? 300. Y María Elena Molinet (que ahora está muy amiga) la plaza de figurinista. Leo una biografía magnífica sobre María de Gonzaga (la reina de Polonia, ¿te acuerdas?) y una vida de Elizabeth, la hermana de Luis XVI.[255] Si puedes, también mándame más historias, son muy amenas.

---

[252] Edith García Buchaca (1916-2015), la primera presidenta del Consejo Nacional de Cultura, fue autora de muchas de las primeras iniciativas culturales del estado revolucionario; Nicolás Guillén (1902-1989) fue elegido presidente de la Unión de Escritores y Artistas de Cuba (UNEAC) durante el Primer Congreso Nacional de Artistas y Escritores, celebrado en La Habana en agosto de 1961. Desempeñó el cargo hasta 1985; Alfredo Guevara (1925-2013), creador y presidente fundador del Instituto Cubano del Arte e Industria Cinematográficos (ICAIC) en 1959; María Teresa Freyre (1896-1975), bibliógrafa y bibliotecaria de la Biblioteca Nacional José Martí, de la cual fue la primera directora después del triunfo de la Revolución.

[253] Ramiro Guerra (1922-), bailarín y coreógrafo cubano. Se conoce come el fundador de la danza moderna en Cuba. Al triunfo de la Revolución fundó el Departamento de Danza Moderna del Teatro Nacional y creó el Conjunto Nacional de Danza Moderna con el cual participó en el Festival del Teatro de Naciones en París que Piñera menciona aquí.

[254] Se trata de Celeste Alomá, la esposa de Mariano Rodríguez.

[255] María Luisa de Gonzaga-Nevers (1611-1667), una noble francesa, reina de Polonia cuando se casó con Vladislao IV Vasa (1595-1648). Élisabeth Philippine Marie Hélène de France (1764-1794), hermana menor del rey Luis XVI (1754-1793). No he podido averiguar los títulos de los libros referidos.

A Guillermo lo vi hará cosa de un mes, pero él no me vió. Bueno, termino mis noticias y voy a coger la de las diez menos cuarto. Voy a ver a papa. Te abraza,

Terminando esta, me trae el cartero 3 historias carnitas V.

febrero 3/61

Mi querido Humberto: recibí tu carta del 23 de enero. Me parece que debo hacer el viaje para mayo, ¿no crees que tendría demasiado frío todavía en abril? ¡Lástima que no puedas venir tú! Aunque me gustaría volver a Europa, no creas que estoy en ánimo de viajar. Pepe llega el día ocho. Imagina qué chaca-chaca… Tengo que comprar una vajilla y cubiertos. ¿Te dije que compré un juego de canasta? La noticia del día es el ataque que Roa me hizo por televisión a propósito de un artículo mío sobre Martínez Villena.[256] Procura tener ese número-homenaje a M.V. Te incluyo el recorte. También te incluyo un artículo mío sobre mis 25 años de vida literaria.[257] Así pasan ellos. Bueno, *Electra* irá por cuarta vez en el teatro de la Casa de las Américas para los jurados del Concurso. Acaso esto decida que la lleven a París, pero no tengo grandes esperanzas. La canasta de canasta son dos mil tantos y dos mil la de monos. El otro día le cogí un paquete a Zaida faltando una sola carta en el pozo. Me había tirado un as pero yo tenía uno solo, robo mi última vuelta, me toca un as, ella me repite el as y le cojo el paquetón. Hicimos, con Arrufat, canasta de monos, de canasta limpia de ases, y el bouquet. 138 puntos. ¿Qué te parece? Las fotos aun las conservo pero pienso venderlas, ya me "aburren". Wally me escribió una larga carta, muy literaria. También Gombroeicz [*sic*] me contestó con carta

---

[256] Raúl Roa García (1907-1982), escritor, profesor y diplomático cubano. Rubén Martínez Villena (1899-1934), poeta y revolucionario cubano. En una entrevista televisada en enero de 1961 Raúl Roa había discrepado de una valoración que hizo Virgilio del poeta cubano en su ensayo "Martínez Villena y la poesía" [*Lunes de Revolución* 23 enero 1961: 30-31]. En dicho texto Piñera cuestionó el valor de un ensayo biográfico sobre Martínez Villena, "Una semilla en el surco del fuego", que Roa había publicado recientemente.

[257] "Mis 25 años de vida literaria". *Revolución* 3 Feb. 1961: 3.

burlona, pero le picó mucho lo del circo ferdidurkiano[258] que le decía en la mía. Sábato viene por fin. ¿Has visto el Kennedy[259] cómo nos trata? Qué se habrá creído. Pero se cogerá el c. con la puerta. Bueno, me voy a la Imprenta Nacional tengo que entregar la revisión del libro de Gorki *Años de Infancia*,[260] que por cierto, es una verdadera maravilla. Procura leerlo. Dale mis cariños a Julia y a Jorge. Hablé con tu madre hace una semana, está bien. Por cierto me dijeron en el periódico que tú venías para Cuba. Ojalá el frío no te moleste demasiado este año. Hasta pronto,

Virgilio

Febrero 21 de 1961

Mi querido Humberto, imagino tu enojo ante mi silencio. Tienes razón. Pero estoy enloquecido. Pepe [Bianco] llegó inesperadamente el 9 (su viaje era para el 15). Imagínate. Hemos viajado a Santiago de Cuba, allí estuvimos tres días y Pepe se enfermó, regresamos a Habana. Después a Pinar del Río. Además, canasta, comidas en Guanabo, etc. Une a eso una traducción que hago de una novela vietnamesa[261] (paquete), el periódico y La Casa de las Américas, la edición de mi libro (ya una pesadilla) que por fin estará a la venta el día primero, la reposición de *Electra* en el teatro de la C. de las A. como parte de los festejos a los jurados del concurso. Lo de R.[262] ha quedado

---

[258] Se refiere aquí a la notoria obsesión de Gombrovicz de promocionar su novela *Ferdydurke* (1937) y su traducción al español en Buenos Aires en los años cuarenta.

[259] Aquí Virgilio se refiere al presidente John F. Kennedy (1917-1963) y la creciente tensión entre Cuba y Estados Unidos en los meses antes de la invasión de Playa Girón.

[260] Alexei Maximovich Peshkov (1868-1936) conocido mayormente como Maxim Gorki, autor ruso y fundador del realismo social. Para su traducción al español de la primera parte de la autobiografía de Gorki, Piñera partió de la edición francesa.

[261] Nguyen Công Hoan (1903-1977). *Las pantuflas del venerable jefe del distrito* 1962.

[262] Se refiere aquí a Raúl Roa y la controversia entre los dos sobre Rubén Martínez Villena. La observación en francés sobre el asunto sugiere que Virgilio se dio cuenta de la naturaleza cada vez más precaria de su propia situación, y que sospechó que sus cartas estaban siendo revisadas por las autoridades.

aparentemente finiquitado, todos me han dado la razón, pero quand meme ça a été une chaude alerte ... [aún así ha sido una alerta fuerte]. Graziella, la pobre me envió un cinturón muy bonito. Pepe [Rodríguez Feo] está en el jurado de novela con Pepe Bianco. Por supuesto, mal educado como siempre. El sábado nos dejó colgados con almuerzo y canasta; menos mal que pude recurrir a Arrufat, a quien Pepe y Zaida sacaron de la cama a las diez. Qué me contás ... He mandado a hacerme dos trajes de verano, pues no tengo qué ponerme. Ropa hecha es imposible pues los sacos y pantalones son, como sabes, muy largos. He llamado dos veces a tu madre, con tan mala suerte que no se encontraba. Volveré a llamar, Pepe me trajo una biografía de Catalina de Médicis de Jean Heritier,[263] muy buena. ¿Cuándo recibiré *Je ne suis pas Stiller*? Pienso hacer algunos arreglos en la casa, sobre todo en el cuarto de arriba, donde pondré aire acondicionado y un tocadiscos. También tengo que mejorar la instalación eléctrica y las cañerías del agua. Mi viaje lo haría en mayo. Antes quiero terminar mi novela empezada en Buenos Aires.[264] A Pepe le ha gustado muchísimo. Le di a leer cinco capítulos. Es la novela donde se habla de la canasta. Publiqué el primer capítulo en la revista de la C. de las A. En este número que sale hoy aparecen cinco poemas míos.[265] Te la enviaré. ¿Cuando mandas algo para *Lunes*? Te imagino más activo y optimista con el approche [llegada inminente] del verano. Papá está bien delicado de salud. Hoy lo llevaré a Castillo. Luisa como siempre picándome incisamente [*sic*]. Pepe te manda muchos abrazos y también para Julia. Ya le contesté a Wally. Borges editó una antología titulada *Del Cielo y del Infierno*[266] e incluyó mi relato El infierno. Estas son las noticias. Escribe pronto, aunque no tengo derecho. Saludos a Jorge. Te abraza,

Virgilio

---

[263] Jean Héritier (1892-1969), periodista y escritor francés. El libro en cuestión es *Catherine de Médicis* 1959.
[264] *Presiones y diamantes*.
[265] "El delirante", "Un hombre es así", "Yo estallo", "Un bomboleo frenético". *Casa de las Américas* 1/4 (febrero 1961).
[266] Jorge Luis Borges y Adolfo Bioy Casares, eds. *Libro del cielo y del infierno* 1960. El cuento de Piñera, "El infierno", fue publicado por primera vez en *Sur* (1956) un par de meses antes de la publicación de *Cuenos fríos*.

Habana, marzo 6/61

Mi querido Humberto, hace varios días tuve de nuevo carta tuya. Creo se habrá cruzado con una mía, breve, donde te decía que Pepe había llegado. Estoy en el afoque más completo: *rentrée* [vuelta] de *Electra* y Pepe, y los actos de la C. de las A. con motivo del Concurso. Pepe está entusiasmado con mi novela *La Conspiración*[267] y se la lleva para publicarla en Sur. Te diré que estuvo muy malo en Buenos Aires, de la nariz, que se le perforó por varios lados. Esto lo obligó a hacerse un injerto, con piel de la oreja izquierda, y aunque el cirujano trató de hacer lo mejor posible, se nota claramente el injerto y cuesta acostumbrarse a mirarle el apéndice nasal. Por lo demás tan Pepe Bianco como siempre, con esos olvidos *"voulus"* [intencionales] que me ponen banderillas y que a ti te ponían más banderillas. El otro día lo llevo por San Rafael a propos d'une fille qu'il voulait fréquenter [a propósito de una muchacha con quién quería salir]. Se la presento, tomamos juntos, etc. Pues al día siguiente, no sé por qué, le recuerdo todo eso. ¿Qué, che, me dice. De qué me estás hablando? Vos me presentaste a alguien. Para no "abofetarlo" me puse a hablar de otra cosa. ¿Sabes que Victoria le exigió una declaración de que el no venía a Cuba por Sur?[268] Naturalmente, se negó de plano. Ne ébruite pas ce que je vient de te raconter [No propagues lo que te acabo de contar]. ¡Por fin salió mi Teatro! Te lo he enviado por correo aéreo. Hay dos erratas en la solapa: pusieron lapsus por lapso y William por Williams, pero je m'en fou pas mal de tout cela [todo eso me da igual]. He decidido hacer mi viaje para mayo, pues pediré un mes y medio de permiso. Pero, querido, el avión no hace escala en Bruselas. El pasaje cuesta en clase turista 700 pero tengo el 50 por ciento de rebaja por el periódico. Procuraré que me den los 150 pesos a que tengo derecho. Si así, entonces iremos a París y haremos el tour de los castillos del Loira. Recibí, te dije?, *Je ne suis pas Stiller*, y también tres Historias. En el acto

---

[267] Se trata de una versión temprana de *Presiones y diamantes*. Como se sabe, no logró Virgilio publicarla en Buenos Aires.
[268] Según Hugo Beccacece "Victoria Ocampo se sentía preocupada por la actitud de su jefe de redacción, que parecía haber girado hacia la izquierda mucho más allá de lo que a ella le hubiera gustado. No le parecía mal que él tomara ese rumbo, siempre que eso no llevara a pensar que *Sur* también lo había hecho" ("La didgnidad").

por el aniversario de La Coubre se produjo un tiroteo. Pepe estaba con los jurados. En el corre corre que se armó Pepe perdió un mocasín, felizmente recobrado diez minutos más tarde. Se hizo varios moretones y el consiguiente susto. Electra irá a la escena del Teatro Nacional por tres semanas. Te acuerdas de la chica que trabaja en Linares, la de los ojos verdes? Pues nos llevamos muy bien, es adorable. Y además, de mi parte, es todo un éxito. A pesar de mis 49, que cumpliré, Dios mediante, el cuatro de agosto. Pepe estará acá unos días más. Jugamos mucho con Arrufat y Pepe y Wicha. Te dije que Marta Valdivia se fué para Miami? Ya Brillo no me escribe. Celeste llega en estos días, con el niño. Supongo que con el verano estarás más alegrito. Bueno, cuídate, saludos a Julia y a Jorge. Te abraza,

Virgilio

Marzo 8 Acabo de recibir una tuya donde dices que recibiste la mía del 1º.[269] *Anoche fue la 5ª rentrée* [reestreno] *de* Electra. *Más de 700 personas. Fue una noche memorable. Virgilio*

Habana marzo 18/61

Mi querido Humberto, me hizo mucha gracia eso de numerar las cartas. Trato siempre de referirme a todo cuanto me dices en las tuyas, pero ya sabes como son las cosas, o me olvido de tener la carta a la vista o se traspapela, y para no perder tiempo prescindo. No se cómo puedes decir que estás esperando noticias del viaje de Pepe. Te escribí dándote detalles y de mis afoques. Te contaba lo del injerto de piel de una de las orejas en la nariz, etc. Ahora, como ya terminó el Concurso y él quiere pasar una semana más acá se va a mudar para Guanabo, aquí en la casona. Imagínate. Está imponente y más Pepe

---

[269] O se trata de un error de fecha, o se ha perdido una carta con fecha del 1 de marzo.

Bianco que nunca. Todas las noches, a eso de las siete voy al Nacional[270] a reunirme con él. Llego sobre las siete. Ya sabes que me gusta comer temprano. Pues sobre las y media Pepe pide un wiski o un mojito, lo cual significa una especie de monólogo que se alarga hasta las ocho y media, y sólo a duras penas consigo llevarlo al comedor. En esa carta te contaba lo del mocasín perdido, y después recuperado, el día de la concentración en los muelles con motivo del aniversario del La Coubre. Pepe Rodríguez Feo, que ha tenido sus agarradas con Pepe Bianco, por fin lo invitó a unos spaghetti. No salí de mi asombro cuando vi una mesa puesta más o menos como Dios manda, mantel, platos buenos y copas para vino. Después jugamos con Arrufat como cuarta pata. El premio de novela (jurados los dos Pepe) se lo llevó nada menos que Dora Alonso, con la novela *Tierra Inerme*.[271] Ha sido un verdadero escándalo; sabes que es escritora radial. Por lo poco que he leído, o mejor dicho que Pepe me leyó, es una novela como tantas pero bien escrita y sin mayores delirancias. Fué el único premio cubano. Teatro lo ganó un guatemalteco ex embajador en Buenso [sic] Aires y que reside allí, se apellida Galich,[272] y la obra *El Pescado Indigesto*, una sátira del periodismo venal, situada en la Roma Imperial. El premio de poesía, un uruguayo marido de Sara de Ibáñez,[273] nacido en 1907, cuyos poemas, aparecidos en *Lunes* con motivo del Concurso son un bodrio. A propósito, ahora R. Exteriores envía *Lunes* regularmente a todas sus embajadas. ¿Es cierto? El premio de cuentos lo ganó un guatemalteco

---

[270] Hotel Nacional, localizado en la esquina de las Calles 21 y O en el Vedado.
[271] Dora Alonso (1910-2001), narradora, dramaturga, poeta y periodista cubana. Su primera novela, *Tierra inerme*, trata de la explotación del campesino cubano por los caciques locales y por el gobierno.
[272] Manuel Francisco Galich López (1913-1984), dramaturgo e historiador guatemalteco. En 1951 fue nombrado Ministro de Relaciones Exteriores del presidente Jacobo Arbenz, y en 1954 fue designado embajador de Guatemala en Buenos Aires. Como se encontraba en la Argentina cuando fue derrocado Jacobo Arbenz por un golpe de estado organizado por la CIA, solicitó asilo político y se quedó allí durante ocho años. Después de ganar el Premio Casa de las Américas, partió hacia Cuba, donde vivió hasta su muerte. Fue subdirector de la Casa de las Américas, y durante más de veinte años fue profesor de historia en la Universidad de la Habana.
[273] Se refiere a Roberto Ibáñez (1907-1978), poeta, crítico literario y académico uruguayo y su esposa, Sara de Ibañez (1909-1971), poeta uruguaya. El libro de poemas de Roberto, *La frontera*, ganó el premio indicado y unos poemas suyos aparecieron en el número de *Lunes* correspondiente al 20 de marzo.

[*sic*], un verdadero paquete. Ensayo un colombiano.[274] Electra Garrigó se puso tres días, como te decía, en la C. de las Am. Fueron en total más de dos mil personas. Empieza de nuevo en el Teatro Nacional el día dos de abril. Parece que estás destinado a no verla jamás. Me hice un traje en Mieres, copiado exactamente de mi traje gris, que me costó 160 pesos. Es una maravilla. Me compré una guayabera de hilo (15.00) color azul muy tenue entero. Je dépense follement mais quand meme je fait mes économies [Yo gasto locamente, pero aun así ahorro]. Luis Lastra está en N. York y Estopiñán[275] se fue. Ayer fui al estreno de mi obrita *La Sorpresa*, hecha por los conjuntos obreros y campesinos del interior. Fue en el Payret,[276] ahora nacionalizado. Dieron fuego a los Ten-Cents de Monte y Obispo pero sofocaron el fuego.[277] Hoy mismo te mando el libro por aéreo. Todavía no he terminado el Stiller. Casi no voy al cine. Acabo de escribir un prólogo de quince para el libro de poemas del pobre Escardó. En el *Lunes* prósimo [*sic*] aparecen tres capítulos de mi Autobiografía.[278] Osvaldo te manda muchos recuerdos. ¿Te dije que Babo[279] vive en N. York? Humberto mi hermano está de profesor en Columbia, y Estela en un College. Viven al lado de José Manuel,[280] en Long Island. También te decía que Marta se fue con los niños para Miami. De Niso ni una Palabra. Me levanto de la máquina, llamo a tu madre y está en los mandados. Volveré a llamar. El otro día la vi en Infanta y San Lázaro, yo iba en un taxi, y me quedé pasmado.

---

[274] El ganador en la categoría del cuento fue un salvadoreño-hondureño (no guatemalteco), Luis Díaz Chávez (1917-1994), por su libro *Pescador sin fortuna*. El escritor y economista colombiano, Luis Emiro Valencia (1922-), ganó el premio de ensayo por su *Realidad y perspectiva de la Revolución Cubana*.

[275] Gabriel Roberto Estopiñán Vera (1921-2015), artista cubano, especialista en la escultura, pero también desarrolló el dibujo y el grabado.

[276] Teatro Payret, cine teatro localizado frente al Capitolio en el Paseo del Prado en la Habana Vieja.

[277] Después del triunfo de la Revolución los llamados Ten Cents –tiendas que vendían mercancía a precios económicos– sufrieron continuas acciones de sabotajes. El 14 de marzo de 1961 resultaron heridos empleados en un Ten Cents de Monte y Obispo después de la explosión de petacas incendiarias que causaron un incendio y produjeron significantes daños materiales.

[278] "Empiezo a vivir ... De mi autobiografía, *La vida tal cual*" (1961). Aunque Virgilio nunca terminó esta autobiografía, varios fragmentos de ella han sido publicados. Ver la bibliografía en mi libro, *Everything in Its Place: The Life and Works of Virgilio Piñera* (298), para una lista.

[279] Ignoro a quién se refiere.

[280] José Manuel Piñera, hermano menor de Virgilio, nacido en 1917.

Estaba elegantísima, muy bien peinada y parecía de cincuenta, y con una actividad de hormiga. Ya he decidido el viaje. Lo haré a principios de mayo. El problema es a quien dejo en la casa, por lo menos una persona que se encargue de darle vueltas. A Luisa, ni por pienso... Es posible que elija a Arrufat. ¡Qué paquete lo de las Partidas de Nacimiento![281] ¡Por partida doble! Pero lo haré. El lunes iré al Juzgado del Centro para pedir la de Pinillas; en cuanto a la de Álvarez escribiré a Florida. No sabes como están las guaguas de Guanabo. Gasto un horro en taxis. La 70 más fantasma que nunca, y las Estrella pasan cada muerte de obispo. Ya empezó el calor con sus buenos 32 grados. El domingo, mañana 19 daré un almuerzo homenaje a los Pepe por su santo. Será en el Martino, con baño y después canasta. Zaida será la cuarta pata. Pepe ha amueblado su apartamento con un gusto horrendo, es la influencia de la Luisona,[282] que vive al lado; entras y no sabes si estás en lo de Pepe o en lo de ella. Bueno, no puedes quejarte. También te mando el número de la Revista con mí capítulo. Abrazos a Julia y Jorge. Te quiere,

Virgilio

Abril 12 de 1961

Mi querido Humberto,

recibí tu carta del 4. Por fin hiciste el tour de los castillos del Loira. Cada día tengo más horror de esas excursiones en manada. Pero del lobo un pelo ... Por fin Pepe se marchó el día cuatro. Me regaló para que lo recordara –un fieltro para mesa de canasta de color marrón. Sabrás que descubrimos que jugar en la mesa del comedor resulta más cómodo; el fieltro es de esa medida con unas agarraderas de metal. Como Pepe es más inútil que yo tuve que hacerle la maleta, que por cierto, me quedó como si tu la hubieras hecho. Ya tengo mi traje hecho en Mieres; me costó 180, copiado del modelo argentino de

---

[281] Piñera hace referencia aquí a los papeles necesarios para los aspirantes de propietario.
[282] "La Luisona", apodo de Luis Lastra.

Juvens. Anoche jugamos en casa de Pepe Rodríguez Feo y gané todos los partidos. Pepe Bianco hizo gran amistad con la Belle Jardiniere, y eso no fue todo, recorrió toda la gama. El libro[283] te lo mandé por correo aéreo hace más de quince días; me costó doce pesos y *Revolución* se encargó del trámite pues ahora para enviar libros hay que obtener un permiso de la Zona Fiscal. Me extraña no lo hayas recibido. ¿Lo habrán secuestrado por provenir de *Revolución*? Ayer se presentó inopinadamente un agente de la Reforma Urbana; le mostré mi contrato y le hice saber que había llenado mi planilla de aspirante a propietario desde el mes de octubre y que estas son las horas que no he obtenido respuesta. Me informó que el venía a tomar nota de la casa para avisarlo a la Reforma Urbana. Pero yo estoy esperando que Franqui regrese de Río de J. para que me de una carta para Vega-Vega (Jefe). Debo apresurarme pues a finales de mayo termina mi contrato. El agente de que te hablo me dijo que cuando expirara mi contrato solo tenía que ir al correo de Guanabo y empezar el pago mensual de veinte pesos. Pero quiero dejarlo todo arreglado antes del viaje. Pienso hacerlo para mediados de mayo. Hoy empiezo las gestiones del pasaporte, pero no puedo hacer gran cosa hasta la vuelta de Franqui pues Guillermito me dice que hay una invitación a Praga, que podría aprovechar, y además los 150 dólares, sin los cuales no puedo viajar. Te iré informando a medida que vaya haciendo las gestiones. Por favor, vuelve a mandarme los datos del cubano que vive en Bruselas[284] para la partida de nacimiento; no encuentro la carta. Ya escribí al juez de Florida para lo de Álvarez. Ya leí el *Juez y su Verdugo*,[285] un paquetico, y una fórmula, pero siempre resulta de agradable lectura. El otro día fui por tu casa y hablé largo y tendido con tu madre, después la llamé por teléfono pues no tenía noticias tuyas. Rompí con Arrufat; estrenó *El Vivo al Pollo*,[286] y en vez de pedirme las notas al programa se las pidió a Pepe Triana, con el agravante de que la escena final de la obra se la di yo. ¿Qué me contás? Además sus falsedades llovían sobre mojado,

---

[283] *Teatro completo*.
[284] "El cubano que vive en Bruselas" es, desde luego, el mismo Humberto Rodríguez Tomeu.
[285] La traducción al español de *Der Richter und sein Henker* (1950), novela del autor suizo, Friedrich Durrenmatt.
[286] Obra dramática de Antón Arrufat que mereció mención de teatro en el Concurso Casa de las Américas de 1961.

esperé y le di chance pero tuve que reventar. Nos saludamos pero nada de confianza. No voy por su casa, nunca veré la pieza, etc. *El Jesús*[287] se hizo por T.V. Quedó magnífico. Te mando fotos en esta carta. El Viernes Santo estuvo aquí papa con Pablo y Luisa; además Pepe Bianco, Zaida, Wicha y Pepe R. El aquelarre;[288] menos mal que Pablo se encargó de la cocina y un muchacho lavó la loza. Ahora acabo de recibir carta de Graziella y una carta de la hermana de Bianco alarmadísima por el silencio de Pepe. Dice G. que Rosa se opera a mediados de este mes. Yo le mandé a Graziella unos ceniceros de cerámica cubana (de Amelia[289]) muy bonitos; ahora le contestaré. ¿Me dirás por fin quien es A.? Espero que hayas tenido la buena idea de mandarme navajitas; ya no tengo y me afeito con las usadas. Ayer Conrado[290] estuvo por acá; muy agradable su trato. Ojalá podamos vernos muy pronto; ya te contaré. Bueno, saludos y recuerdos para Julia y Jorge. ¿Ya regresó a Buenos Aires? Supongo que ya Enriquito[291] habrá llegado. Abrazos, y contesta pronto,

Virgilio

Habana, abril 29 de 1961

Mi querido Humberto, acabo de recibir tu carta del 15. No me explico cómo dices que no tienes carta mía desde hace un mes. Te envié una dándote cuenta de la partida de Pepe (día 4 de abril) y hablándote del bombardeo a la FAR y a Stgo. de Cuba.[292] Tampoco

---

[287] *Jesús* (1948), obra dramática de Piñera, estrenada en la Habana en 1950. Cuenta la historia de un barbero, Jesús García, que descubre que es el nuevo Mesías.
[288] Aquelarre, reunión nocturna de brujos y brujas.
[289] Amelia Peláez (1896-1968), pintora y ceramista cubana de renombre internacional. Colaboró con varias revistas culturales en Cuba, tales como *Espuela de Plata, Nadie Parecía* y *Orígenes*.
[290] Debe de tratarse de Conrado Massaguer (1889-1965), dibujante y caricaturista cubano que contribuyó a muchas publicaciones cubanas tales como *El Mundo, El Fígaro, El Hogar* y *Gráfico*.
[291] Enriquito, hijo de Herminia, la empleada de la mamá de Humberto y Julia.
[292] Evidentemente, la carta referida o se perdió o fue confiscada por las autoridades. Pues, la

nada me dices si has recibido el tomo *Teatro Completo*. Hace más de un mes que lo envié por correo aéreo (me costó 12 pesos el envío) y lo mandó *Revolución*, pues de hacerlo yo hubiera tenido que pasar por el papeleo de la Zona Fiscal. ¿Será que lo han retenido? Llevaba el membrete del periódico. ¿O no lo habrán enviado? Aunque yo le pregunté a Mateo (el administrador) y me aseguró que había salido. Dime concretamente si lo has recibido o no. No puedo contarte de la angustia de estos días con la invasión: la ciudad vivió momentos tremendos. El gobierno se vió obligado a una medida drástica: encerrar a miles de personas sospechosas de contrarrevolución. Como dijo el propio Fidel, en la redada cayó mucha gente inocente, entre ellas gente afecta a Fidel pero que en la natural confusión fueron tomados. Se les distribuyó en el Palacio de los Deportes, en el teatro Blanquita, en la Cabaña, etc. Menos mal que los invasores se rindieron a las 48 horas y la ciudad ha vuelto a recobrar su ritmo normal. Pero ahora tenemos la amenaza de invasión yanqui, que todos dan por segura, y de la que se dice que será cruenta. En estas condiciones ni se me ocurre abandonar el territorio. Si las cosas se calman proyecto viajar para el primero de junio. Celeste volvió de Nueva Delhi. La detuvieron tres días en las Bahamas (Bermuda) [*sic*] y en Madrid la vejaron gritándole roja. Supongo habrás leído la relación de los prisioneros. Uno de ellos es Fausto Menocal,[293] cuando lo ví por poco me caigo del asiento. Inimaginable. Claro que recibí el Durrenmat y te lo dije en mi anterior e decía que era una simple repetición de sus novelas anteriores y un paquetico siempre agradable de leer. Estoy leyendo ahora las memorias de Marie de Agoult (la amante de Listz)[294] un paquete soberano pero con sus chismes. También leo una biografía muy buena de L'Aiglon

---

presente es la única que tenemos en la cual Virgilio habla de los eventos de la invasión de Playa Girón. Lo más probable es que se trate una cuestión de censura.

[293] Fausto García-Menocal y Brito (1924-2007), sobrino de Mario García Menocal (1866-1941), presidente de Cuba entre 1913-1921, y miembro de la histórica Brigada 2506 que cayó durante la invasión de Playa Girón. En los primeros meses de 1959 Fausto Menocal fue víctima de un simulacro de ejecución en La Cabaña, notoria prisión que estaba bajo el mando de Che Guevara entre enero y julio de ese año.

[294] Marie d'Agoult (1805-1876), autora francesa también conocida por su nombre de pluma, Daniel Stern. En 1833 dejó a su esposo y empezó una larga relación amorosa con el pianista y compositor húngaro Franz Liszt (1811-1886). Parece que Piñera se refiere aquí a su libro *Mes souvenirs* 1877.

por O. Aubry.[295] Seguimos jugando canasta, ahora con un muchacho (Amado) que juega muy bien. Hice las paces con Arrufat pero con mis naturales reservas. Te decía que Luis L. está en París, vive en casa de Agustín cuya mujer, la húngara, pronto tendrá un niño; Eva, se fajó con la madre y se fue a vivir a lo de Agustín. Mariano [Rodríguez] regresará a fines de año. He ido por tu casa dos o tres veces. Las navajitas me vinieron de perilla pues ya no tenía, la corbata que es preciosa, viene como anillo al dedo al traje nuevo, del que te decía me había costado 180 pesos. Ojalá podamos vernos muy pronto. Estoy loco por hablar contigo. Pepe Bianco me escribió. Sabrás que renunció en *Sur*. Se vio obligado por la nota de Victoria desautorizando su viaje a Cuba.[296] A lo mejor viene a dar clases a la Casa de las Américas. Bueno voy a la Habana a comprarme unos mocasines para el desfile del primero. Estoy traduciendo una novela vietnamesa es un paquete, pero facílisma [*sic*] de traducir. Bueno, escribe pronto. Todos estamos bien. Saludos a Julia y a Jorge. Te abraza y quiere,

Virgilio

Mayo 17/61

Mi querido Humberto:

me dice tu madre que la correspondencia se está demorando hasta quince días. Después de tu última carta, recibida sobre el 2 o 3 de mayo (con fecha abril 24) no sé nada de ti. Yo contesté en seguida esa carta

---

[295] L'Aiglon fue el apodo de Napoleón II (1811-1832), hijo de Napoleón I, Emperador de los Franceses. Después de 1818 fue conocido como Franz, Duque de Reinchstadt. El historiador y novelista francés, Octave Aubry (1881-1946), escribió varios libros sobre Napoleón II, pero es más probable que Piñera se refiera aquí a *L'Aiglon, des Tuileries aux Invalides: Essai historique et biographie*.

[296] La verdad es que Victoria Ocampo no desautorizó el viaje de Bianco sino que publicó, en el número 269 de *Sur*, una aclaración en la cual "señalaba que la invitación [de Casa de las Américas] dirigida al jefe de redacción nada tenía que ver con la revista" (Beccacece). Al regresar a Buenos Aires, Bianco renunció a su puesto en *Sur* después de casi treinta años como su jefe de redacción.

y además te puse otra. ¿Qué pasa? Estoy en los arreglos de mi viaje. Ya tengo la autorización del periódico, que me paga el viaje (no sé si a descontar más tarde de mi sueldo) y me da los 150 dólares para gastos. Ahora tengo el problema de la casa, que vence el contrato el 30 de este mes. Además, tengo que dejarla en buenas manos pues si la casa se queda sola estoy amenazado de que le premier venu [el primero en llegar] se posesione de ella. Tengo pensado dejársela al administrador del periódico. Veremos, si todo sale como espero tomaré el avión en los cinco días primeros de junio. Estaré en Praga unos diez días y allí tomaré el expreso Praga-París ¿Tu sabes si esa línea pasa antes por Bruselas? Averígualo. Me compré un reloj suizo automático, que es una maravilla. Me costó 90. También quiero comprarme una gabardina buena, pues aunque es verano puede haber frío por allá. Sabrás por Graziella que Bianco renunció a *Sur*. Ella me escribió con fecha 2 de este mes y dice que Pepe se pasa el santo día traduciendo para poder sobrevivir. ¿Viste un número de *Lettres Françaises* con un pequeño artículo de Nivaria Tejera sobre la poesía cubana? Me pone por las nubes. La Academia de Artes Dramáticas de Budapest me escribió para editar mi Teatro y poner dos obras. Dime si por fin recibiste el tomo. En el periódico me aseguran que lo pusieron por aéreo hace más de mes y medio o dos meses. Estoy como loco terminando la traducción de la novela vietnamesa, pero ya sólo me faltan unas cincuenta páginas. Hoy tenemos canasta en casa de Pepe con Zaida y Wicha. Aquí terminan mis noticias. Escribe pronto. Recuerdos a Julia y Jorge. Un gran abrazo y ojalá nos veamos muy pronto.

Virgilio

En tu próxima dame el teléfono de la Embaj. Y el tuyo, si lo tienes. V.

7 de junio de 1961

Mi querido Humberto:

recibí hace unos días tu carta del 30 pasado. No la contesté en seguida debido al trabajo que tengo con la editorial de Revolución (soy su Director) y tenemos que dejar listos cinco libros para el próximo Congreso de Escritores a celebrar la ultima semana de junio. Los libros son: tres volúmenes sobre la batalla de Playa Girón,[297] el libro de poemas de Escardó, *La Búsqueda*, novela de Jaime Saruski, *La Ceiba*, poema largo de Oscar Hurtado, *Los Navegantes* poemas de Pablo A. Fernández y *El Aire Hueco* de Edmundo Desnoes (novela).[298] Imagina: he tenido que leerlos todos, hacer correcciones, escribir solapas, etc. Además la maldita novela vietnamesa, que ya felizmente terminé. Estarás muy sorprendido por que no llegué a Praga el día 5 pero he tenido que quedarme para el Congreso de Escritores. Yo calculo que podré viajar para el ocho o diez de julio. Felizmente ya resolví el problema de la casa. Hoy estuvo aquí Rodríguez y me informó de todo. La R[eforma]. U[rbana]. le envió los cheques de lo que a él correspondía desde el mes de octubre, cheques que el devolvió con un escrito donde hacía constar que la casa estaba alquilada por un año y que era el quien tenía que devolver plata a la R.U. De modo que yo empiezo a pagar desde este mes de junio. En efecto el viernes pagaré seis meses adelantados a razón de veinte pesos mensuales. La casa se la dejo a Ambrisio Fornet,[299] compañero de *Revolución*, pues el tiene mujer, suegra y un hijo y así la casa siempre está acompañada pues aunque ahora se ha ordenado que habrá penalidad de seis meses de cárcel para los que ocupen las casas indebidamente, de todos modos

---

[297] *Playa Girón: derrota del imperialismo*. 4 tom. (1. *La invasión y los héroes*, 2. *Reacción internacional*, 3. *La batalla en la ONU*, 4. *Los mercenarios*), 1961. El cuarto tomo salió varios meses después de los primeros tres, y por eso Virgilio no lo menciona aquí.

[298] Jaime Saruski (1931-2013), escritor y periodista cubano. Fue redactor de *Revolución* y *La Gaceta de Cuba* y el encargado de la página cultural de *Granma*. Edmundo Desnoes (1930-), escritor cubano, mejor conocido por su novela *Memorias del subdesarrollo* (Unión, 1965). Fue redactor de *Revolución* y *Lunes* entre 1959-1965. *El aire hueco* debe ser un título provisional para su primera novela, *No hay problema* (1961).

[299] Ambrosio Fornet (1932-), crítico literario, editor y guionista de cine cubano. Colaboró en *Revolución*, *Lunes*, *Casa de las Américas*, *La Gaceta de Cuba*, entre otras revistas cubanas y trabajó como editor en el Ministro de Educación y la Editora Nacional.

para evitar cualquier cosa es mejor que la casa quede ocupada. No hay problema pues además de ser yo el legítimo propietario, Fornet es persona de confianza y además está Franqui por el medio pues le haré firmar un documento. Yo no le cobro nada por esos tres meses que estaré viajando. Explícame si el expreso Praga-París pasa primero por Bruselas o si es otra vía. Bueno, si no me alcanza con los 150 dólares dejaré de ir a París, lo importante es verte. Por lo demás, estoy bien y hago mi vida muy ordenadamente. Ayer me compré tres pantalones que me costaron 75 pesos, son magníficos. De Pepe Bianco no sé nada, sólo me ha escrito una vez. Graziella me debe carta. Estuvo aquí Genevieve Serreau, la asesora cultural de Juilliard, se llevó el tomo de teatro para traducirlo.[300] ¿Cómo estás tú? Ya no mandas Euripe y tampoco libros. Las carnitas de la Alianza se van haciendo escasas, he tenido que recurrir a Lenotre. En un número del *Mercure* leí unas cuarenta páginas sobre Mme. Palatine[301] muy interesantes. Ya veo definitivamente que el libro no llegó, y me costó doce pesos! Es increíble. Yo mismo lo llevaré. Ya hablaremos mucho, me muero de impaciencia por verte y ha pasado tanto tiempo que casi he perdido el hábito de la conversación contigo. Bueno, dale recuerdos a Julia a Jorge y a Enriquito. Tu madre está muy bien y buena moza, como diría la Rosina. ¿Se operó por fin? Mis navajitas tocan a su fin, pero sirven para dos veces. Empataré en Europa y traeré nuevas provisiones. Un gran abrazo,

Virgilio

---

[300] Genevieve Serreau (1915-1981), escritora y dramaturga francesa. Como se sabe, el *Teatro completo* nunca se tradujo al francés, y ninguna de las obras de Piñera ha sido publicada por Juilliard.

[301] *Mercure de France*, revista literaria y cultural francesa cuyo primer número apareció en 1890. En 1958 la prestigiosa casa editorial francesa Éditions Gallimard compró la revista. Mme. Palatine, Élisabeth-Charlotte de Palatinat-Simmern (1652-1722), segunda esposa de Philippe de France, Duque de Orleans y cuñada de Luis XIV.

Habana, junio 22/61

Mi querido Humberto, recibí tu carta del 13. También una de Bianco donde me cuenta ses mésaventures [sus desventuras] con motivo de la renuncia a *Sur*. Victoria hizo una nueva declaración contra él y contra la Revolución. La C. de A. lo ha vuelto a invitar pero "il balance". Está reducido a unas pocas traducciones y tuvo un problema con la editorial Fabril S. A. pues ahí lo iban a nombrar asesor literario pero en cuanto supieron el escándalo de *Sur* se echaron para atrás y ni siquiera de traductor lo quieren.

Te diré que el Congreso ha sido pospuesto para el 18 de agosto, de manera que ahora me encuentro más expedito para el viaje. Espero embarcar en los primeros días de julio; ya te daré fecha exacta. No me parece mal [*sic*] combinación ésa de tomar un tren en Nuremberg. ¿Tú quieres decir que no tengo que llegar a París? Explícame bien. Je brule de parler avec toi [Yo muero por hablar contigo]. Anoche fui a casa de Lisandro Otero, que ahora vive en la Puntilla en casa del que fuera abogado del Chase Bank, y para mi gran sorpresa oigo que Marcia [Leiseca] dice: hoy se llevaron dos camiones de discos de esa casa, y señaló para la del lado. Le pregunté y me dijo que era la del doctor [Guillermo] Alamilla [Gutiérrez]. Resulta que Guillermo se fue, por un mes, dijo así en R. Urbana, el 17 de marzo, y hará cosa de dos días le escribió a Adelina que no volvía. En seguida le intervinieron la casa y pertenencias. Los discos van a la discoteca de la Biblioteca Nac. Aldelina se fue llorando y va para España. El yate, el bote motor, todo fue incautado, como es de suponer. Estos detalles los supe por Marcia pues ella está encargada de abrir en la casa de G. un círculo social obrero para las obreras que viven en los alentours [alrededores] de la Puntilla. El viernes pasado Fidel se entrevistó con los artistas y escritores durante cinco horas en la Biblioteca Nac. Yo asistí.[302] Ahora

---

[302] Resulta reveladora esta breve referencia al primero de tres famosos encuentros entre los intelectuales cubanos y Fidel Castro en el Salón de Actos de la Biblioteca Nacional el viernes 16 de junio de 1961. Pues Piñera no dio detalles ni mencionó su propia contribución a la discusión, ya casi legendaria, durante la cual habló, según se dice, de "un miedo que podríamos calificar de virtual que corre en todos los círculos literarios de la Habana, y artísticos en general, sobre que el Gobierno va a dirigir la cultura" (Leyva, *Órbita* 313). Dos semanas más tarde, el día 30 de junio, Fidel dio su discurso de clausura, "Palabras a los intelectuales", en el cual pudo haber estar refiriendo a las palabras de Piñera cuando observó que "Había ciertos

me ha salido una erupción de unas ronchitas en todo el cuerpo. Fui a ver a Castro Palomino, ayudante de Braulio Sáenz, y él cree que es tóxico, me mandó una reacción (a hacer) de Kanh y tomar unas pastillas Polaronil y untarme una crema negra. Si no mejoro iré con Díaz Tellechea. Mañana te diré el resultado del análisis. Pepe ahora tiene la marotte [manía] de arreglar la casa y ya en ese apartamento minúsculo (está frente a tu casa) es un encombrement [atasco] horrible. Además, mal gusto, un poco a lo casa de citas. A Osvaldito lo veo poco pero está bien y te manda recuerdos. Orlando del Pozo[303] de nuevo en Irureta, es un fantasma. He leído un libro de Guillemin cuyo título es Napoleón, Mme. de Stael y B. Constant,[304] una verdadera carnita, en donde pone a la Stael y al Constant de vuelta y media a propósito de sus menés [intrigas] para conciliarse a Napoleón. Álvaro [Sariol] hizo un come back [retorno] (nunca fue a España) y en una semana que se pasó acá me costó más de treinta pesos y las consabidas borracheras. Bueno, nada más tengo que contarte. No dejes de escribirme pronto. Me acabo de hacer una foto magnífica: aparezco sentado en el sillón de la galería que está a la entrada de la puerta, la llamo El guardián del templo ... Si Mayito[305] hace una copia pequeña te la enviaré; de todos ya la verás cuando vaya. Tía Julia salió hacia Puerto Rico en compañía de setenta monjas de colegio. No hablo con tu madre hace días y ahora juego poco pues Pepe la ha cogido con Zaida y no quiere jugar con ella. Abrazos a Julia, Jorge y Enriquito. Te quiere,

Virgilio

---

miedos en el ambiente y algunos compañeros han expresado esos temores" (9). El relativo silencio de Piñera sobre el asunto sugiere que el autor sospechaba que sus cartas estaban siendo censuradas.

[303] Orlando del Pozo (1918-1976), escritor cubano y autor de la novela, *El gato azul*, que Virgilio llama "magnífica" en carta con fecha del 29 de abril de 1964.

[304] Henri Guillemin (1903-1992), historiador, crítico literario y polemista francés. El libro en cuestión es *Madame de Staël, Benjamin Constant et Napoléon* 1959. El libro trata de la autora suiza de habla francesa, Anne Louise Germaine de Staël-Holstein (1766-1817), y Henri-Benjamin Constant de Rebecque (1767-1830), escritor y político liberal francés, nacido en Suiza.

[305] Mario García Joya, "Mayito" (1939-), fotógrafo y cinematógrafo cubano de gran renombre internacional. Fue colaborador asiduo en *Lunes* y miembro activo de la UNEAC, y trabajó por varios años como camarógrafo de documentales en el Instituto Cubano de Arte e Industria Cinematográficos (ICAIC). Por casi tres décadas –desde finales de los años sesenta hasta 1994– fue director de fotografía de Tomás Gutiérrez Alea (1928-1996), el más importante cineasta cubano del siglo XX.

Habana, Julio 14/61

 Mi querido Humberto, parece que podré embarcar el 28. Ya el periódico pidió mi pasaporte especial, la reservación y cien pesos (dólares) al Banco Nacional. Haré el viaje con Margot, la señora de Franqui, éste la espera en Praga. Calculo que en Praga estaré unos 20 días, 5 en Hungría y cinco en Alemania Oriental, de modo que llegaré a Bruselas a principios de septiembre. No sé si llevar el abrigo, de cualquier modo me compraré una buena gabardina en Fin de Siglo.[306]

 Pregúntale a Julia si no será posible si yo le diera a tu madre la cantidad que ella le da mensualmente, y me guardara allá los dólares. Contesta en seguida sobre esto.

 ¿Te dije que le compré los muebles a Rodríguez en 400? Es un robo, pero me resultaba más cómodo que ponerme a comprarlos nuevos. Le di cien pesos y el resto en mensualidades de 50. Mariano [Rodríguez] llegó, parece que se quedará algún tiempo aquí o fijo. Va a Río por un mes con la Bienal de Arte. Tan pronto tenga el pasaporte y confirmación de vuelo, te vuelvo a escribir. Ahora jugamos con una señora llamada Tana y con Juanito Corujo, jugamos a cinco. Niso me escribió una larga carta. Me dice Mariano que un funcionario en la Embaj. en Bruselas fue de E. de N. a la India. ¿Es cierto? Creo que pasaré una semana hablando contigo sin parar. Ahora metí apenas la ropa, son las cinco y me voy al periódico. Como nunca voy de mañana, pues como de nuevo estoy peleado con Arrufat, no tengo donde dormir la siesta. Pepe B. volvió a escribir, no se ha decidido todavía a aceptar la invitación de la Casa de las A. En el teatro de la C. de las A. se pondrá Aire Frío para principios de octubre. Bueno, te dejo, contesta enseguida. Recuerdos a Julia y Jorge y Enriquito. Un abrazo, Virgilio

21 de julio de 1961

 Mi querido Humberto, recibí tu carta de día 13. No entiendo nada. ¿Pasarás tus vacaciones en Argentina? Mañana me dan el pasaporte especial y saldré el 29. Salvo cambios en el vuelo. Espero estar en Bélgica para fines de agosto. Menos mal que no empezarás a disfrutar de tus

---

[306] Famosa tienda por departamentos de cinco pisos, localizada en Centro Habana.

vacaciones hasta octubre. Como prácticamente no hay tiempo, yo te escribiré desde Praga. Si aplazo el vieja [*sic*] unos días, entonces te lo avisaré para que me escribas a Guanabo. Estuve hablando con tu madre largo rato y ella tampoco entiende nada, le di a leer tu carta. Dice que hace días que no tiene carta de ustedes. Tampoco entiendo que Jorge se vaya a España y al mismo tiempo trabaje en Bruselas. Estoy afocado con los preparativos de viaje. No he conseguido la gabardina no la hay en ninguna tienda. Llevaré el abrigo y me compraré unos buenos pull-overs; un chaleco y el otro con mangas. Tampoco he encontrado un traje de invierno de paño grueso. Y no tengo tiempo para hacerme uno. Bueno, se hará lo que se pueda. Bueno, te dejo, tengo mil cosas que hacer. Saludos a todos. Te abraza,

Julio 29: al fin tengo el pasaporte (común) embarcaré Dios mediante el sábado 4 por Cubana de Aviación. Tan pronto llegue te llamaré por teléfono, es decir el lunes pues llegamos el domingo a las doce de la noche. Pepe me prestó su magnífico abrigo reversible: gabardina y abrigo. Te llevo una camisa Van Heusen[307] y por supuesto el Teatro. Mañana vuelvo por tu casa pues tu madre me dará algunas cosas para ustedes. Te abraza de nuevo,

Virgilio

Habana, sep 19/61

Mi querido Humberto, felizmente llegué ayer lunes a las cuatro y diez de la madrugada.[308] *El vuelo fué perfecto (lo califico el mejor). Hicimos escala en S. María (Azores) donde estuvimos dos horas y nos dieron una comida riquísima (llegamos a S. María a las 10 de la noche hora de Praga y las 8 en S. M.). Volvimos a tomar el avión y después de 9 ½ horas de vuelo aterrizamos en la Habana. Entre paréntesis te diré que salimos de Praga a las 3 en punto. Desde las 11 estaba en el*

---

[307] Van Heusen, marca de ropa norteamericana.
[308] Virgilio ha acabado de volver a La Habana después de una visita de unas siete semanas a Europa.

aerop. pues ya conoces mi natural impaciencia. No esperé el ómnibus de las Aero L[íneas]. Ch[ecas]., pues, cogí un taxi. En seguida arreglé todo el papeleo y me puse a esperar. Había docenas de cubanos locos por embarcar, y para colmo, a las 12 llegó un avión de Moscú con 15 estudiantes. Además, no podían viajar más de 25 pasajeros pues el avión debía llevar una gran carga. Imagina mis nervios pensando que podía tocarme la posposición, aunque el día anterior me había asegurado en las Aero. L. Ch. que yo estaba en la lista y que también el Sr. Estévez me lo había dicho así. Para colmo y cuando habían llamado para salir a la pista, escuché que me llamaban por el altavoz. Corrí como loco (me llamaban de la Aduana) y es que yo ignoraba que una vez que te pasan el equipaje y se lo llevan hay que ir a la ad. para controlarlo. Como yo había llegado muy temprano y como al pesarlo me dieron el ticket de la maleta, pues no pensé en ese detalle. Bueno, pues arreglé el problema y corrí para la pista.

Al llegar a la Habana, como era tan temprano y según me dijeron en el aeropuerto, el avión era esperado para las 5 ½, y como salí de los trámites en 5 minutos, aproveché que unas muchachas de la Feu[309] que habían ido a esperar a unos compañeros, tuvieron la amabilidad de llevarme hasta la Habana. En el H. Libre[310] cogí un taxi para Guanabo. A mitad del camino, en la Vía Monumental, se pinchó el taxi. El chofer no podía sacar un tornillo de la rueda, pasaban los minutos y nada. Entonces vi venir un taxi en la dirección contraria, me crucé y lo paré, el chofer iba para la Hab, pero le ofrecí cinco pesos y me llevó. A las 6 de la mañana estaba ya en Guanabo. Como te digo, Luisa no fue a esperarme, pero la casa me la encontré hecha una patena. A las 9 llamé a tu madre; está muy bien, yo le dije de ir por la tarde, pero ella tenía que ir al hospital a buscar unas medicinas para Adolfina. Entonces lo dejamos para hoy martes a las 3 de la tarde. Le llevo lo de Uds. más los jabones y un broche muy lindo que le compré a Herminia.

A papá no lo afectó en nada la baja de temperatura; me preguntó mucho por ti. Todavía no he visto a Luisa. Por la tarde fui al periódico y allí vi a Arrufat, que te manda un abrazo. Pepe está en Oriente alfabetizando,[311] según me dice

---

[309] "Feu", Federación Estudiantil Universitaria.
[310] Habana Libre, hotel ubicado en la esquina de las Calles L y 23 en el Vedado. Abrió sus puertas con el nombre Habana Hilton en marzo de 1958, pero después de la entrada de Fidel Castro en la Habana en enero de 1959, el hotel se convirtió en su cuartel general. En octubre de 1960 el hotel fue nacionalizado y bautizado con su nuevo nombre.
[311] La Campaña Nacional de Alfabetización, cuyas metas principales fueron la reducción del analfabetismo y el incremento en el porcentaje de cubanos escolarizados, comenzó a

Zaida (con la que hablé por teléf) estará allí tres meses. Hoy vienen ella y la Wicha. Jugaremos con Arrufat.

Cobré mis quincenas del periódico; hoy pongo en mi cuenta doscientos pesos. No me había cortado el teléfono. El problema de las mercancías mejora, ya tengo mi cupón para manteca, aceite y carne. Han llegado unos frijolitos duros (no enlatados), parecidos a las lentejas, que son muy ricos. Anoche los comí en La Carreta, donde me invitaron a cenar.

Sería mejor que hicieras el viaje para acá por Sabena[312] y la vuelta por Habana-Praga, pues como sólo tienes un mes de vacaciones, a lo mejor tienes que perder una semana en Praga por la afluencia de pasajeros. Guanabo está adorable y con poca gente, pues ya terminó la temporada. ¿Sabes que hace un poco de fresco? Las noches son muy agradables. ¿Cómo están Uds? Dale mis saludos a Julia, Jorge y Enriquito. Igualmente a Henri. Se me olvidaba decirte que jugué canasta en el avión, todo el tiempo, como íbamos pocos pasajeros, improvisamos una mesa; esto me hizo el viaje más corto. Ya hablé con Rosendo para que ponga la reja en la ventana y en el baño. También tengo que reparar el poste donde está el reloj de la luz. Vamos a poner uno de cemento. Bueno escríbeme enseguida. Te diré que leyendo completo a Shulzt [sic][313] me parece un genio. Abrazos, Virgilio

Ya estuve en tu casa. Estaba Herminia. No puedes tener idea de lo linda qué está, ni delgada ni gruesa, como siempre, muy bien vestida. Le regalé uno de los 6 broches que me regaló un pintor checo, de cerámica sobredorada, se quedó chocha. Dile a Enriquito que puede estar orgulloso de tener una mamá tan linda, y que Herminia se le aguaron los ojos cuando le hablaba de él y de lo bien que se porta en Bruselas. Ahora Rosendo me está pintando los cuartos, conseguí una lata de 1

---

prepararse en 1960 y finalizó oficialmente a finales de diciembre de 1961 cuando el gobierno declaró a Cuba como "Territorio Libre de Analfabetismo".

[312] Sabena, la línea aérea nacional de Bélgica.

[313] Se refiere a Bruno Schulz (1892-1942), escritor, artista, y crítico literario polaco. En su carta del 8 de noviembre de 1961 Piñera también menciona a Schulz y se refiere a una traducción que estaba haciendo de uno de sus cuentos. Cabe añadir que, a pesar de sus diferencias estéticas, Schulz y Witold Gombrowicz eran íntimos amigos y compañeros en su lucha en contra del establecimiento literario polaco. Los dos autores se conocieron en 1934, y Schulz fue uno de los primeros en reconocer –durante una conferencia en la Unión de Escritores de Varsovia en la primavera de 1938– que *Ferdydurke* era una obra genial y una "clásica moderna" (Giroud 16-18).

galón de Spread Satin[314] *color verde espuma de mar. Están quedando preciosos. Tu madre de lo más bien. Dieron gritos de alegría con los regalos, sobre todo con la pasta* [de dientes]. *Bueno, abrazos de nuevo, Virgilio.*

Habana, octubre 23 de 1961

Querido Humberto,

recibí tu carta; precisamente el viernes quede en ir por tu casa pues tu madre me dijo que le habías escrito, pero después se me complicó el día y cuando llegué a Guanabo por la noche me encontré tu carta. Tienes razón en quejarte de mi irregularidad en escribirte pero si supieras lo malo que he estado. Tengo el hígado a la miseria y hasta me repitió la neuritis que tuve en Buenos Aires.[315] El médico me ha puesto un plan y ya voy mejorando. En estos días tomaré un departamento en la Habana. Lo he decidido pues acá en Guanabo estoy muy solo y Luisa no puede atenderme como es debido. Además, la casona está que se viene abajo, ya no se qué hacer con las goteras que me inundan toda la casa. Yo comprendo que es una lástima dejarla pero voy a estar más tranquilo acompañado viviendo en un departamento. Creo que me lo van a dar (así me lo ha prometido la doctora García Buchaca) en el edificio del Retiro Médico, en N y 23.

Nada me dices si la Rosina te escribió y si ha seguido bien. Creerá que soy un falso por que no le escribo pero uno va dejando de un día

---

[314] Glidden "Spread Satin", marca de pintura norteamericana.
[315] Es de notar que Piñera se refirió a su malestar físico y mental, pero, consciente de que sus cartas podrían estar revisadas, no mencionó su causa probable. Pues el 11 de octubre, fecha de la legendaria "Noche de las tres P", había sido detenido durante una redada cuyo propósito fue limpiar la Habana y sus alrededores de "pederastas, prostitutas y proxenetas". Aunque logró salir de la cárcel gracias a las gestiones de Carlos Franqui, Guillermo Cabrera Infante, y, últimamente, la intervención de Edith García Buchaca, la experiencia lo marcó profundamente y lo llenó de miedo a ser encarcelado de nuevo. Queda claro que las razones que dio por su supuesto deseo de abandonar la querida casa de Guanabo –que está muy sólo y que su hermana no lo puede atender "como es debido"– no fueron del todo honestas. De hecho, cuando por fin dejó la casa el día 30 de enero de 1962, le escribió a Humberto que "dejar la casona ha sido como perder a un ser querido".

para otro el escribir y así pasan los meses. Cuando le escribas dile que estoy loco por verla. Lo mismo le dices a Bianco. He vivido tantos años en Buenos Aires que añoro todo lo de allá. Sería magnífico si Bianco pudiera conseguirme una invitación para estar un mes por allá. Él podría hablar con María Rosa Oliver[316] y que ella me consiguiera algo pues ya sabes que es Presidente de la sección argentina del comité por la Paz. Me gustaría dar unas cuantas charlas sobre la Revolución y sus conquistas en Buenos Aires. Además, ¿quién mejor que yo? Soy cubano y he vivido catorce años por allá. Mira a ver qué puedes hacer.

¿Te sería fácil conseguirme una buena biografía sobre el duque de Enghien?[317] No puedo acordarme si fue llevado desde Ettenheim a Vincennes o si fue desde Strasburgo. Acá en la Alianza Francesa no tienen su biografía. Estoy leyendo ahora libro magnífico sobre Catalina Médicis.[318] Nada menos que seiscientas páginas. ¿Te dije que por fin estrenarán *Aire frío* en Las Máscaras? Será para fines de enero y estoy contentísimo. Ya sabes que es mi obra de teatro favorita. Mirian Acevedo [sic] hará papel de Luz Marina.

Pepe sigue alfabetizando en Oriente. Me ha escrito bravísimo pues no lo saludé por carta a mi vuelta de Praga, aunque le expliqué a Enriquita que le dijera que yo estaba enfermo. Está muy entusiasmado y en una carta me dice que hasta cocina para la familia donde vive. Tú sabes que Pepe es muy servicial y tiene mucho entusiasmo. Creo que para comienzos de noviembre ya estará de vuelta.

Acá están dando la obra de Bretch [sic]: *El Círculo de Tiza Caucasiano*. La representación tiene una duración de cuatro horas y media, pero vale la pena pues ya sabes que el mensaje de Bretch siempre llega; además, es un gran dramaturgo. Ahora pronto darán *La Madre*,[319]

---

[316] María Rosa Oliver (1898-1977), escritora, ensayista, crítica literaria y traductora argentina. Fue una de las fundadoras de la revista *Sur*.
[317] Es revelador que en los días siguientes a su propio detenimiento Piñera vuelva a interesarse en esta figura histórica (sobre la cual había publicado un artículo en *Carteles* a finales de 1958) que fue detenida y ejecutada bajo cargos falsos.
[318] Catalina de Médici (1519-1589), noble franco-italiana. Como esposa de Enrique II de Francia, fue reina consorte de ese país entre 1547-1559.
[319] *El Círculo de Tiza Caucasiano* (*Der kaukasische Kreidekreis*, 1948*) y La Madre* (*Die Mutter*, 1930-1931), obras dramáticas de Bertold Brecht. La primera es una obra en un prólogo y cinco

con Mirian Acevedo como tal y dirigida por el argentino Raimondi;[320] paralelamente se dará otra versión con Violeta Casal y dirigida por Eduardo Manet.[321] Tenemos grandes esperanzas que el Berliner Ensemble nos visite para el año que viene. Será un acontecimiento.

Bueno, te dejo. Será mejor que me escribas a casa de papá. Panchito Gómez 257 (altos) entre 20 de Mayo y Gral Aguirre, Ayestarán, pues como estoy al tomar el apartamento a lo mejor me escribes a Guanabo y no me llega la carta. Dale mis saludos a Julia, Jorge y Enriquito. Un gran abrazo para ti,

Virgilio

Acabo de recibir tu carta del 19. Me parece que es muy acertado lo que me cuentas de la Rosina. Abrazos, Virgilio

Noviembre 8/61

Querido Humberto,

recibí tu última carta el día 24 pero se me han pasado los días volando; además esperaba poder decirte que ya me había mudado. No ha sido así pues por las naturales demoras resulta que el apartamento del edificio del Retiro Médico lo perdí, de modo que hasta no encontrar algo parecido y por ese barrio no me moveré de Guanabo. He ido dos veces por tu casa, tu madre está muy bien. ¿Cuándo viene Julia?

---

actos y está inspirado en una obra del autor chino del siglo XIV, Li Quianfu. La segunda obra de Brecht está basada en la novela del mismo título por el escritor ruso, Maxim Gorki (1868-1936). Según Rine Leal, "Esta puesta en escena estaba dedicada a la clase obrera cubana [...] causó gran conmoción entre los obreros. Era la primera vez que los artistas se preocupaban por establecer esta especie de vínculo con el pueblo. El contenido político unificaba fuerzas en el momento en el que se estrenó. Tenía escenas de una campaña de alfabetización como la que se llevaba a cabo en el año 1961 ("Violeta Casal en la memoria").

[320] Néstor Raimondi, actor y director argentino que estudió en el Berliner Ensemble y tradujo del alemán al español varias obras de Brecht. Fue también director del Conjunto Dramático Nacional (CDN) en la Habana.

[321] Eduardo Manet (1930-), dramaturgo, novelista, y director de teatro y cine cubano.

Supongo que pasará algún tiempo aquí antes de volver al exterior. Nivaria [Tejera] está todavía aquí, muy contenta con su doble sesión pues le permite desarrollar una buena labor. Ella estaba cansada de la agitación de Paris y sobre todo que entre compromisos sociales y la vida literaria de café apenas le quedaba tiempo para escribir.

Tuve noticias de Bianco por el periodista San Martín, que ahora está en la Habana. Por cierto, Bianco me mandó con S. Martín unos libros y en Lima la policía se los descomisó. Para colmo, yo le había escrito pediéndole que me comprara en Bs. As. la obra completa de Bertold Bretch [sic] y que él hiciera el gasto pues ya sabes que, por el momento, no se puede girar dinero desde Cuba. Me decidí porque el libro me hace mucha falta, pero ahora me da pena pues supongo que los que me mandó significan un desembolso y, ya ves, para nada.

Está en la Habana una periodista polaca que se ha entusiasmado con mi novela[322] y la va a traducir al polaco. ¿Sabes que traduje uno de los cuentos de Schulz[323] para *Lunes*? Con el número dedicado a Picasso dejó *Lunes* de aparecer.[324] Ahora tenemos la nueva revista de la Unión de Escritores y Artistas. Se llama Unión. En diciembre la sala Arlequín pondrá mi adaptación del cuento *El Álbum*, y en Prometeo, [Francisco] Morín repone *Falsa Alarma*. A fines de enero irá *Aire Frío* dirigida por Arenal. Mándame, si puedes, *El Tambor*,[325] debe ser una novela muy interesante según tú dices. Cómo te sientes. Yo estoy un poco mejor y ya la vesícula no me da tantas patadas. ¿Has sabido de la Rosina? ¿Cómo sigue? Dile que no me olvide. Bueno, recuerdos a todos, te abraza,

Vrigilio

---

[322] Se refiere a *Presiones y diamantes*.
[323] El cuento que Piñera menciona aquí es "La visitación" (1934). Esta traducción de Piñera fue la primera publicación de Bruno Schulz en español (Luis, *Lunes* 26).
[324] Después de la publicación del número 129 –dedicado a Pablo Picasso y correspondiente al 6 de noviembre de 1961– *Lunes de Revolución* fue cerrado bajo el pretexto de una falta de papel.
[325] *El Tambor de hojalata* (*Die Blechtrommel*, 1959), por el novelista alemán y futuro ganador del premio Nobel (1999) Günter Grass (1927-2015).

Habana, diciembre 8/61

Mi querido Humberto, hace días (el 21 del pasado mes de noviembre) recibí tu carta. Por estar en lo del departamento y también con papá no he podido escribirte en seguida. Pues no me mudo; al menos por ahora. Después de dar carrerazos sin cuento resulta que el departamento que me habían cedido en el edificio del R. Médico, no existía. Una semana para nada. Pero me alegro: no imaginas lo que me costaba abandonar la casona. Ahora me siento bien et advienne qui pourra [y pase lo que pase]... Vuelve a escribirme a Guanabo. Por más que hago memoria no consigo recordar quien es la o mejor dicho cómo se llama la hermana de Lilita.[326] Ya la memoria me falla pues cincuenta años no pasan de balde. Esos libros Pepe me los mandaba de regalo, de modo que no le digas nada de plata. Mañana se estrena o mejor dicho es la reprise de *Falsa Alarma*, ahora dirigida por Morín. Te contaré. No logro imaginarte haciendo cosas de contabilidad.[327] Debe ser un opio. Dile a Henri que lo recuerdo con gran cariño y le agradezco su gentileza de "mover" mi Teatro. Creo entender que te mudas para un cuarto, es así? Dime exactamente cuando piensas estar en Bs. As. Tendrás unas [*sic*] gran alegría cuando te diga que he vuelto a la Autobiografía. El otro día me reí mucho yo solo pues me volví a ver a la tierna edad de siete años tocando de oído aquel famoso tango: La Hija del Penal me llaman siempre a mi ...[328] Me acuerdo que lo tocaba con un dedo y Luisa me regañaba por mis equivocaciones. He visto hace dos días a tu madre, está bien y esperando a Julia. No me ha llegado el libro pero déjate de envíos por avión que resultan muy caros. Aquí está el escritor Juan Goytizolo[329] [*sic*] a quien conocí

---

[326] Pensionista en la casa donde vivía Humberto.
[327] Humberto había perdido su trabajo en la embajada debido a su oposición al rumbo socialista de la Revolución.
[328] Se refiere aquí a "La hija del carcelero" (1923), canción con letra de Delfín Villán, y música de la célebre autora de coplas rimadas catalana, Cándida Pérez Martínez (1893-1989). La canción comienza así: "La hija del penal, me llaman siempre a mí, / Porque mi padre es el carcelero, / Nunca jamás sentí, ni conocí el amor, / Más que las penas de un prisionero".
[329] Juan Goytisolo (1931-), poeta, novelista y ensayista español. Fue uno de los jurados para el Concurso Casa de las Américas en el género de la novela. Goytisolo no votó a favor de la ganadora del premio, la escritora cubana Daura Olema García (1933-), cuya novela *Maestra voluntaria* el autor español llamó desde las páginas de la revista *Casa de las Américas* un "reportaje de escasa calidad literaria" (citado en Gilman 151).

en Paris. Viene para el concurso de la Casa de las Américas. Bueno, agoté el repertorio. Escribe pronto. Dale mis saludos a Julia, Jorge y Enriquito. Un gran abrazo para ti,

Virgilio

Habana, enero 14 de 1962.

Mi querido Humberto, he recibido tus dos cartas (la del primero de enero y ayer 13 la del 5). Ya veo que esperaste el año durmiendo. Yo me aburrí soberanamente en casa de Julio Matilla. Bueno, mon cher, de nuevo en el carromato. ... ¡Il faut voir! Maintenant, plus que jamais, il faut que tu m'aides avec toute empressement. Cela veut dire billet d'aller et retour. Pense toi que je ne visite pas l'Argentine depuis longtemps et que je pourrai aider efficacement la Révolution en donnant des conférences, etc. Mais agit sur le champ. Au contraire je n'aurai plus le temps pour faire ce voyage. C'est en février que je demanderai mes vacances au journal. Si tu me manques, je perdrai cette opportunité qui ne se presente pas deux fois dans la vie. Chaque fois de plus ma santé se délabre. Souviens toi que j'accomplirai bientot mes cinquante années. A ce sujet j'ai des noirs pressentiments, comme si ma vie ne pourrai plus échapper a son destin. En parlant de une autre chose: on m'dit que Pepe Bianco visiterai de nouveau Cuba a l'occasion du prochain congres des ecrivains. Ici tout le monde raffole de lui. Ça serai une grande chose de l'avoir parmi nous. Que est ce que tu va faire a Buenos Aires? Ou va tu travailler? Au moins tu trouverai la chaleur après ces grandes froids de la Belgique. Mais revenir au <u>carromato</u> ça me donne des frissons par tout le corps. Malgré tout, c'est la meilleur solution pour toi. En parlant de mon prochain tour, souvient toi que ce billet de aller et retour soit un billet d'avion. En bateau, je dépenserai beaucoup des jours dans la traversée et je ne profiterai pas de mon séjour a Bs. As. Pepe Rodríguez Feo est revenu de la campagne ou il a été alphabétisant les paysans. Nous parlons constamment de ce monde merveilleux qui nous a donne la Révolution. Tandis que je écris ce baragouin de français, je me réjouis fortement de pouvoir "hilvaner" quelques phrases dans cette langue. Comment va-t-elle Grazielle et pourquoi pas ne me écrit-elle? J'ai parlé à ta mère au sujet de ton certificat de naissance. Elle m'dit qu'elle se occuperai seule de te le faire parvenir. Elle l'a demande deja. Encore pas reçu le roman de Grass. Padilla l'a lu a Paris et il m'a dit monts et merveilles de ce romancier. Nous avons eues dans ces jours la les pantomimes tchèques. ¡Merveilleuses! La semaine prochaine nous verrons la troupe polonaise. Bon, je me confie a toi. Donne mes amitiés a Grazielle, a Pepe, a Juanjo, a la Rosina, a Carlitos, a Gorlier,[330] etc. Au bientôt, [¡Hay que verlo! Ahora, más que nunca, es necesario que me ayudes con toda prisa. Esto quiere decir, con un billete de ida y vuelta. Piensa que no he visitado la Argentina desde hace mucho tiempo y que podré ayudar eficazmente a la Revolución dando conferencias, etc. Pero procede en seguida. De lo contrario no tendré tiempo de hacer ese viaje. Es en febrero que voy a pedir mis vacaciones al periódico. Si tú me fallas, voy a perder esta oportunidad que no se presenta dos veces en la vida. Cada vez mi salud decae más. Recuerda que pronto cumpliré mis cincuenta años. Sobre esto tengo presentimientos negros, como si mi vida ya no podrá escapar a su destino. Hablando de otra cosa: me han dicho que Pepe Bianco visitará Cuba de nuevo con ocasión del próximo congreso de escritores. Aquí todo el mundo está loco por él. Sería gran cosa tenerlo entre nosotros. ¿Qué es lo que tú vas a hacer en Buenos Aires? ¿Vas a trabajar? Por los menos vas a encontrar calor después del gran frío de Bélgica. Pero volver al <u>carromato</u>, eso me da escalofríos por todo el cuerpo. A pesar de todo, es la mejor solución para ti. Hablando de mi próxima vuelta, recuerda que ese billete de ida y vuelta sea un billete de avión. En barco, gastaré muchos días en la travesía y no podré aprovechar mi estancia en Bs. As. Pepe Rodríguez Feo ha vuelto del campo donde estaba alfabetizando a los campesinos. Hablamos constantemente de este mundo maravilloso que nos ha dado la Revolución. Mientras escribo esta jerigonza francesa, me encanta poder "hilvanar" algunas frases en este idioma. ¿Cómo está Graziella y por qué no me escribe? Hablé con

---

[330] "Juanjo" se refiere a Juan José Hernández Arregui. Carlos Alberto Gorlier (¿?-1965), escritor argentino e íntimo amigo de Piñera durante su estancia en Buenos Aires. En 1955 Piñera lo ayudó a publicar su primer poema, "Shelly", en el tercer número de *Ciclón* (1955).

tu madre de tu acta de nacimiento. Me dijo que ella se ocupará sola de hacértela llegar. Ya la ha pedido. Todavía no he recibido la novela de [Günter] Grass. [Heberto] Padilla[331] la leyó en París y me habló montes y maravillas de este novelista. Tuvimos estos días aquí las pantomimas checas. Maravillosas! La semana que viene veremos a la tropa polaca. Bueno, me confío a ti. Dale mis recuerdos a Grazielle, a Pepe, a Juanjo, a la Rosina, a Carlitos, a Gorlier, etc. Hasta pronto,]

Virgilio

Habana, enero 31 de 1962[332]

Mi querido Humberto, he recibido todas tus cartas: dos antes de embarcar y una desde Lisboa. Mientras las leía estaba llorando. Pero yo hubiera tomado ese pasaje en la primera. No creo que ahorrar unos pesos sea argumento convincente que ahorre esos sufrimientos inenarrables. Bueno, ya pasó y ahora estás al fin en Buenos Aires querido cuando te volveré a ver … Espero habrás encontrado una carta mía dirigida a la dirección de Graziella. Yo, por mi parte, también desembarqué. El día 30 me mude de Guanabo. Ya calcularás el desgarramiento producido. Dejar la casona ha sido como perder a un ser querido (valga la frase hecha). Como el apartamento nuevo se compone sólo de un dormitorio y una sala, me vi obligado a vender casi todos los muebles, pagados a Rodríguez al precio fabuloso de cuatrocientos veinte pesos. Me quedé con mi cama, con el chiforró, los dos sillones, la mesa de la sala, la cama de Niso, la mesita, la mesita torneada, la silla de extensión, la cocina (regalada a Luisa) y el calefón. Por el resto de los muebles nada más me dieron setenta pesos, pero no hice cuestión pues ya sabes que no me gusta pujar y además, estaba

---

[331] Heberto Padilla (1932-2000), poeta y periodista cubano. Durante esta época formaba parte del equipo editorial de *Revolución* y *Lunes*. Fue el centro de una de las polémicas culturales más significantes de la Revolución –el llamado "Caso Padilla"–.

[332] Humberto había acabado de llegar a Buenos Aires después de trabajar dos años como canciller en la Embajada Cubana en Bruselas. Pasó el resto de su vida en la capital argentina.

desesperado por mudarme. Bueno, ahora vivo en el apartamento que está junto al de Pepe, en la calle N numero 375 esq. a 27 en el piso tercero numero 7. Es el edificio que está frente por frente al América. Desde mi ventana veo el fondo del cuarto de San Lázaro (1948). Por ahora no me escribas a esta dirección pues no tengo llave de mi buzón. Escríbeme a Panchito Gómez. Me teléfono es el 3-5167. Tuve la suerte de que el departamento lo tenía; era de Luis, el amigo de Pepe, que se fue para España. Por una parte me alegro haberme mudado pues siempre tenía el problema de la guagua. Por una carta que Pepe Bianco le escribió a Dora Alonso me entero que estuvo muy embromado. Dale un gran abrazo y dile que me escriba. Como encontraste a Rosa? Abrázala en ni nombre. Graziella no se digna de hacerme dos letras siquiera. Supongo ya la habrás visto. Recibí tres Historias, que me vinieron de perillas pues no hay nada que leer. No he recibido *El Tambor*. Ahora acabo de hablar con tu madre. Dice que no le pusiste el cable como ella esperaba lo hicieras. No olvides mis recados. Estoy bien de salud. Bueno, mil cosas, y recuerdos a todos los amigos. Te abraza,

Virgilio

Habana, febrero 15 de 1962

Mi querido Humberto, después de recibida tu primera carta desde Buenos (helas, quinta época) te había enviado una mía, no sé ni lo que digo, pues dije después y es antes. Bueno, no, ahora recuerdo que fue después de la mía, es decir la tuya donde me hacías varias observaciones. Me parece que deberé esperar ahora algún tiempo pues estoy empeñado en la empresa colosal del libro de la Pintura Cubana[333] y esto me tendrá ocupado hasta fines de mayo. Entonces podría viabilizarlo todo; de cualquier manera te avisaré si algo llego a concretar. No sé si ésta te llegará en vista del rompimiento de relaciones

---

[333] *Pintores cubanos* (1962).

de la Argentina con nosotros. Me han dicho que el gobierno argentino chequea la correspondencia. Nada me dices si ya encontraste trabajo y qué. Con ese nuevo cuarto ya completas el ciclo del carromato. Ahora es verano, pero cuando lleguen las nieves ... Hay abundante querosene este año? Me dicen que Bianco estuvo muy mal. Dile que me escriba. Puedes conseguirme el libro de Miguel Hernández: VIENTO DEL PUEBLO?[334] Es para publicar en las ediciones de la Imprenta Nacional. Me acostumbro con trabajo a la nueva casa. La única ventaja es la cercanía, pero querido, qué manera de cambiar la vaca por la chiva. Ya estoy que ni hago planes ni quiero conservar nada. Perder ese casa ha sido como cuando perdí a la pobre Mamuma. Bueno, ya tú calcularás. Dile de nuevo a Graziella que se digne escribir a este pobre ser que el 4 de agosto cumpliré cincuenta años. Qué ánimo debo tener y qué voluntad pour ne pas sombrer [para no hundirme]... Es cierto que Gombrowicz va a Alemania Occidental a dar conferencias. Eso fue lo que leí en una revista alemana en español que allí llega de vez en cuando. Cuéntame si lo has visto y dile que aunque desenganchado del circo ferdydurkiano, sigo haciendo la propaganda. Tampoco me has dicho cómo encontraste a Rosa y cuantos sombreros se ha ordenando para la season [temporada]. Ezdena sigue existiendo? Tu madre está muy bien, pero hace varios días que no la llamo. Bueno, vuelve a escribirme pronto. Ojalá nos veamos pronto. Te abraza, Carlín,[335] que está aquí de vacaciones, te manda un abrazo,

Virgilio

Habana, marzo 12 de 1962.

Mi querido Humberto, recibí tu carta (no recuerdo la fecha pues la dejé en el apartamento y te escribo desde el periódico). Creo entender

---

[334] Miguel Hernández (1910-1942), poeta y dramaturgo español asociado con las generaciones del '27 y '36. Piñera se refiere aquí a su libro de poemas, *Viento del pueblo: poesía en la guerra* (1937).

[335] Carlín Galán (1917-1985), hermano menor de Natalio Galán.

que compartes la habitación con ese tipo. En ese caso, tu paciencia es más que benedictina. Hasta dónde puedes resistir. Además, ese trabajo. Pero imagino que al menos haces lo que te da la gana. Bueno, aquí yo sigo en mi trabajo, aunque te diré que ya no tengo el sueldo de la imprenta pues por una nueva disposición hay que hacer ocho horas y no podía dividirme entre el periódico y la imprenta. Arreglé las cosas de manera de trabajar a destajo, es decir, por libro traducido, a uno cincuenta por cuartilla mecanografiada, lo cual más o menos me rinde lo mismo, pero con la sensible diferencia de que tengo más trabajo pues si no traduzco no cobro. De modo que estoy reducido a los 190 del periódico como sueldo básico. Espero que para mediados de año pueda dar mi viaje a Méjico; ya te avisaré. Me dices que no quieres ver a qué me contás, pero haces mal, pues aunque él no tenga tus mismas ideas estéticas y literarias no creo que eso sea una buena justificación para cortar.[336] Te aconsejo que le visites; me dice Dora Alonso que él vendrá de nuevo a Cuba para junio o julio. A mí no me escribe. Si es que algo en el tintero [sic], dímelo. Tampoco Graziella me hace una letra. Qué has sabido de Julia? Vi a tu madre hará cosa de unos veinte días, yo la encuentro bien de la vista, pero ella no me dijo nada y me dio pena preguntarle; a Herminia la vi una noche en el café de 12 y 23, hablamos un rato. Está linda como siempre. Yo creo que debes tratar de escribir, será la única justificación de esta vida de mierda. Creo que estarás consciente de que lo único que te queda es precisamente escribir. Nadie sabe lo que puede salir de un corazón atormentado. Procura leer un número de *Encounter* (de enero o febrero de este año) donde aparece un cuento genial de un tal Abraham Tertz; el cuento se llama The Icicle.[337] Me olvidaba: mándame corriendo unos paquetes de navajitas; ayer di fin a las traídas de Bruselas. Mándalas por paquete certificado que permiten retirarlas. No te olvides. Por supuesto, aéreo. Dile a Rosina que a pesar de nuestras peleas siempre la recuerdo con mucho cariño. Ayer se estrenó la ópera de Natalio con libreto de Arrufat. Ha sido un success; los músicos argentinos que están aquí lo han ponderado mucho. Me dices que ganas ciento cincuenta dólares,

---

[336] Está hablando de José Bianco.
[337] Abram Tertz, nombre de pluma de Andrei Donatovich Sinyavsky (1925-1997), novelista, cuentista, ensayista y crítico literario disidente ruso.

¿quiere eso decir que debo multiplicar 150 por ochenta? ¿O ganas el equivalente de 150 dólares? Todavía tienes de respiro el mes de marzo (hablo del calor) pero cuando vengan los fríos ... Bueno, tu paciencia y resignación pondrá [*sic*] el resto. Escribe pronto. Te abraza y recuerda,

Virgilio

Habana, abril 8 de 1962

Mi queridísimo Humberto, recibí tu carta de marzo 27. Creo recordar que "perfecto" se usaba en Bs. As. cuando estábamos allá. O al menos, en el grupo de Carlitos; te lo digo, porque a mí se me pegó, y aún la digo a veces. Recibí perfectamente las navajitas en sobre aparte. Espero que me sigas haciendo envíos regulares. Además, no tengo crema de afeitar. Si pudieras enviarme cinco tubos de lanoleche con brocha es decir para brocha. La puedes enviar por paquete certificado aéreo y si te cuesta mucho pues me mandas dos. Ha mejorado algo la comida, no hay leche de vaca pero nos dan por persona seis latas de condensada o evaporada al mes. A mi me basta pues sólo la tomo en el desayuno. De vez en cuando cae un pollo y Pepe lo hace con arroz. El se encarga de vivaquear por bodegas, puestos de viandas, etc. Con la edad se le ha despertado una avaricia enorme. Si vamos al restorán y yo dejo algo en el plato, se lo come pues dice que no debe desperdiciarse nada. Trabaja como loco en las traducciones, notas de libros, crítica, hace en estos momentos una monografía sobre Mariano para la Unión de Escritores ¿Ya te dije que no tengo más el sueldo de la imprenta? Ahora destajo. Por cierto que estoy terminando un libro de cuentos de Maupassant –*La Maison Tellier*.[338] A propósito, mira a ver si ese tomo está traducido; hay expresiones de argot que desconozco. Por ejemplo: "Pas si sur que ça, mon bon, votre mère est une astèque et vous n'êtes qu'un plein-de-soupe" [No esté tan seguro, mi bien, su madre es una azteca y usted un obeso] Aclárame también este párrafo:

---

[338] Henri René Albert Guy de Maupassant (1850-1893), escritor francés, considerado uno de los padres del cuento moderno. *La Maison Tellier*, colección de cuentos publicada en 1881.

Les deux bourgeois aussitôt s'enfuirent pour n'être pas compromis; mais un léger «pss't» les arrêta: c'était M. Tournevau, le saleur de poisson, qui, les ayant reconnus, les hélait. Ils lui dirent la chose, dont il fut d'autant)lus affecte que lui, marié, père de famille et fort surveillé, ne venait la que le samedi, «securitatis causa», disait-il, faisant une mesure Cie police sanitaire dont le docteur Borde, son. ami, lui avait révélé les périodiques retours. C'était justement son soir et il allai se trouver privé pour toute la semaine. [Los dos burgueses huyeron inmediatamente para no comprometerse; pero un ligero "psst" los detuvo: era M. Tournevau, el salador de pescado, quien, reconociéndolos, los llamaba. Ellos le contaron el asunto, el cual le afectó tanto más cuanto que él, casado, padre de familia y fuertemente vigilado, no venía más que los sábados, "securitatis causa", decía él, como medida a causa de la policía sanitaria de la que, el doctor Borde, su amigo, le había revelado los periódicos regresos. Era justamente su noche, y se iba a ver impedido toda la semana.]

Lo que me cuentas de ciruja [*sic*] es infernal. ¿Te has fijado que en esa casa siempre hay un monstruo de turno? Estoy terminando mi nuevo libro de cuentos que titularé *El Caramelo*, y un libro de poemas,[339] que al decir de los lectores que ha tenido, es una verdadera revelación en la poesía cubana. Veremos. ¿Te dije que estuve un mes sin agua en el apartamento? Imagina la que pasé; menos mal que ya se arregló y hace cinco días que tenemos agua a raudales. Osvaldito, con quien salgo mucho, te manda un gran abrazo. Ya veo la situación de Buenos Aires.[340] Graziella debe estar en las nubes. ¿Es cierto que Frondizi se va del país? No dejes de contestarme en seguida y si encuentras el libro me lo mandas volando, antes que la crema de afeitar. Ahora veo que haces alusión a lo de mi actual trabajo. He arreglado el departamento lo mejor posible. Luisa me prestó las flores de Portocarrero, mandé a enmarcar uno de los goaches de Osvaldo (el de la fuente de la India) compré un Abela muy bueno y Raúl Martínez, el pintor abstracto,

---

[339] Se trata de *Cuentos* (1964) y *La vida entera* (1969).
[340] Piñera hace referencia aquí al golpe de estado del 29 de marzo de 1962 que resultó en la deposición del presidente Arturo Frondizi.

me regaló un gaoche muy bueno.³⁴¹ Te dije que traje de Guanabo los sillones y la mesa de la sala; mi cama, la de Niso, el chiforró, la mesita verde de Niso, con esto me basta y me sobra. Después del discurso de Fidel estamos más tranquilos pues ha sido una especie de deshielo. Te encarezco expresamente que te pongas a escribir. Después de lo que contaste de Nariz Rehecha³⁴² no tienes por qué valorizar la amistad. No te pelees pero tampoco le des mucha bolilla. Bueno, abrazos a todos. Pepe te manda un saludo. Te recuerda siempre,

Virgilio

*Humberto, mis saludos cariñosos, y cuando comas acuérdate de nosotros, Matica.*³⁴³

Mayo 16/62

Mi querido Humberto, otra vez me he puesto moroso con las cartas. Ahora estoy contestando la tuya de abril 26. Recibí las cuchillitas, y espero que llegue la crema de afeitar pronto pues ahora sí que se acabó mi último tubo. Te diré que estoy muy preocupado por los alimentos. Se come lo estricto para sostenerse, pero piensa en las avitaminosis y demás. No se si te dije que resolví poner cocinera; me defiendo mejor. Tengo el problema del aceite, ya sabes que la manteca no la resisto.

---

[341] René Portocarrero (1912-1986), pintor cubano, una de las figuras más destacadas del arte plástico cubano del siglo XX. Ilustró el primer libro de Virgilio, *Las furias* (1941), entre muchos otros por autores cubanos y fue un colaborador asiduo en *Orígenes*; Eduardo Abela Alonso (1889-1965), pintor y caricaturista cubano. En los años treinta creó el personaje "El Bobo" que sirvió de voz crítica contra la dictadura de Gerardo Machado; Raúl Martínez (1927-1995), pintor cubano y diseñador artístico de *Lunes de Revolución*. Según William Luis, bajo la dirección artística de Martínez, "*Lunes* se caracterizó por sus cualidades abstraccionistas, las cuales le dieron a la revista su identidad gráfica" (*Lunes* 23).

[342] Se refiere de nuevo a José Bianco. Ver el siguiente comentario de la carta del 6 de marzo de 1961: "Te diré que [Pepe Bianco] estuvo muy malo en Buenos Aires, de la nariz, que se le perforó por varios lados. Esto lo obligó a hacerse un injerto, con piel de la oreja izquierda, y aunque el cirujano trató de hacer lo mejor posible, se nota claramente el injerto y cuesta acostumbrarse a mirarle el apéndice nasal".

[343] Esta nota está escrita en mano ajena debajo de la firma de Virgilio. No he podido averiguar de quién se trata "Matica".

Nos dieron, hace dos meses, una botella de aceite de oliva tunecino (magnífico) pero ya hace rato que se terminó. La carne es sólo una vez por semana (3/4 de libra, siempre pido picadillo pues rinde más), pescado igualmente y pollo una vez por mes. Por deficiencias, señaladas por Fidel hace poco, la distribución no es totalmente regular, y esto trae sus naturales inconvenientes. Después de la sirimba que me diera hace un mes más o menos, ahora estoy mal de nuevo. Cosa rara: tengo la garganta que no puedo tragar, e inflamadas las amígdalas. Cualquier cosa que puedas mandarme de alimento no vaciles en hacerlo, por la vía normal, pues no hay contravención alguna. Sería bueno que me mandaras una lata de aceite, si es que no te causa mucho trastorno. Es lo que más necesito.

Aún no me ha llegado *Le Tambour*,[344] espero a que me llegue para contestarle a Jorge. Escribí a Graziella y a Bianco. ¿Te han dicho si recibieron mis cartas? Ya resolví lo de Maupassant, pues consulté mis dudas con Jacques Broutè, un francés al que traduje, hace dos años, un libro de poemas. Cómo ibas a encontrar la palabra *asteque* sí no es otra cosa que una deformación grotesca del autor de la palabra *estoica*. Ta mere est une vielle asteque [tu madre es una vieja azteca] vale por ta mere est une vielle stoïque [tu madre es una vieja estoica]. Ya entregué la traducción, espero cobrarla el viernes próximo. Trabajo intensamente en los cuentos y el libro de poemas. Por si acaso me sigo sintiendo mal sería bueno que tuviera a mi disposición un pasaje de ida a ésa vía Brasil, pero antes tendría que pasar por Méjico, pues no hay salida directa para Brasil. O también volar a Jaimaca [*sic*] y desde allí esperar el Reina del Mar. Sería cuestión de arreglarse. Ya te avisaré. No puedes imaginar lo chiche que tengo el apartamento. Cuadros de Portocarrero, Milián,[345] Raúl Martínez, Abela, Osvaldo. Compré una lámpara de mesa Art Nouveau, y un librero. Tienes toda la razón con las visitas a tu madre. Hace una semana nos encontramos en la bodega, figrate [*sic*] yo con la cara contra el suelo. Te prometo enmendarme. ¿Que sabes de Julia? Me decía Jorge que iba a trabajar en Barcelona. Te compadezco con los fríos que se avecinan. ¿Hay efectivamente kerosene a pasto?

---

[344] Se refiere de nuevo a *El tambor de hojalata* de Günter Grass, aunque esta vez cita la edición francesa.
[345] Raúl Milián (1914-1986), pintor cubano autodidacta. No empezó a pintar hasta 1952.

Sólo de pensar que vería de nuevo al papero, la papera y la paperita se me pone la carne de gallina. ¿Cómo anda la Rosina? ¿Volveremos a jugar canasta "de a tres" matando el mortal aburrimiento? Si algo sale de libros interesante realmente, mándalo. ¿Has vuelto a ver a Gombrowicz? Por lo poco que leo en la prensa de acá parece que la crisis aguda ha pasado en Bs. As. Niso nos escribió hace una semana. Publica en estos meses una novela, pero no aclara nada. Bueno, te prometo normalizarme en la correspondencia. Recuerdos a la Rosina. Un gran abrazo,

Virgilio

Habana, junio 12 de 1962

Mí querido Humberto, hace un montón de días recibí tu carta donde me decías no tener noticias mías desde mucho tiempo. Me sorprendió mucho, como una semana con anterioridad a tu carta yo te había enviado una muy extensa y detallada. Entonces no te llegó. Dos días después recibí las cuchillitas. También escribí a Jorge dándole las gracias por el envío del *Tambor* (que aún no he recibido) y pidiéndole me enviara unos frascos de crema de afeitar. Por cierto que cuando ya estaba abocado a afeitarme con jabón, Juan Enrique me regaló un tubo gigante de pasta de afeitar Colgate. Imagínate cómo lo estiro. En mi anterior carta te decía que había podido aclarar las dudas de las palabras en el texto de Maupassant. Estas son las horas que la Imprenta no me ha pagado esa traducción, entregada hace más de un mes. Estoy reducido al sueldo de *Revolución*, con decirte que debo dos meses de casa, y ahora debo ponerme al día pues se esta haciendo un Censo de casas. Carpentier ha sido nombrado Director de la Imprenta Nacional, que ahora se llama Editorial Nacional. Espero que el me reintegre a mi antiguo status, es decir, sueldo fijo y trabajo en la casa. Acabo de leer un libro encantador, lleno de chismes. Se titula La Societé de París, por el Conde Paul Vasili. El sumario es como sigue: Le Comte de París y son ascendance. La Comtesse de Paris y la famille d'Orléans. Ce que pourrait être la Cour de Philippe VII. Les familles ducales. Familles ducales a titre étranger de création récente. Le Monde d'aujourd'hui. Suite au monde d'aujourd hui. Le Veau d'Or. Litterature Mondaine. [Lo que podría ser la corte de Philippe VII. Las familias ducales. Familias ducales con título extranjero de creación reciente. El mundo hoy. Continuación al mundo hoy. El becerro de oro. Literatura mundial.] Piensa que esto es sólo el primer tomo.[346] Desgraciadamente, La Alianza sólo posee ese tomo. A lo mejor encuentras la colección completa en Buenos Aires. Ese Vasili era un conde ruso, que vivió en París toda su vida y estaba íntimamente mezclado al gran gratin.

Pepe Bianco no me ha escrito. ¿Lo sigues viendo? Graziella sigue muda, a pesar de lo pâmée [extasiada] que está con mi soneto.[347] No puedo escribirle a Gorlier hasta no tener su dirección, pero adelántale mis "votos por su pronto restablecimiento". Además, a cada rato nos vemos en Harrod's.[348] Te imagino penando con el invierno. ¿Es cierto que tienes estufa y aun más kerosene? ¿Te acuerdas nuestras idas a buscar en Sta. Fe y Laprida? Se me pone la carne de gallina de sólo pensarlo. Hemos mejorado un poco en los alimentos; además, mi empleada me consigue algo. Aparte de la canasta no tengo otra distracción. Pocas películas que valga la pena ver; el teatro, de bala. Es casi seguro que *Aire Frío* vaya en noviembre, si es que al fin se "da" con los actores. Sigo escribiendo mi libro de cuentos a publicar a fin de año. Si tienes oportunidad busca una novela titulada *Pedro Páramo* (Juan Rulfo, mejicano) y dime qué te parece. Acá lo ponderan mucho, y a la

---

[346] Aquí Piñera habla del primer tomo de *La Societé de París* por Comte Paul Vasili: *Le grand monde* (1887). El segundo tomo, *Le monde politique*, fue publicado en 1888 por la misma casa editorial.

[347] Debe de tratarse de "La sustitución", uno de los relativamente pocos sonetos que escribió Piñera. Este soneto corresponde a la época de la carta, y trata un tema amoroso: "No quiero me despierten de este sueño / donde yo puedo amar correspondido … y mientras más te sueño más te amo" (*La isla en peso* 269).

[348] Aquí Piñera está imaginando/recordando sus encuentros con Carlos Gorlier durante su estancia en Buenos Aires. Se refiere a la sucursal argentina de Harrods, la famosa tienda a departamentos basada en Londres. Fue establecida en 1914 en la Calle Florida 877, y fue la primera y única sucursal internacional.

verdad que yo leí unos cuentos de el y me resultaron un paquetico.[349] Dile a Graziella que no me reproche el olvido por su cumpleaños. Yo vivo en un verdadero "maelstrom" y vivo como un zombie. Si nos volvemos a ver, ya me oirás. Después de mucho tiempo, Niso nos escribió. Anuncia una novela publicar [*sic*] a fin de año por Scribner's and Son.[350] Marta tiene automóvil y casa propia. ¿Que te parece?

Interrumpí esta para cruzar la calle y hacerle una visita a tu madre. Primero te diré que está mas delgada pero muy saludable. Ya te habrá contado que fue al médico y que le hizo un chequeo completo y no le encontró nada anormal. Me contó que Julia quiere volver, pero que ella le ha aconsejado que vaya a reunirse contigo en Buenos Aires. ¿Sabes que le robaron el radio de Julia? A las once de la mañana. He quedado en conseguirle una cocinera. Está tan bien de la vista que me dijo había ensartado una aguja sin lentes. Julia le mandó una latica de aceite y dos latas de bonito pero nunca las recibió. Bueno ahora seré más regular en mis visitas. Cuídate. Saludos para Rosa. Te quiere,

Virgilio

La Habana, junio 25 de 1962

Mi querido Humberto, hace dos días recibí tu carta, es decir, la recogí en Ayestarán el domingo, cuando fui a buscar a papá para llevarlo a la Lisa.[351] Tiene fecha 19 y el cartero la entregó el sábado 23 por la tarde. Después de la carta que recibiste y que ya gritabas por mi tardanza en hacerlo, te envié otra que te decía se habría cruzado con la

---

[349] Es curioso que Piñera no hubiera leído la obra maestra de Rulfo (1918-1986), *Pedro Páramo* (1955), y que los cuentos de *El llano en llamas* (1953) –que expresan con lenguaje preciso y sucinto la realidad de los campesinos mejicanos en los años después de la Revolución– no lo impresionaran. El lector de las cartas a Humberto notará que, con la excepción de los autores argentinos que conoció en Buenos Aires y unos cuantos colegas cubanos, Piñera menciona a muy pocos autores de Hispanoamérica.

[350] No he podido encontrar una novela de Niso Malaret en los catálogos de Charles Scribner's Sons. Que yo sepa, Malaret nunca logró publicar una novela en Estados Unidos.

[351] La Lisa, una de las 15 municipalidades de la ciudad de La Habana.

tuya masi [*sic*] que espero la hanrás [*sic*] recibido en estos días pasados. No alquiles el departamento pues hasta fines de año no podría hacer el viaje. Para empezar, estoy en la edición del libro de Pintores Cubanos, que sigue demorado por falta de material. Además, estoy imprimiendo *Pequeñas Maniobras*, que espero saldrá en agosto para mi cumpleaños de cincuenta años. Y a fines de año quiero publicar *El Caramelo* (los cuentos). Verás que me es materialmente imposible dejar todo ese trabajo en estos meses. Imagina las ganas que tendré de verte, pero mi voluntad no es nada frente a otras realidades. Es preciso que entiendas bien esto y que es sólo cuestión de oportunidad. A mí me gustaría coger el avión mañana mismo pero ya sabes cuantos impedimentos se oponen a una decisión personal.

Nada me dices si empezaste a trabajar en el periódico. Lo de las fichas de Carlos Aparicio me dio estremecimientos. Te veo de nuevo en el Congreso revisando y anotando. Eres un verdadero mártir. Acabo de leer un libro de un tal Dánvila, embajador de España, editado en el 52, sobre el hijo de Felipe V y de su mujer Luisa Isabel de Orléans, hija del Regente.[352] Leyendo leyendo [*sic*] me entero que la mujer de Carlos IV era sobrina de Luis XV y que esa hija del Regente era nieta de la Montespán; al mismo tiempo, Isabel Farnesio, la segunda mujer de Felipe V era prima de Luis XV. El libro es muy ameno, un poco con la pesadez española, pero con una información de primera mano, citando todo el tiempo a Saint-Simone [*sic*],[353] francés y con una cantidad de chismes asombrosa. Son 500 páginas que se leen de un tirón. Lástima que no pueda mandártelo pues de aquí no llega nada a la Argentina. En la librería belga me compré *El Secreto de Charrette*, entre paréntesis

---

[352] Alfonso Dánvila y Burguero (1900-1997), escritor, historiador y diplomático español. Fue embajador de España ante Argentina entre 1933-1936. Aquí Piñera se refiere a *El Reinado relámpago, Luis I y Luisa Isabel de Orléans, 1707-1742* (1952).

[353] Claude-Henri de Rouvroy, Conde de Saint-Simon (1760-1825), mejor conocido como Henri de Saint-Simon, filósofo, escritor y teórico social francés cuyo pensamiento tuvo una gran influencia en grandes filosofías del siglo XIX como el Marxismo y el Positivismo. Saint-Simon fue uno de los autores preferidos tanto de Piñera y Humberto como de Gombrowicz, y cabe añadir que Piñera había puesto sus *Memorias* en primer lugar en su respuesta a la siguiente pregunta en una encuesta en *Lunes*: "Si su biblioteca si viera amenazada por una hecatombe –la bomba atómica, un rayo, la polilla– ¿qué libros trataría ud. de salvar?" Ver la nota a la carta del 29 de junio de 1960.

dice: Le Roi Vendeé.³⁵⁴ Aun no lo he empezado.

Hemos mejorado un poquito con los alimentos. Mi criada se preocupa mucho de que no me falte la carne y el pollo. Mal que bien voy escapando, y tomo leche condensada que por fortuna me cae muy bien. Ahora estoy por entrar de nuevo en la Imprenta Nacional pues creo haberte dicho que Carpentier es el Director General. Ojalá porque estoy ahogado económicamente. De películas cero. Ya han puesto ahí una película de Hitcocht [sic] que trata de una invasión de cuervos?³⁵⁵ Quedé en conseguirle una empleada a tu madre pero todavía la mía no ha podido conseguirla. El otro día le hablé por teléfono y está muy bien. Dime si Julia viene por fin o va para esa. Graziella sigue sin escribirme. Dale muchos cariños a Juan José [Hernández Arregui] y a Pepe. ¿Entraste de nuevo en Eros? Yo estoy acabando, no olvides que son los últimos cartuchos. Bueno, escribe de nuevo. De haber una posibilidad inmediata de viaje te avisaría sur le champ [en el acto]. Abrazos y cariños para Rosa, Graziella, y todos en general. Te abraza y quiere,

Virgilio

Agosto 9 de 1962

Mi querido Humberto, debes estar tirado en el suelo por mi silencio. Tu carta de julio 11 la recibí el 23; había estado días antes a ver a tu madre para pedirle noticias tuyas pues no sabía de ti desde junio. Y al otro día, recibo tu carta. También ese mismo día una de Jorge donde me anunciaba el envío de cinco tubos de crema de afeitar –dos

---

³⁵⁴ *Monsieur de Charrette: Le roi de Vendée* (1924), libro de G. Lenotre, nombre de pluma de Louis Léon Théodore Gosselin (1855-1935).
³⁵⁵ Está haciendo referencia a *The Birds* [Los pájaros] de Alfred Hitchcock (1899-1980) cineasta inglés, y maestro del cine de horror, misterio e intriga. *The Birds* fue filmado en 1962, pero su estreno mundial no fue hasta el 28 de marzo de 1963 en The Museum of Modern Art en Nueva York. Cuando Virgilio escribió la presente carta, la película no se había dado todavía ni en La Habana ni en Buenos Aires.

por avión y tres por barco. Pues nada he recibido, qué me contás y ya he perdido las esperanzas de recibirlos. Fui por correos y me dicen que si no me han mandado aviso es porque nada me han mandado. No he vuelto a escribirle a Jorge pues pienso que ya debe estar viajando hacía esa [sic]. Figúrate, estoy dando fin al último tubo de crema de afeitar, que Juan Enrique me regaló. Después tendré que hacerlo con jabón. Las navajitas ya expiraron, es un problema afeitarse, te juro que es un horror. La comida, escapo, por mi criada, que, la pobre, se mata por buscarme cosas. Te diré que he rebajado catorce libras; peso ahora 119. Para colmo, tengo enfrente, en casa de los Sánchez, un cuartel de milicias donde a la hora de la siesta ponen un altavoz a toda mecha con himnos y noticiosos. Y para "poner la tapa al pomo" un calor de película. Ojalá pueda concretar mi viaje a Chile para fines de año.[356] Es preciso que desde ahora vayas buscándome una invitación oficial para dar conferencias en Santiago. El pasaje debe ser pagado en dólares ida y vuelta, a través de Canadá, infórmate en la Embajada de Cuba en ésa. Me dice tu madre que Julia está decidida a volver a la Habana y que posiblemente trabajará en la Biblioteca Nacional. Como sabrás, cumplí cincuenta el día cuatro, lo pasé jugando canasta en casa de unos amigos. Veremos cómo se desarrolla este año para mí de medio siglo. Estoy terminando el libro de cuentos y ya tengo la novela en linotipo. Mira a ver si por medio de Bianco te enteras de alguien que venga para acá y me mandas unos tubos de crema de afeitar y unas navajitas. De cine, cero, de lecturas casi nada, a no ser lo de la Alianza, que ya tengo casi agotada, por suerte encontré una carnita: *La Vida Cotidiana bajo Luis XIV*.[357] Te juro que es una vida bien chata. Pronto hará un año que nos despedimos en Bruselas. ¿Volveremos a vernos? Quiero creer que sí. Cuéntame de tu trabajo y dime quien es la persona que iba a ceder el departamento. Eso me tiene intrigado. ¿Cómo esta Rosa? Dale mis cariños. Pepe me escribió pero no he tenido ánimo para contestar su carta, así estoy de deprimido. Díselo. A Graziella que se vengó ampliamente por mi olvido de su treinta de abril y que el cuatro de agosto pasó para ella por debajo de la puerta. Tu imaginarás que a esta edad, con los problemas que tengo arriba, con papá y sus chocheces,

---

[356] Como tantos otros, este viaje a Chile nunca se realizó.
[357] Georges Mongrédien (1901-1980). *La Vie Quotidienne sous Louis XIV* 1948.

me cuesta mucho vivir, hay veces que me tiro en la cama no quiero levantarme para nada. Para colmo, en la Imprenta Nacional todavía no me han pagado y con el sueldo del periódico casi no me alcanza. Arrufat tuvo que prestarme ciento cincuenta pesos para poder pagar dos meses de casa y la de Ayestarán. Todo se junta cuando uno está cagado. De salud, a Dios gracias, estoy bastante bien, muy flaco pero sin trastornos. Si me ves no me conoces. Cuando fui a Bruselas estaba flaco pero ahora estoy esquelético. Leí lo del nuevo golpe militar.[358] ¿Tienes calefacción perra? (Sólo tu santa resignación hace el milagro de habitar el carromato). Bueno, son tantas tristezas ... Escríbeme pronto. Te quiero siempre,

Virgilio

Agosto 31/62

Mi querido Humberto, ayer fue el santo de Rosa, Rosa fue tu santo y ya ves que te recordé. Me imagino que lo habrás pasado muy bien, por lo menos ir al cine a ver un estreno. ¿Desde cuando yo no asisto a un estreno? Pues querido, te estoy escribiendo bajo una lluvia de megáfonos que el cuartel de milicias de enfrente enfila ya que hay peligro de invasión y así se anima al pueblo a resistir a los imperialistas. Yo no creo que los americanos se atrevan, pero hay que estar preparados. Figúrate que son tan atrevidos que plantan sus acorazados en pleno litoral, justo en el límite de las tres millas y los aviones hacen incursiones en pleno territorio nacional, extremos estos que el gobierno revolucionario denuncia incansablemente al mundo.

Te diré que ayer por fin recibí la crema de afeitar, justo el día en que, desesperado, empezaría a afeitarme con jabón. Jorge me mandó un envío magnífico, que nunca le agradeceré bastante: un tubo gigante de crema mentolada de Yardley y otro de Mennen. Bien racionado tengo

---

[358] Se trata del golpe militar del 19 de marzo de 1962 que derrocó al presidente argentino Arturo Frondizi.

para más de seis meses. Además, venían dos paqueticos de Gillette roja. Estoy hecho. El libro de pintura toca a su fin. Para fines de este mes ya tendremos varios ejemplares. También en un mes más o menos saldrá mi novela y el libro de cuentos para noviembre. Entonces podré coger las vacaciones. Me gustaría aprovechar el viaje y dar conferencias en Santiago y Buenos Aires. Mira a ver cómo te las arreglas para que alguna institución chilena me mande una invitación. El pasaje debe ser de ida y vuelta pues tendré que estar de vuelta en la Habana para fines de enero. Hay que pagarlo en dólares vía Canadá. También me gustaría que fueras a esperarme a Santiago, no creo que esto te cueste mucha molestia.

Hace unos días estuve en tu casa; tu madre está muy bien, esperando a Julia. Ahora no sé si te he dicho me voy los fines de semana a una playa semisalvaje Buey Vaca —que está a cinco minutos de Matanzas. Ayer salí con Osvaldito, que se va en estos días de viaje. Me he comprado un farol de gasolina muy bueno y tengo alcohol suficiente para cocinar. No me dices si por fin has concretado lo de un trabajo fijo. Recibí tu carta, con mucho atraso, felicitándome por mi cumpleaños. Esa se cruzó con una mía que supongo habrás recibido. Las cartas desde allá se demoran más de quince días. Por fin, cobré en la Imprenta y pude ponerme al día en la Reforma Urbana y pagar varias deudas que tenía. Ahora voy a comprarme un poco de ropa, la que encuentre porque no hay mucha, sobre todo zapatos, que no se encuentran. Me quedan los mocasines y para de contar, los negros ya son unas chancletas. Algo me he repuesto en estos días y creo haber aumentado una o dos libritas. Menos mal que ya vas a salir del invierno; aquí el verano ha sido de película aunque te diré que mi departamento no es excepcionalmente caluroso. Osvaldito te manda muchos abrazos lo mismo Pepe y Marré, que ahora está acá en la Habana trabajando en una acería. Si lo ves a Pepe Bianco dámele un abrazo y que ya le contestaré cuando esté mas animado. También recibí carta de Graziella por mi día, dile que no dejaré pasar muchos días sin hacerle unas letras. Bueno, esto es todo, ojalá pronto nos reunamos un tiempito. Vuelve a escribirme. ¿Ya Jorge está en ésa? Si es así le das un abrazo y agradécele de mi parte. Por cierto, nombraron a Guillermito Cabrera

Infante Agregado Cultural en Bruselas.[359] Arcos[360] le habló muy bien de ti y de Julia y le dijo que ustedes se escribían. Guillermo quiere que tu le escribas a Jacqueline avisándole su viaje y que me escriba a mí con esa información sobre casa a vivir, precios de comidas, etc. Bueno, escribe pronto. Te abraza y quiere,

Virgilio

Habana, octubre 4/62

Mi querido Humberto, por fin me llegaron tus cartas. Hace unos siete u ocho días, hablé con tu madre y me dijo que había recibido carta tuya. Imagínate cómo tendría yo los nervios con lo de los encuentros entre el ejército por allá. Pero siempre confiando que no te pasaría nada sé que odias curiosear y que te agarre una bala perdida. Recibí las dos cartas juntas. Una contiene el encargo de Álvarez y la cartica que lo acompaña tiene fecha 20 del pasado mes; la otra es del 16 e incluye una (muy corta) de fecha 17. Ahora voy al periódico para ver si la persona encargada allí de asuntos legales puede ocuparse de tramitar esa partida de matrimonio,[361] es decir, hacer todas las gestiones que me indicas. En caso contrario, lo haría yo mismo, y con la urgencia que el paso requiere.

Sobre mis vacaciones a pasar en Chile te diré que podría tomarlas a principios de diciembre o más tardar, a mediados de dicho mes. Me parece que el mejor vuelo sería tomar aquí en la Habana la KLM que vuela hasta Maracaibo pasando por Jamaica y Curazao, y en uno de esos dos lugares (Jamaica o Curazao) enlazar con otra línea que me lleve hasta Chile. No quisiera hacerlo en Venezuela pues como no tenemos relaciones diplomáticas y no nos llevamos podrían ponerme

---

[359] Cabrera Infante salió para Bruselas en septiembre de 1962, y sólo volvió una vez a la isla, en 1965 para los funerales de su madre.
[360] Gustavo Arcos (1926-2006), fue uno de los asaltantes al Cuartel Moncada. Al triunfo de la Revolución fue nombrado embajador cubano ante Bélgica, donde se quedó hasta 1964.
[361] Quiere decir "partida de nacimiento". Ver la carta con fecha del 18 de marzo de 1961.

dificultades. Averigua si puede hacerse el viaje por KLM. Naturalmente el pasaje de ida y vuelta pues tengo que estar de vuelta en la Habana para finales de enero. Procura combinarlo todo de modo que tenga un mínimo de dificultades. Espero poder llevarte mi nueva novela, que ya está a punto de salir. Todavía no he leído el *Gatopardo* [*sic*],[362] pero por algo que leyó Lisandro [Otero], me imaginaba eso, que tu dices, que es un paquetico. Te diré que me llegó el famoso *Tambor*. Estoy por la mitad, y es una maravilla. También me llegaron tres frascos más de crema de afeitar y dos paquetes de Gillette azul. Le regalé a Osvaldito un frasco pequeño de crema Williams. Orlando del Pozo resucitó. Ahora ya no toma, está muy serio, escribe y se puede conversar con el. Ya Guillermito [Cabrera Infante] está de Agregado Cultural en Bruselas. Ahora que me acuerdo, la fecha de mi salida tendrá que ser para el 20 de diciembre o cosa así pues *Aire Frío* se estrena el 2 de diciembre y puedo pensar que haya una postergación. De todos modos, creo que podría pasar las Pascuas con ustedes. La Wicha y Zaida te mandan a decir muchas cosas; jugamos casi siempre. Pepe cada vez más Patria o Muerte, es un mérito que un millonario se haya transformado tan maravillosamente en un destacado socialista defensor del pueblo. Tu madre está muy bien, y lo mismo Herminia. La comida ha mejorado mucho; ahora como más pescado, que lo venden por la libre, y como me gusta mucho pues me doy los grandes atracones. Mañana iré a ver *La Hermana María de los Ángeles* (film polaco).[363] Creo me dijiste en Bruselas que la habías visto. Vi un film de la Rep. Popular de Alemania, basado en *La Raboullese* de Balzac[364] *tres bien fait* [muy bien hecho]. Me olvidaba decirte que me hice un arreglo general de la boca, con limpieza y todo, con el famoso dentista Weber. Nunca he empleado mejor un dinero. Ahora me compraré o mejor dicho me haré un traje en Mieres, de invierno. Bueno, creo no olvidar nada. Estoy leyendo *La Vie Quotidienne sous Henri IV* y *La Guerre de la Vendée* por la Contesse

---

[362] *Il gattopardo* (1958), la única novela del escritor italiano, Giuseppe Tomasi di Lampedusa (1896-1957), basada en la unificación italiana en el siglo XIX. La novela fue publicada póstumamente y ganó el prestigioso Premio Strega en 1959.

[363] Debe de ser una referencia a *Matka Joanna ad Aniołów* (Madre Joanna de los Ángeles, 1961) por el cineasta polaco Jerzy Kawalerowicz (1922-2007)

[364] *Les arrivistes* [Los oportunistas] (1960), película producida en Francia y Alemania del Este bajo la dirección del cineasta francés, Luis Daquin (1908-1980).

de la Bruere.[365] Dile a Graziella que en estos días le escribiré. Dale mis saludos y lo mismo a Carlos Gorlier. Un saludo igualmente para Rosa y Jorge. Bueno, empieza a ponerte en campaña para lo del viaje. Escribe pronto. Te abraza. Tan pronto tenga lo de Álvarez lo mando certificado. No me hace falta ningún dinero; me sobra. Dale un abrazo a Álvarez y que perdone mi indolencia. Te abraza y quiere

Virgilio

En tu próxima pon el número de teléfono de Rosa, por si tuviera que llamarte

Diciembre 13 de 1962

Mi querido Humberto, ayer recibí tu carta de fecha 24 del mes pasado. Te la contesto bajo un frío de 13 grados, que me ha obligado a sacar la lana. Imagínate que esta mañana salí con camiseta de manguitas, camisa de corduroy, la "coraza", saco y el piloto amarillo, y así y todo tenía frío. Para colmo, la alimentación es mala, como sabes, hoy, por ejemplo, tuve de almuerzo un poco de spaguettis [*sic*] y arroz. Estoy temblando con papá, su asma y los 85 años. No hay líquido para el atomizador y me tiene desesperado pues se ahoga y no puedo remediarlo.

El sábado 8 se estrenó *Aire Frío*. Ha sido un succes [*sic*] tan grande que las colas para verlo son impresionantes. Tuve que salir a escena y el publico entero se puso de pie para gritarme bravo y aplaudir. Te mando la crítica de Alejo Beltrán[366] y el programa. Ya se piensa cambiarla para un teatro más grande. La gente llora, suspira, y le parece poco las tres horas y media que dura la pieza. Es una verdadera lástima que no puedas ver este estreno. No sabes cómo lo siento.

---

[365] Philipe Erlanger. *La Vie Quotidienne sous Henri IV*, 1958; Comtesse de La Bouere. *La Guerre de Vendé* (1793-1796): *Souvenirs de la Ctesse de La Bouëre*, 1907.
[366] Alejo Beltrán, crítico de teatro cubano.

Del viaje nada por ahora. Sabrás que no entra avión alguno a Cuba. Los únicos vuelos son los de Cubana a Praga y a Méjico a buscar la correspondencia. Espero que la situación se normalice para empezar a moverme. De todos modos puedo aplazar mi mes de vacaciones para febrero o marzo.

¿No puedes mandarme el texto de *La Pornografía*?[367] Tengo entendido que Julliard lo publicó o va a publicarlo. No se si habré entendido mal. Dale mis saludos a Witoldo. Tu madre está muy bien, hoy la veré para decirle que he tenido noticias tuyas, y también para invitarla a ella y a Herminia a la pieza.

Espero que me den un par de zapatos pues casi tengo los pies en el suelo. Ahora la ropa y zapatos es por libreta, pero es mejor así pues sabes que puedes contar con lo necesario para un año. José Manuel me mandó de Nueva York un frasco de Metischol de cien pastillas; me vino de perillas pues aquí no se consigue ningún colagogo y estaba enloquecido con la vesícula. Mándame en tu próxima unas navajitas, ya no tengo. Procura ver una revista que se llama *Oddisey Revue* [*sic*] donde aparecen unos cuentos míos.[368] Es una publicación muy buena donde han aparecido cosas de Borges. Para mediados de enero aparecerá al fin *Pequeñas maniobras*, la novela. Te mandaré un ejemplar (si llega) y un número de la revista *Unión* donde sale mi cuento "El Caramelo", que tengo gran interés que lo leas y se lo pases a Graziella y a Gombrowicz. Es un cuento aparentemente policial y ya irás de sorpresa en sorpresa. Lo [que] me cuentas del ciruja es de película. Sería una gran cosa que

---

[367] Se trata de la cuarta novela de Witold Gombrowicz, *Pornografía* (1960). La traducción al francés salió en 1962: *La Pornographie*. Georges Lisowski, trad. Ciertos editores, con el permiso del autor, eligieron cambiar el título del libro, ya que lo consideraban demasiado escandaloso. La primera edición en español, por ejemplo, salió bajo el título *La seducción* [Gabriel Ferrater, trad., 1968.]

[368] Habla aquí de la revista norteamericana *Odyssey Review* (1962). En este número aparecieron traducciones al inglés de su obra de teatro, *Los siervos* [The Serfs], y un cuento, "El Gran Baro" [The Great Baro]. El primer texto fue traducido por el norteamericano Gregory Rabassa (1922-), uno de los traductores más importantes del siglo veinte quien terminó traduciendo algunas de las novelas más importantes del "boom" como *Rayuela* de Julio Cortázar, *Cien años de soledad* de Gabriel García Márquez y *Paradiso* de José Lezama Lima. El cuento fue traducido por Alan Osborne. Los textos en *Odyssey Review* fueron, por cierto, los primeros de Piñera traducidos al inglés.

Jorge le tomara la foto, si lo hace que me la mande. Dale mis recuerdos a Jorge, a Rosa también. Recuerdos para Graziella y Julita.[369] Si ves a Wally y a Carlos abrazos, lo mismo a Carlitos y a Gorlier. Menos mal que el documento de matrimonio[370] llegó. Me preocupa no tengas un trabajo fijo. ¿No ves a Pepe Bianco? Llámalo y dile que le deseo unas pascuas felices. Lo mismo a Juanjo. Bueno, escribe pronto. Osvaldo te manda recuerdos y también Orlando. Te quiere,

Virgilio

Habana enero 28/63

Mi querido Humberto, no me explico cómo no has recibido dos cartas mías enviadas en diciembre.[371] En ellas te mandaba recortes y el programa de *Aire Frío*. Ha sido el éxito del año. Tenemos teatro abarrotado todas las noches. Anoche fue a ver la pieza Claude Couffon (el traductor de Gallimard)[372] y está encantado; dice que es el teatro más importante que ha visto en América, que la obra está en la misma línea de Ionesco y Beckett. Va a hacerme una entrevista para *Lettres Françaises*.[373] Mañana tengo que trabajar con él sobre el texto de *El Flaco y el Gordo*, que aparecerá en el número de la revista *Europa*[374] del mes de abril. El quiere que esta obra se represente en París en el Teatro de Poche. Es muy posible que vaya a Berna de A[gregado]

---

[369] Julita Peyrou, la hermana de Graziella.
[370] Quiere decir "documento de nacimiento".
[371] Aparentemente una de las cartas referidas aquí o se perdió o fue confiscada ya que sólo se conserva la del 13 de diciembre.
[372] Claude Couffon (1926-2013), traductor, crítico francés y profesor de literatura española e hispanoamericana en la Sorbona. Introdujo al público francés obras de numerosos autores españoles y hispanoamericanos a través de su traducciones, muchas de las cuales hizo para la prestigiosa casa editorial francesa, Éditions Gallimard.
[373] *Les Lettres Françaises*, revista literaria francesa fundada clandestinamente durante la ocupación alemana en 1941 por Jacques Decour (1910-1942) y Jean Paulhan (1884-1968). Nunca se publicó la entrevista que Piñera menciona aquí.
[374] *Europe: Revue Mensuelle,* revista francesa fundada en 1923 por el dramaturgo, novelista y Premio Nobel (1915) francés, Romain Rolland (1866-1944). El flaco y el gordo nunca fue publicado en la revista.

Cultural. Se decidirá de mañana a pasado. Ya te avisaré. Yo me quedé tan sorprendido cómo imagino que tú lo estarás ahora que lees la noticia. Si me nombran te llamaré por teléfono. Todavía no ha salido la novela; calculo que estará en la calle para mediados de febrero. ¿Has visto una cinta francesa: *Cleo de 5 á 7*? Es de Agnes Varda, que está en la Habana en estos momentos.[375] Hoy voy al médico pues me ha salido una erupción que presumo sea por las sales biliares. Ahora acabo de hablar con tu madre, que cogió un enfriamiento pues se dio un baño muy caliente y salió a la calle desabrigada, pero ya está mejor. Por la tarde le llevaré dos pedazos de filelte. El otro día le llevé también. Tu tío Eduardo fue arrollado por una guagua y está en la clínica, en Camagüey. Dime si al fin recibiste las cartas. Volvieron a suspender el vuelo de Iberia; hoy tu madre iba a Inmigración a preguntar. No dejes de escribirme. Recibí las navajitas; ya no tenía. Imagina mi alegría. ¿Cómo está Graziella? ¿Y Bianco? Acá está para jurado de la Casa de las A. Julio Cortázar, el argentino que visitamos en París en el 54.[376] ¡Qué lejos ese viaje! Osvaldito te manda un gran abrazo. Bueno, te dejo porque voy al vía crucis de llevar a papá a la Víbora, a una de esas visitas míticas que él hace con planes de grandes negocios. Recuerdos de Pepe. Te abraza y quiere,

Virgilio

Habana, marzo 7/63

Mi querido Humberto, como las dos cartas venían juntas –una con fecha 10, 11 la otra– empecé por la más atrasada. Casi me da un ataque de risa, porque esos reproches –y en francés– no eran nada

---

[375] *Cléo de 5 à 7* (1962), película dirigida por Agnès Varda (1928-), fotógrafa, cineasta y directora francesa nacida en Bélgica. Trata de una cantante llamada Cléo que tiene miedo de ver los resultados de un examen médico ya que cree que tiene cáncer y que se va a morir. Varda estuvo en Cuba trabajando en su importante documental *Salut les cubains* (1963), elaborado a partir de miles de fotografías de Cuba revolucionaria que tomó durante su visita.
[376] Aunque Julio Cortázar (1914-1984) no fue a vivir en París hasta 1951, Virgilio no lo conoció durante su primera estancia en Buenos Aires.

sentidos. Más bien son un pau-pau, que en parte merezco por mi negligencia en escribirte. En parte, imagina mi ánimo y comprenderás muchas cosas. Por cierto, en estos días estoy releyendo *La Peste*.[377] ¿Por qué no la relees tú también? Entre otros problemas tengo ahora el del refrigerador. Por fin el querido, venerable aparato hizo crisis. Cuestión del termostato y el transformador. Por suerte, parece que pronto (digo pronto porque ahora nunca se sabe) echará a andar y hasta congelar. Ahora mismo me acaban de dar la tarjeta para comprarme el par de zapatos. Muy a tiempo pues ya los mocasines son dos canoas que me bailan en los pies. Supongo que ya sabrás que Julia llegó. Me dice que te ha escrito comunicándotelo. Su aspecto es bastante bueno, aunque un tanto nerviosa. Por fortuna al otro día de su llegada le conseguí unos huevos, mantequilla y pescado. Tu madre ahora esta más animada, y la encuentro con mejor salud. Pues sí, fracasó lo de Berna; no creo que por el momento tenga chance de una agregatura cultural. Lo que está en el tintero es el viaje a París con *Aire Frío*. [Pero] aquí también tengo mis dudas ya que concretar todo eso me parece harto improbable. Estamos esperando que se produzca una vacante entre las naciones que asistirán al Festival de Teatro. Ya, por lo menos, tenemos el primer lugar en caso de que se produjera la vacante. Veremos. Sí, recibí los dos envíos de navajitas, que me llegaron llovidas del cielo. Mi viaje de vacaciones se pospone indefinidamente. Para empezar, no hay vuelos regulares, etc. etc. Ahora sospecho por lo que me dices que las cartas no sólo se demoran sino se pierden. De esas cartas que me hablas sólo he recibido, en tres meses (si no cuatro) dos. Menos mal que te llegaron las dos mías con cosas sobre A[ire]. F[río]. Imagina lo que me

---

[377] *La peste* (1947), segunda novela del escritor y filósofo francés, Albert Camus (1913-1960). Es una obra fundamental de la literatura del siglo XX y ganó del *Premio de la Crítica* en el año de su publicación. En esta obra existencialista, Camus aborda el tema de la solidaridad entre un grupo de médicos que luchan contra la peste que ha invadido la ciudad argelina de Orán. En un homenaje que le dedicó a Camus después de su muerte prematura en un accidente automovilístico, Piñera hizo el siguiente comentario sobre *La Peste*: "Para Camus la vida resultaba un absurdo. Era como una idea fija. Recuerdo ahora ciertos capítulos de *La Peste*. En Orán la vida no tiene sentido, la peste asola a la ciudad, y cada habitante sabe de antemano que existen mínimas posibilidades de escaparle. La muerte ha dejado de llamarse premonición, oráculo o sibila para convertirse en evidencia aplastante. Pero Camus, que se dio gusto –personificado en *La Peste* misma–, diezmando a la ciudad de Orán, no podía sospechar, premonizar, oracular o sibilizar su propia muerte, oscura, estúpida y brutalmente sobrevenida en una carretera de París" ("En la muerte de Albert Camus" 7).

duele oírte contar esa vida que haces, con esos trabajos idiotas, con poquísimo o ningún tiempo para mirarte el ombligo ... A veces pienso que volver sería una solución pero puede también no serlo. De mi te diré que me limito a sobrevivir. Con la edad que tengo y demás cosas ni hago planes ni me ilusiono con nada; simplemente, me dejo ir ... ¿Te dije que Couffon llevó un cuento El Caramelo para publicarlo en *Temps Modernes*? Espero que saldrá.[378] Dime con mayor detalle qué te pasa con Bianco y Juanjo. De ellos no sé media palabra. El Otro día estaba comiendo en el Carmelo y se me acercó un muchachón que me dijo conocerme de Buenos Aires, que era amigo de Coldaroli. Se llama Jorge Timossi.[379] Después de romperme la cabeza he podido sacar en limpio que era aquel amigo de Carlitos (por ese entonces, 1955) muy joven. Aquí trabaja en Prensa Latina. Hoy comeremos en el mismo Carmelo y veremos qué me cuenta. Y a propósito, ¿te ves con Carlitos? ¿Es el mismo de siempre? Con atuendo y todo. Ya debe andar por los cuarenta y tantos. Dile a Graziella que me ha gustado muchísimo *Probabilidades*.[380] Es un tour de force, y no se nota como tal. Pienso que a Nathalie Sarraute[381] le gustaría. Ayer domingo tu madre me invitó a almorzar. Comimos un pollo a la cacerola para chuparse los dedos. Por la noche Julia y yo fuimos a ver *Fuente Ovejuna*. Después Adolfo de Luis nos llevó a refrescar al Carmelo. Encuentro a Julia más sosegada y con un aspecto bien saludable. Hoy iremos al espectáculo de folklore en el Nacional. Dice Pepe que trates de comprarle esos libros de Austral: DE LO BELLO Y SUS FORMAS (número 594) ; SISTEMAS DE LAS ARTES (HEGEL) (726) ; MAX RAPHAEL: "Picasso y Marx".[382] Procura leer un libro titulado *La Porte de Bronze*

---

[378] La traducción al francés de "El caramelo" nunca apareció en *Les Temps Modernes*.

[379] Jorge Timossi Corbani (1936-2011), periodista y escritor argentino, nacionalizado cubano. Trabajó por muchos años como reportero de *Prensa Latina*, agencia que ayudó a fundar, y se destacó por su cobertura de la invasión estadounidense de la República Dominicana en 1965 y por haber establecido contacto telefónico con Salvador Allende durante el golpe de estado de 1973.

[380] *Probabilidades*, texto inédito de Graziella Peyrou.

[381] Nathalie Sarraute (1900-1999), escritora francesa. Entre sus obras más importantes se encuentra *Portrait d'un inconnu* [Retrato de un desconocido] (1948). Sarraute, con otros autores franceses como Claude Simon (1913-2005) y Marguerite Duras (1914-1996), se conoce por su asociación con el *nouveau roman*.

[382] Se tratan de traducciones al español de dos libros por el filósofo alemán George William Friedrich Hegel (1770-1831), y uno por el historiador de arte alemán, Max Raphaël (1889-

por Tadeusz Breza (Edi. Julliard). Es una especie de *Les Clefs du Vatican* pero infinitamente mejor. El autor es un polaco ex agregado cultural en Roma y actualmente en París. Otro libro (de otro polaco) es *Lettres a Mme. Z* por Kazimierz Braitdys.[383] En un párrafo arremete contra Gombrowicz. Te envidio pues podrás ver *El Proceso* (versión de Welles);[384] se que ha sido comprada en sesenta mil dólares por un productor argentino. No te olvides de los envíos de Gillete. Bueno, ojalá esta llegue pronto a tus manos. Dámele besos y abrazos a la Rosina. Un gran abrazo para ti.

Virgilio

Abril 25 de 1963

Mi querido Humberto, hace un siglo que no sé de ti. Ayer recibí unas navajitas con la promesa de escribir pronto. De acuerdo con mi cuenta tú debes tener dos cartas mías –viejas de hace dos meses por lo menos. ¿Qué haces? Yo aquí sobrellevando años y preocupaciones, las eternas preocupaciones. Pienso que algún día podamos reunirnos; ojalá esto se tranquilice por completo para que tú puedas volver. ¿Sabes que la casona sigue desalquilada?[385] Es como una tentación que está ahí pidiendo a gritos que la tomen. La semana pasada me fui siete días a Varadero; alquilé una cabaña hacia el lado de Dupont y allí estuve solo cinco días, después llegaron Pepe y dos canasteros. La pasé muy bien. De nuevo volveré para la semana entrante. Fui porque, cosa rara, me dio una bronquitis bastante fuerte, pero ya pasó, cogí mucho sol y me alimenté bien. En Varadero hay de todo.

1952), respectivamente: *De lo bello y sus formas*, 1946; *Sistema de las artes: arquitectura, escultura, pintura y música*, 1947; *Marx y Picasso*, 1946.

[383] Traducciones al francés de dos obras polacas: Tadeusz Breza (1905-1970). *La porte de bronze: chronique de la vie vaticane*, 1962; Kazimierz Brandys (1916-2000). *Lettres à Madame Z ; Souvenirs du temps présent*, 1961.

[384] *The Trial* (1962), película del legendario cineasta estadounidense Orson Welles (1915-1985), basada en la novela *Der Process* (1925) de Franz Kafka (1883-1924).

[385] Está hablando de la casa de playa en Guanabo.

Para fines de mes sale *Pequeñas Maniobras*. No sé cómo enviártela. Veré si Calvert Casey me hace el favor de enviarla al Canadá y de allí una amiga suya te la manda a Buenos Aires. Acabo de leer una novela excelente de Italo Calvino –*Las Dos Mitades del Vizconde*.[386] Supongo la habrás leído. De nuestras queridas "vejeces" francesas, releo ahora *La Vieillese de Chateaubriand*. También leí un libro muy interesante –*En remontant les boulevards*.[387] Es una historia de Paris desde la época de Luis XIII vista a través del boulevard. Quiero también mandarte la revista *Unión* donde aparece mi cuento "El Caramelo" –un policial, si lo llegas a recibir mira a ver si lo puedes publicar en alguna revista.

Julia ha organizado su vida; todas las tardes hace un programa. Le he dado a traducir un libro sobre Lorca de Claude Couffon,[388] además de ser una distracción ganará unos doscientos pesos. Después le daré otro sobre Miguel Hernández.

Me dice tu madre que casi no tienes tiempo para escribir. Sé de ti por la carta que le enviaste a Herminia. En estos días te vamos a llamar por teléfono. Lo haré desde tu casa para que tu madre y Julia puedan hablar contigo. ¿Recibiste mi carta donde incluía un párrafo para Graziella? Yo no le escribo porque me falta el ánimo, pero ella sabe que todas mis cartas para ti son también para ella. De Bianco no sé hace un rato largo. Te decía en esa carta que aquí está un amigo de Carlitos. Pero no salgo con él porque es bastante aburrido. Leí que Sábato está preso. ¿Es cierto? Dime si has leído su novela y que te ha parecido.[389] Por lo que veo, *Aire Frío* no ira a París. Estamos esperando la ansiada vacante, pero hasta el momento, nada. Ya he perdido las esperanzas. Acá no ha llegado la revista *Europa* donde aparece mi texto *El Flaco*

---

[386] Traducción al español de *Il visconte dimezzato* (1952), por el escritor italiano, Italo Calvino (1923-1985).

[387] Marie Jeanne Durry. *La Vieillese de Chateaubriand, 1830-1948*, 1933; Jacques Thomas de Castelnau. *En remontant les boulevards*, 1960.

[388] Claude Couffon. *A Grenade, sur les pas de García Lorca*, 1962. Dos versiones de este libro han sido publicadas en español, pero el nombre de Julia Rodríguez Tomeu no aparece en ninguna de ellas: *Granada, tras la huellas de García Lorca*. Lelia Hernández, trad., 1964; *Granada y García Lorca*. Bernardo Kordon, trad., 1967.

[389] *Sobre héroes y tumbas* (1961), una de las novelas argentinas más importantes del siglo XX. Trata la historia de la decadencia de una familia aristocrática que se intercala con un relato sobre la muerte del General Juan Lavalle, uno de los héroes de la independencia.

y el Gordo. Si la ves por librerías dímelo. ¿Cómo está Rosina? ¿Juega aún canasta? Te compadezco ahora con el inminente invierno. Uno más en el carromato. Acá tenemos el verano. Bueno, escribe. Abrazos,

Virgilio

Habana, julio 16/63

Mi querido Humberto, acabo de recibir tu carta del 26 de junio, hoy día 16. No me perdono no haber contestado tu breve carta de hace más de un mes. Bueno, con estos 51, que Dios mediante cumpliré en agosto, casi no tengo ánimos para nada. Sé qué debo hacer esto o lo otro, y no lo hago. Soy como un caballo que aun con algunas fuerzas para seguir tirando del carro, se niega a la marcha. Además este vivir es una especie de inconsistencia, perdona que no tenga una expresión más apropiada o exacta. Hace unos quince días recibí una carta de N. York pidiéndome autorización para editar en inglés *Electra*, *Jesús* y *Aire Frío*, mediante pago naturalmente y con contrato.[390] Volando contesté que aceptaba, y ahora espero las condiciones del contrato. Ojalá no quede en sal y agua como otras tantas ilusiones. De acuerdo con esas futuras divisas, planeo ir a París para el otoño. Iría con pesos cubanos hasta Praga. Entonces trataría de quedarme un año en París, pues allí tengo probabilidades de estrenar alguna de mis obras. Otro proyecto: recuperar la casona de Guanabo (que sigue deshabitada) y "enterrarme" en ella hasta el final. Por cierto el otro día hice un inventario mental de la ropa: se conservan todas las sábanas, y hasta las fundas de color que compramos en Monte[391] (¡oh tiempos inolvidables!) las toallas, etc. Claro que si volviera a la casona sería un problema lo de los muebles. Sólo conservo mi cama, el chiforró, los dos sillones, la mesa grande de la sala, la mesita redonda, la silla de extensión y los taburetes. Pero sería

---

[390] No salieron traducciones al inglés de estas obras durante la vida del autor. Ver la introducción para detalles sobre las traducciones fracasadas de Virgilio.
[391] Se refiere a San Miguel del Monte (conocido también como Monte), pueblo de la provincia de Buenos Aires que queda a unos ciento quince kilómetros al suroeste de la capital.

cuestión de ir comprando poco a poco. Te darás cuenta que te estoy haciendo una invitación para que vuelvas. Pero todo es tan confuso e inestable en el sentido de este proyecto que tengo la seguridad que no pasará nada de nada.

Tengo un semi-compromiso con Claude Couffon para editar los cuentos en Gallimard, pero me decido por Álvaro.[392] Dile que le concedo esa opción por los 150 días. Ahora saldrá en *Lettres Françaises* un cuento mío –El Balcón– lo han pedido expresamente y una foto. También sale en *Temps Modernes* mi cuento El Caramelo, en el otoño.[393] Te mando por aéreo –y ojalá llegue– *Pequeñas Maniobras*. Aquí ha gustado mucho.

Ya veo que estas "bien metido" en el amor. Dichoso tú que al menos lo has experimentado; para mi no haberlo sentido es una vieja nostalgia y hasta un castigo. Esa frase popular que dice que no ha vivido la vida quien no ha sentido el amor, me flagela cada día más. Pero ya ves, llegué al final sin amor, y ahora sólo pienso en el final. Julia madre e hija bien; me ocupo mucho de ellas en lo que respecta a alimentos, las pobres, pasan sus trinquetadas. Julia sale poco y está decaída, a veces salimos, pero no con frecuencia. Tu madre va muy bien con los ojos. Hoy iré a ver por fin *Viridiana*. Ya te contaré. También iré a ver *A Taste of Honey*, dirigida por Tony Richardson;[394] dicen que es muy buena. De teatro bueno, nada. Acá no viene nada de nada. Nos nutrimos con los genios locales. Esa cifra de veinticinco mil pesos por el pago del cuarto del ciruja es así o son dos mil quinientos. Entonces, ¿a cómo está el peso arg.? Se murió el padre de Natalio, de pesar y,

---

[392] Álvaro Rodríguez, representante del la casa editorial Losada en Buenos Aires con el cual Piñera estaba tratando de arreglar los derechos para la traducción de *Cuentos fríos* a varios idiomas europeos.

[393] "El balcón" [Le balcon] terminó saliendo en *Revue L'Arc* [otoño 1963: 50-56], revista literaria francesa fundada en 1958 por el escritor e intelectual francés Stéphane Cordier (1905-1986). "El caramelo" nunca salió en *Les Temps Modernes* .

[394] *Viridiana* (1961), película española-mexicana, dirigida por el cineasta español Luis Buñuel (1900-1983) y producida por el mexicano Gustavo Alatriste (1922-2006). Está basada en la novela *Halma*, del más importante proponente del realismo español, Benito Pérez Galdós (1843-1920). *A Taste of Honey* [Un sabor a miel] (1961), película británica, adaptación de la obra del teatro del mismo título por la dramaturga inglesa, Shelagh Delaney (1938-2011). La película fue dirigida por Tony Richardson (1928-1991), director inglés que también había dirigido el estreno de la obra de teatro del mismo título en 1958.

de años, pero más de pesar. Mándale a Carlín unas líneas. Apartado 185, Camagüey. Tendría que ver con tiempo si por acá hay historias de mixtificadores célebres. Te prometo que escribiré a Graziella largo y tendido ¿Qué me cuentas de Bianco? ¿Lo ves? Él no me escribe. No estaría a mal ese proyecto de N.Y. pero piénsalo dos veces, pues allí la vida es dura. En septiembre estrenó una pieza cómica –*¡Siempre se olvida algo!*– Ahora voy a la piscina del [Hotel] Nacional los sábados y domingos; allí jugamos canasta. Me baño y como. No está mal. No sé sí te dije que salió la revista *Europe*, dedicada a Cuba. Por ser muy extenso, no apareció el texto de El F. y el Gordo; en cambio tradujeron un poema. En un próximo número incluyen la pieza de teatro.[395] Te mando esa foto tomada en Varadero hace un mes. Estoy haciendo un tomo del cuento fantástico en Cuba. ¿Puedes mandarme un cueto? Si no lo mandas entonces incluiría Cinegética, pero en rigor no es un cuento fantástico. Reúne un poco de voluntad y mándalo. El libro aparecerá a finales de año, pero debo tener reunidos los materiales a más tardar para Octubre. Dale mis cariños a La Rosina; un abrazo para Jorge, tú recibe mi cariño de siempre,

Virgilio

Octubre 2/63

Mi querido Humberto, recibí tu carta del 4 de agosto pasado a finales de dicho mes. Ya ves, me encamino hacia la sesentena. Es decir, voy en picada. El regalo recibido por los dioses ha sido muy singular: me invitaron para el Festival de Edimburgo a celebrar entre el 2 de septiembre y el 10. El Ministerio de Relac. Ext. comunicó por carta

---

[395] Se trata de un número especial dedicado a Cuba: *Europe: Revue Mensuelle* 41.409-410 (mayo-junio 1963). Incluye obras de más de 30 autores cubanos contemporáneos y doce páginas de fotos. Después de una breve biografía que se refiere a Piñera como "l'une des plus importantes personnalités des lettres cubaines d'aujourd'hui" [una de las más importantes personalidades de las letras cubanas de hoy], sigue el poema "Les morts de la patrie" [Los muertos de la patria], traducido por Pierre Gamarra (163-164). *El flaco y el gordo* no apareció en un número futuro de la revista.

a la Unión de Escritores esta invitación y acompañaba un boleto de ida y vuelta. Esta carta llegó a la Unión el 2 de agosto, y, ¡agárrate! fue abierta el día 5 de septiembre, cuando ya no había tiempo para hacer nada. Me dice [Nicolás] Guillén que la culpa es de la secretaria que no no [*sic*] abrió la correspondencia oficial en su ausencia (Guillén estaba en Chile).[396] Es, como comprenderás, una excusa como otra cualquiera. Este viaje era una gran oportunidad de visitar Londres, Bruselas y París, pero los designios del hado son así y ante ellos me inclino. Esperaré otra oportunidad.

Ya salió en *Lettres Françaises* mi cuento Un Phantome a Posteriori. Es el número del 22 al 28 de agosto. También apareció en *Temps Modernes* El Filántropo.[397] Aún no lo he visto pues lo sé por Pablo A[rmando Fernández], que me lo avisó desde Londres. Pregúntale a Álvaro R. sí sabe algo de positivo o negativo con los C.F. pues tengo proposiciones en París y Londres, con Calder, el editor inglés. Contéstame pronto.

Aquí estamos sin agua desde 12 días. Y tampoco de botellón. Imagina mi estado de ánimo, por esto y por tantas otras cosas. No hay café. Hace unos días me dio la grippe búlgara: llegó un momento en que no tenía ni una gota de agua. Olga Andreu[398] me trajo un cubito de agua de su casa en el auto. Ya hay todo un equipo de negritos que venden agua en una carretillas improvisadas. Cubo chico; veinte centavos; cubo grande, cuarenta. Lata de aceite: sesenta. Bueno, para qué seguir. Si algún día volvemos a vernos estaré hablando sin parar un mes entero. Pero, ¿volveremos a vernos?

Hoy estoy un poco más animado. Dirás, por qué. Pues recibí desde Londres un cepillo de dientes de nylon. No puedes imaginar el valor que tiene para nosotros cualquier bobería de esas. ¡Un cepillo! Es todo

---

[396] Guillén era, en esa época, presidente de la Unión de Artistas y Escritores Cubanos (UNEAC).
[397] "Le philanthrope". Robert Marrast, trad. *Les Temps Modernes* 19.207-208 (1963).
[398] Olga Andreu (1930-1988), amiga de Virgilio y, en esa época, directora de la biblioteca de la Casa de las Américas. En los años setenta fue anfitriona de tertulias asistidas por Piñera y otros intelectuales cubanos, tales como Reinaldo Arenas (1943-1990), Abelardo Estornio (1925-2013), y Antón Arrufat.

un mundo. El que tenía ¿te acuerdas? comprado en BS. As. ya era un fleco, y los que venden acá se rompen al día siguiente.

Dile a Graziella que ya rectifiqué su dirección en la Casa de las Américas, que ahora recibirá las publicaciones con regularidad pues esa amiga –Olga Andreu– es la bibliotecaria. Querida, vuelve a releer *La Peste*, es necesario que lo hagas. Si no te escribo es porque el corazón está en el suelo y más abajo. Te digo como a Humberto: daría lo que no tengo por verme sentado en tu salón para hablar sin parar, sin parar, sin parar.

Vi *El Ángel Exterminador*, de Buñuel.[399] Me enfermó ese film. Si lo has visto, podrás hacer tu composición de lugar. Al final de la cinta me dio un patatús y casi me desmayé. Ahora me ha dado por llorar, y me pongo como un idiota. Lo sé, pero la tristeza puede más que mi razón.

Bueno, perdona esta explosión. ¿Cómo estás? Ya sé que pasas apretones y todo, pero son de otro género. Sólo le pido a Dios que me permita vivir para volver a verte. Siempre voy por tu casa. Tu madre está muy bien. Ahora le di otro libro a Julia para traducir. Ella sale muy poco. Dale mis cariños a Rosa, a Julita, Carlitos, Gorlier. Graziella, piensa en mí, es un poco un modo de salvarme. Bueno, abrazos y cariños.

Virgilio

C. Franqui ya no es director de Revolución

Habana, noviembre 10/63

Mi querido Humberto, hace dos días recibí tu carta de fecha 4 octubre. Te quejas de no tener noticias mías, pero yo te envié una carta

---

[399] Como *Viridiana*, *El ángel exterminador* (1962), fue producida en México por Gustavo Alatriste. Es una sátira que trata de un grupo de burgueses que descubre, al terminar una cena formal en una mansión en la ciudad de México, que los sirvientes se han ido y, por alguna razón que nunca se explica, no tienen manera de salir de la casa.

como a mediados de septiembre,[400] no recuerdo si en la misma incluía la autorización para Álvaro; me parece haberla hecho pero no estoy seguro. He pensado, en vista de la demora por el correo, enviarla por un cable. Precisamente, Guillermo Cabrera Infante me había pedido el libro,[401] se lo envié y le hacía saber que no podía formalizar nada hasta que yo le avisara pues un agente editor en Buenos Aires tenía una opción. No entiendo lo del ensayo en el *Temps Modernes*. En el número agosto-septiembre de este año aparece mi cuento El Filántropo, en un número dedicado a varios países. Lo recibí pues Marta Freide[402] me lo mandó desde la Unesco de París y me lo trajo Juan Arcocha. No se si por fin viste el número de *Lettres Françaises* donde apareció mi cuento Un Fantasma a Posteriori. En esa carta de que te hablo te decía de mi fracasado viaje al Festival de Teatro de Edimburgo. La Unión de Escritores abrió la carta-invitación un mes después de recibida, con lo cual no tuve tiempo de asistir. Imagina mi disgusto. A estas horas debería estar en París para acabar de situarme como el escritor que soy, pero siempre surgen nuevas dificultades.

Ahora como en la calle pues ya no tengo doméstica y la cuota es poca; ya sabes que no como granos. Nos dan onza y madia de café por semana y cuatro onzas de carne por semana también. De modo que como en los restoranes, no me hace mucha gracia pues siempre ando con molestias por la vesícula. Pero vamos tirando.

El Flora,[403] como habrás leído, ha sido una catástrofe nacional. En la Habana sólo tuvimos unas pocas ráfagas. Hoy el viceprimer Raúl

---

[400] Es aparente que aquí Piñera se equivoca de fechas. La carta en cuestión lleva fecha del 2 de octubre.

[401] Se trata de *Cuentos fríos* y las tentativas de Piñera de arreglar su traducción al italiano por Feltrineli Editore, prestigiosa casa editorial italiana que menciona por primera vez en su próxima carta.

[402] Marta Frayde Barraqué (1920-2013), prominente ginecóloga cubana quien, al triunfar la Revolución, fue nombrada directora del Hospital Nacional de la Habana y presidenta del Movimiento de la Paz. Luego sirvió como delegada cubana de la UNESCO en París hasta finales de 1964.

[403] El Ciclón Flora llegó a la región oriental de la isla el 3 de octubre de 1963. Aunque no tuvo mayores impactos en la Habana, se considera como la segunda mayor catástrofe registrada en Cuba. Provocó la muerte de casi mil personas en las actuales provincias de Las Tunas, Granma, Holguín y Camagüey.

Castro hablará sobre el servicio Militar Obligatorio. ¿Te dije en mi carta extraviada que Pablo A[rmando]. me envió un cepillo de dientes de nylon? Llegó a tiempo pues el mío ya estaba inservible.

Si encuentras en Bs. As. el número de *Temps Modernes* envíamelo o por lo menos confirma si es cierto lo de ese ensayo. No sabes las ganas que tengo de pasarme unas cuantas semanas en esa. Si consiguieras unas conferencias en Chile me daría un salto hasta Bs. As.

Yo creo que debes ponerte a escribir en serio. Ya es hora que te dediques a la literatura; además, te vas a sentir mejor a darse de lado a los problemas sentimentales, que, indefinitiva, es como sacar agua con canastos. Llega un momento en que uno sólo tiene una solución; decídete y escribe; sabes que te sobra el talento.

Ahí te incluyo la autorización para Álvaro. Ojalá el libro sea traducido. Ahora Pepe traduce para *Encounter* mi cuento El Caramelo.[404] Me avisan que están dando *Aire Frío* en Bratislava, con el título La Familia Romaguera. Dile a Graziella que si recobro 'mes esprits" le haré una larga carta en pascuas. Yo no me [he] olvidado de nadie, y, por el contrario, es ahora cuando más presente tengo a los amigos. Bueno perdona esta carta tan decousue [deshilvanada], pero así es mi ánimo del momento. Recuerdos de Osvaldito; ahora vive en Matanzas, de vez en cuando viene a la Habana. Y eso es todo.

Virgilio

Abril 29 de 1964

Mi querido Humberto, no se cuántas cartas tuyas he recibido; la última del 28 de marzo. Esperando para contestarlas por la firma

---

[404] Que yo sepa, este cuento nunca apareció en *Encounter* (1953-1991), revista británica que se enfocaba principalmente en la literatura y cultura anglo-americanas. Una traducción al ingles hecha por J. M. Cohen apareció más tarde bajo el título "The Dragée" en *Writers of the New Cuba* (1967).

del contrato con Feltrinelli,[405] que aún no se ha producido. Ahora su agente –Valerio Riva[406]– ha vuelto a Italia; y me dice su secretaria (aquí en la Habana) que volverá, probablemente en junio, o no volverá. De acuerdo con lo convenido verbalmente, Feltrinelli compraría C. Fríos, La Carne de René y Las Pequeñas Maniobras. Empezarían editando los C.F. La edición aparecería en enero o febrero del año entrante. Me pagarían unos dos mil dólares por los C.F. Ahora bien, te repito, aun no he firmado el contrato. ¿Por qué? No lo sé. Cuando Valerio regresó de Italia hace cosa de dos meses, me dijo que había pasado por París, que estuvo en Julliard y que allí le dijeron que ellos (Julliard) no traducirían mi libro pues de hacerlo, los franceses pensarían que estaban leyendo a Alphonse Allais.[407] Valerio les hizo ver que C.F. nada tiene que ver con Allais, pero ellos le dijeron que esa era la opinión del lector de Julliard para América Latina. Ese señor paso por encima del consejo de [Jean Paul] Sartre, que aconsejó vivamente la traducción al francés de C. Fríos. ¿Qué te parece? Entonces, Valerio les dijo que ellos (Feltrineili) sí editarían en italiano C.F. y que sería un éxito editorial, y que Julliard al ver su decisión le dijo que reconsideraría el asunto. Te juro que tengo una suerte de perro. A los 52 años debo seguir haciendo figura de niñito a quien se recomienda. Bueno, que estoy harto y dispuesto a colgar el sable. Ahora me escriben de Praga para que firme un contrato por los C. F para traducir al checo. He pasado esta carta a la secretaria de Valerio pues de acuerdo con el contrato verbal que hicimos, ellos (Feltrinelli) son los corredores de mis traducciones para toda Europa. Veremos qué hacen, y qué deciden. De toda suerte, si ellos no lo hacen, firmaré yo por mi cuenta para Praga.

No puedes tener idea del alegrón que me has dado con tu obra de teatro.[408] Debes enviármela por correo. Ojalá te den el premio, o al menos puedas verla representada. Acá se repuso por octava vez *Electra Garrigó*, en lo que fue Teatro Alcázar, que ahora se llama Tearto

---

[405] Esta es la primera mención de la posible publicación de *Cuentos fríos* por Feltrinelli.
[406] Valerio Riva (1929-2004), agente y co-fundador, con Giangicomo Feltrinelli (1926-1972), de Feltrinelli Editore.
[407] Alphonse Allais (1854-1905). Escritor y humorista francés. Cabe notar aquí que Piñera tradujo tres cuentos de Allais para *Lunes de Revolución* ("Pasión fatal", "Cuento de navidad", "Primavera". 21 sept. 1959) y otro para *Unión* ["Pobre Cesarine". 5/4(oct.-dic. 1966)].
[408] Se trata de una obra que nunca se publicó.

Musical de la Habana. El teatro (1500 localidades) se colmó en su totalidad. En estos días he releído intensamente a Proust, pues tuve que hacer un prólogo a *Un Amor de Swan*, que aparecerá en ediciones de la Imprenta Nacional.[409] Orlando del Pozo acaba de sacar su libro en Ediciones R. Se llama "El Gato Azul", es un libro magnífico. Ya leí el *Journal* de Gombrowicz,[410] me lo trajo Valerio. He visto lo que dice de nosotros. No está mal. Todo lo demás un poco mistificado. ¿Ya regresó? ¿Quién es la femme que se casa con Borges? Por más memorias que hago no logro recordar su nombre por las señas que me das. ¿Es la Levinson?[411] He puesto un cable a Graziella por el día de su cumpleaños. Dale mis cariños, lo mismo a Wally, Carlos, Julita, Gorlier y Carlitos. ¿Volveré a ver Bs. As.? Pepe Blanco me escribió pidiéndome que haga una biografía de [Nicolás] Guillén, pero no tengo tiempo. Te prometo escribir de ahora en adelante con mayor regularidad. Imagina cómo estoy de nervios. Debo hacer grandes esfuerzos para continuar luchando y sobreviviendo. Cariños a la Rosina. Con alguien que venga para acá trata de mandarme cuchillitas y crema de afeitar. Le semana pasada tu madre cumplió 75 y está que parece 50. Julia, más animada, ahora va a la Univ. a un curso de bibliotecomanía. En nuestra casona de Guanabo han instalado una oficina y han cloisonné [tabicado] la galería. ¡Qué me contás! Bueno, escribe, yo también te escribiré más a menudo. No te dejes vencer por nada. Escribe literatura, mis cariños,

Virgilio

---

[409] *Un amor de Swan*. Virgilio Piñera, trad., 1964. Lo que Piñera tradujo representa la segunda parte de *Du côté de chez Swann* (1913), el primer volumen de la obra maestra de Marcel Proust (1871-1922) *À la recherche du temps perdu*, novela en siete partes).

[410] Originalmente publicados de manera fragmentaria en revistas, los diarios de Gombrowicz fueron reunidos y publicados en tres volúmenes en Polonia: *Dziennik, 1953-1956* (1957), *Dziennik 1957-1961* (1962), y *Dziennik 1961-1966* (1966). Piñera se está refiriendo al primer volumen de la traducción al francés: *Journal 1953-1956* (1964).

[411] En febrero de 1964 Borges anunció su inminente matrimonio con María Esther Vásquez (1937-), escritora argentina y su asistente personal. Sin embargo, un par de meses después rompieron. Piñera se refiere aquí a Luisa Mercedes Levison (1904-1988), escritora y periodista argentina. Era amiga de Borges, y los dos autores habían colaborado, en 1954, en un cuento "La hermana Eloísa".

Habana, junio 19 de 1964

Mi queridísimo Humberto, recibí tu carta de mayo 20. Se ha demorado menos de un mes, y estoy asombrado. También recibí una de Graziella, que ahora contesto. Antes de que me olvide. La única persona que recuerdo con castañeteo dental es a Cobo, pero no veo que él pueda ser la tía de Alfredo. Por más memoria que hago no consigo sacar del pozo de los recuerdos a otra persona que tenga esa rara cualidad. De cualquier modo Alfredo estaría encantado de reconocerla. Pero hablemos de cosas más serias. Valerio no ha vuelto, se espera que lo haga para fines de julio. Franqui embarcó hacia Italia y Francia la semana pasada. El día de la partida trató de localizarme por teléfono, pero era domingo y yo estaba en La Lisa, donde había ido a llevar a papá. Quería llevarse los *Cuentos Fríos*. Entonces [Roberto Fernández] Retamar hizo el favor de llevarle al aeropuerto un ejemplar que éste poseía. El interés de Franqui era porque quiere adelantar lo del contrato y subsiguiente edición en Italia. Veremos. El vuelve en un mes poco más o menos. Al mismo tiempo estoy esperando que me avisen de Praga pues allí se va a poner la *Electra Garrigó*. Tengo proyectado viajar, por dicho motivo, a Praga en septiembre. Iré con Arrufat, que va a inaugurar una exposición de la Casa de las Américas. Veremos. Tanto si viajo a Italia como a Checoslovaquia, o a los 2 lugares, te avisaré. Me hablas de la idea teatral que se te ocurrió para tu obra pero no me dices qué es la idea. Acaba de mandarme la obra o decirme el argumento. Ojalá te den el premio y la pongan. Me parece una buena idea lo de reunir todos tus cuentos y hacer un volumen. Te mando una copia de La Cacería.[412] Mejor dicho, como no es posible meterlo en un sobre aéreo, acabo de hablar con Julia y ella lo va a copiar y te lo enviará por aéreo certificado. El libro de Orlando [del Pozo] –*El gato Azul*– está a punto de salir. Tan pronto esté, él te lo dedicará y enviará. ¿Sabes quién te manda recuerdos retrasadísimos desde N.Y.? Pues Babo, de quien he sabido por sus primos. Me habían dicho que Luis Lastra estaba enfermo pero no es cierto, trabaja con G. S.[413] en la Panamericana

---

[412] Parece ser una referencia a la traducción al español del cuento "The Shooting Party" (1938) de Virginia Woolf (1882-1941), escritora inglesa de gran renombre internacional.
[413] "G.S.", José Gómez Sirce (1916-1991), influyente crítico de arte cubano que pasó la mayoría

de W[ashington]. Mañana me voy a pasar una semana o diez días en Varadero. Lo hago por terapéutica y para terminar una obra de teatro, con lo que estoy muy apasionado.[414] Por cierto, ¿conoces o has visto algo de Edward Albee? Aquí han dado una obra suya magnífica, *El Cuento del Zoológico*, y otra que se titula *Recuerdos de Bessy Smith*. Tiene otra obra titulada *Who Afraid of Virginia Woolf* [sic], que pronto van a dar.[415] Supongo que en Bs. As. ya lo habrán dado a conocer. De Méjico me han pedido el *Teatro Completo* para dar a conocer allí mis obras. Me apena mucho lo que me cuentas de Gombrowicz. ¿Eso de miocarditis es grave? Te diré que uno de los hijos de Pablo murió de resultas de un accidente. Si puedes haz dos letras a él y a Luisa; están desolados. La dirección es: Pablo Rubio, Calle 204, No. 5114, Versátiles, La Lisa. Papá está muy bien. A Natalio lo han invitado de París para imprimirle tres obras. Está loco de alegría. Osvaldito muy bien y ahora pintando mucho. Dime como sigues con tu problema de la presión arterial. Por cierto, en estos días tuve una baja de presión bárbara, y el médico, que Julia me recomendó, me dijo que tenía el tono vital muy bajo. Esto le ha causado gracia a todo el mundo. Debo caminar un kilómetro al día, comer mucho y hacer gimnasia. Haré la tercera parte de todo eso. Dale mis cariños a la Rosina. Que siempre la recuerdo a pesar de mis celos y de mis peleas. El otro día me regalaron una hojita Gillete de las nuevas, que se dejan mojadas y duran treinta afeitadas. ¿Las conoces? ¿Has leído a Uwe Jhonson? Acabo de leer *El tercer libro sobre Ajim*. Es magnífico. Ya había leído, en francés, *La Frontiere*.[416] Bueno, te dejo,

---

de su vida en Washington, D.C. Fue, durante una época, jefe de la sección de artes plásticas de la O. E. A.

[414] Debe estar hablando de *El no*, obra con prólogo y cinco actos que terminó en 1965.

[415] Edward Albee (1928-), dramaturgo estadounidense. Sus obras tempranas, como las que menciona Piñera reflejan su dominio del teatro del absurdo. *The Zoo Story* (1958), su primera pieza, es una obra dramática en un acto. *The Death of Bessie Smith* (1959), también obra en un acto, sigue las conversaciones entre los empleados de un "hospital para blancos" en el día de la muerte de la famosa cantante de *Blues*, Bessie Smith. *Who's Afraid of Virginia Woolf?* [¿Quién teme a Virginia Woolf?] (1962), una de las obras de teatro más significantes del siglo XX. Tiene tres actos y su puesta en escena dura más de tres horas. La más conocida y celebrada de las obras de Albee ganó el Tony Award y el New York Drama Critics' Circle Award como mejor obra dramática de 1962.

[416] Uwe Jhonson (1934-1984), escritor, editor y traductor alemán. Las obras que Piñera menciona son traducciones de *Das dritte Buch über Achim*. Frankfurt am Main: Suhrkamp,

escribe de nuevo. Ya ves que cumplo mi promesa de escribirte con regularidad. Un gran abrazo,

Virgilio

Milán, sep. 18/64

Mi querido Humberto, por fin en Milán. Ya te hube de avisar por cable que había firmado contrato con Feltrinelli por toda la obra, es decir, C.F. , La carne de René, Pequeñas M. y Teatro Completo. Por todo esto me hicieron un adelanto de 800 dólares. El pasaje hasta Praga lo pagué en pesos cubanos (753,62) producto de los derechos de autor por la edic. de Cuentos Completos en la Unión de Escritores.[417] *En Praga estuve 5 días y el 16 llegué a ésta. A principios de octubre iré a París pues [Juan] Goytisolo (asesor lit. de Gallimard) quiere editar los C. F. También he dado una opción a Du Seuil por las P. Maniobras.*[418] *El trad. para el italiano de C. F. será Álvar González-Palacios*[419] *(tú lo conoces, iba a Guanabo, amigo de Eva* [Frejaville]*). Ya empezamos a trabajar. El libro aparecerá entre febrero y marzo del 65. Primero saldrá el cuento* El Baile *en una revista, pues dice Riva que ese cuento anuncia "le roman nouveau".*[420] *¿Cuáles son tus planes? Yo estaré en Europa el mejor tiempo posible hasta ver cómo van las cosas en Cuba. ¿Puedes venir a Europa por dos meses? Mi dirección en Milán es: Feltrinelli Editore, Vía Andegari 6, Milano, Italia. El teléfono:* 80-34 *80-8346.*[421] *Te incluyo también los teléfonos y direcciones de Guillermo Cabrera I. y Juan Arcocha: C. I: 70-9405*

1961 [*El tercer libro de Achim*, 1962] y *Mutmassungen über Jakob* Frankfurt am Main: Suhrkamp, 1959 [*Conjectures sur Jacob: la frontiéré*, 1962].

[417] Esta edición se publicó en La Habana en 1964.

[418] Éditions du Seuil, casa editorial francesa fundada en 1935. *Pequeñas maniobras* nunca salió con esta editorial, y hasta el momento no ha sido publicada en francés.

[419] Álvar González Palacios (1936-), escritor, traductor e historiador de arte cubano naturalizado italiano.

[420] *Nouveau roman*, corriente literaria francesa de la década de los '60 cuyos proponentes pusieron énfasis en el comportamiento de las personas sin indagar en su interior. El cuento en cuestión, "El balcón" fue escrito durante los primeros meses de 1963.

[421] Durante su estadía en Milán Virgilio vivió en la residencia que Feltrinelli tenía reservada para escritores visitantes y trabajó como lector de libros en español. Como le escribió a José Rodríguez Feo el 16 de septiembre, "Es trabajo de un mes, y ganaré 100,000 liras (unos 160 dólares), lo cual aumento a mis 800 dólares" (*De vuelta y vuelta* 236-37).

(su casa), 44 50 18 (la embajada). Dirección: *Ambasse de Cuba: 77 Rue Robert Jones, Bruxellas 18. Juan Archocha: sólo el teléfono: Bagatelle 9885. A París puedes escribirme a la Embaj. siempre que yo te avise que estoy allí y discretamente. Como también iré a Londres te doy la dirección de Pablo A. Fernández, Agreg. Cultural. 584 Park West St, London W2. Teléfono: Ambassador 7733 (extensión 584). Tel de la Embaj: Mayfair 6636.*

Escribe en seguida a Milán, creo que hay tiempo para recibir tu respuesta. Un gran abrazo para la Rosina. A Graziella muchas cosas. Recuerdos para todos. Hasta Pronto. Escribe.

Virgilio (a la vuelta)

Julio Rodríguez (que pasó por Milán hace 15 días, él vive en Est. Unidos) le dijo a Álvar [González Palacios] que Luis Lastra se había suicidado disparándose un tiro en la boca.[422] *Hará cosa de un mes y medio que Pepe recibió carta de Niso y le decía que Luis estaba trabajando en una galería privada de Washington. ¿Recibiste una carta de Julio que yo puse aquí en Milán?*[423]

Madrid octubre 26, 64

Mi querido Humberto,

todavía no tengo en mi poder tu carta llegada hace más de un mes a Milán. Me dice Álvar González Palacios que la recibi [*sic*] al día siguiente de marcharme yo a París, o sea el 26 de septiembre. Ahora bien, yo le dejé encargado a Álvar que si llegaba carta tuya me la enviase a Bruselas, lugar adonde iría pues. Guillermito Cabrera me esperaba en su casa. Bueno, llegué a París para estar una semana a lo sumo, arreglar mis asuntos con Gallimard, y partir para Bruselas. Hago las gestiones para

---

[422] Julio Rodríguez Luis (1937-), autor y crítico literario cubano. Colaboró en *Ciclón*. En cuanto al suicidio de Luis Lastra, se trata, desde luego, de una noticia falsa.

[423] Esta nota se encuentra a la vuelta de la página.

el visado y resulta que se demoraba de tres semanas a un mes (desde un año atrás se necesita visa para entrar en Bélgica pues a tres diplomáticos belgas los detuvieron en Habana y el gobierno belga tomó represalias). Resultado: Guillermo vino a París a buscarme, confiado en que por ser él doplomaitco [*sic*] me darían la visa, pero tampoco. Tuvo que volver solo a Bruselas. Entonces combinamos que yo tomara un avión de Sabena y allí en él aeropuerto de Bruselas me estaría él esperando con un funcionario del protocolo belga. Fui a Sabena pero me hicieron saber que no me venderían el ticket si no presentaba la visa. Fui a Air France con el mismo resultado. Bueno, tuve que renunciar. El día 15 llamé a Guillermo por teléfono, me dijo que Álvar había enviado a su dirección en Bruselas una carta tuya. Le dije que como yo volvía a Milán me la reexpidiera a dicho lugar. Llegué a Milán el día 16 y Guillermo no había mandado tu carta. Llegué a Madrid el 21, volví a llamr [*sic*] a Guillermo a Bruselas y le dije que me enviara acá a Madrid la carta. Yo estoy viviendo en casa de Sabá Cabrera, pero le dije a Guillermo que enviara la carta a la Oficina Comercial de Cuba de la que es jefe dicho Sabá Cabrera, que, como sabes, es hermano dé Guillermo.[424] Pero ocurrió que el día 23 Sabá tuvo que ir de viaje a Barcelona y hoy, día 26, aun no ha regresado. Espero que llegue mañana y al fin tendré tu carta en mis manos. Eso espero.

    Este contratiempo de tu carta ha modificado mis planes, o al menos dio tiempo para que llegaran desde la Habana noticias que me obligan a regresar. Como siempre, cosas familiares. Luisa me escribió con dos noticias bombas: que se divorcia de Pablo (él se ha puesto a vivir con una sobrina) y que no tiene dinero para los gastos de papá. Yo le dejé dinero para solo dos meses, pues en la Editorial Nacional no me dieron licencia con sueldo. Figúrate, los gastos de papá, mas mi apartamento,

---

[424] Sabá Cabrera Infante (1933-2002), pintor y cineasta cubano. Con Orlando Jiménez Leal (1941-) filmó el célebre y controversial *PM* (1961), un cortometraje de unos 15 minutos que desató uno de los episodios culturales más polémicos de los primeros años de la Revolución –el cual terminó con las famosos "Palabras a los Intelectuales" de Fidel Castro en junio de 1961. Tras el incidente de *PM*, Sabá Cabrera Infante comenzó a trabajar en el Ministerio de Comercio Exterior y viajó a España como agregado comercial. Desde Madrid pidió asilo político en 1965.

con el alquiler, el teléfono, la luz. Pues decidí regresar.[425] Además, si me voy para Argentina es asilo político y Feltrinelli y Gallimard me retirarían el contrato pues son de izquierda. Es esta otra de las razones que me han decidido a aplazar mi viaje a ésa. En una palabra, todo lo he postergado para el año entrante, fecha en que ya estarán editados los C.F. en italiano y en francés. Podía al mismo tiempo permaecer [*sic*] varios meses en Europa (En Milán no me faltaba trabajo y sin esfuerzo), pero quedaba el problema de Luisa en la Habana.[426] Ya sé que me acusarás de vacilación y de pensar demasiado en la familia, pero así soy y además estoy cansado de tanta lucha. Te diré que en París encontré a Natalio muerto de hambre. Le regalé cien dólares y otros tantos gasté pagándole comidas y medicinas. Me he comprado ropa buena y zapatos y he viajado. Salgo para Habana por Madrid el próximo día 3 de noviembre. Dios dirá la última palabra. Escríbeme pues a Panchito Gómez. Apenas he estado dos meses en Europa, es como una ilusión, como algo que no hubiera ocurrido. Y de nuevo a Cuba, ya ves. Me imagino a Graziella con las manos en la cabeza y dando gritos de horror. Pero, querido, nadie escapa a su destino y tengo la idiotez de creer que mi padre y Luisa son sagradas obligaciones que tengo, y perpetuas. Perdóname una vez más, entre tantas que me has perdonado. Un gran abrazo. Dile muchas cosas a la Rosina y que no me condene.

Virgilio

---

[425] En una carta a José Rodríguez Feo, con fecha de16 de septiembre de 1964, Virgilio había comentado que pensaba "regresar a Cuba para finales de diciembre" (*Virgilio Piñera de vuelta y vuelta* 237), así que terminó regresando dos meses antes de lo que tenía pensado.
[426] Resulta muy revelador que Virgilio sólo hable francamente del tema del asilo político en una carta que no tuvo la posibilidad de ser interceptada por las autoridades cubanas.

La Habana, dic 10/64

Mi querido Humberto,

por Julia me entero que recibiste mi carta de Madrid. De modo que tengo que escribirte desde la Habana? ¡Qué me contás! Pues llegué el día 18. En Madrid presenté al concurso de la editorial Seix-Barral (Premio Biblioteca Breve), mi novela *Presiones y Diamantes*. Son cien mil pesetas. El veinte de este mes se sabrá el fallo. No tengo grandes esperazas. Una de las bases dice que el manuscrito deberá tener no menos de trescientas páginas; mi novela apenas pasa las cien. Además, mi clásica mala suerte para ganar en concursos. Si soy premiado te enviaré un cable.[427]

Pues acá estoy de nuevo, con los problemas de papá y de Luisa. La marchita de siempre. No se cómo enviarte el livre de poche [libro de bolsillo] de mis cuentos. Son los cuentos fríos y nuevos cuentos. Un tomo de más de trescientas páginas. La mayor parte de los libros que se envían a Latinoamérica no llegan. No obstante, lo enviaré.

En caso de que sea premiado, iría a Barcelona para la primavera. De ahí seguiría a Milán, donde trabajaría unos meses como lector de español en Feltrinelli. Allí esperaría la salida de C.F. en italiano. La traducción francesa, con prólogo de Goytisolo sale más o menos por esa fecha, es decir, junio o julio.

Nada sé si te premiaron las dos obras de teatro ¿Todavía no se ha reunido el jurado? Ahora Feltrinelli va a lanzar en grande autores latinoamericanos. ¿Por qué no le mandas a Álvar González Palacios un libro de cuentos? Nada va a costarte probar. Es la misma dirección de Feltrinelli. Y ahora te diré que Lezama se casó con una prima, María Luisa Bautista, de 48 años. Boda notarial y religiosa y luna de miel en el hotel Riviera. La madre murió estando yo en París.[428] Naturalmente,

---

[427] Ver la introducción para una discusión detallada de este asunto de la entrega de *Presiones y diamantes* al concurso de Seix Barral.
[428] Es de notar que esta es la primera mención de José Lezama Lima (1910-1976). Lezama, un homosexual en secreto, se casó con María Luisa Bautista Treviño, profesora de literatura y amiga de su hermana Eloísa, el 5 de diciembre de 1964. Se dice que en su lecho de muerte la madre de Lezama, quien falleció el 12 de septiembre de 1964, había pedido a María Luisa

es un mariage blanc. El editor de Knopf de Nueva York me escribió a Milán desde París interesándose por una opción de mis libros.[429] Feltrinelli se ocupa de hacer los arreglos. ¿Nos volveremos a ver? Ya empiezo a hacerme esta pregunta. Bueno, hasta luego. Parece que Herminia piensa irse a USA y Julia creo se embulla para irse con tu madre a NY. Recibimos carta de Niso; está en Escocia cazando el zorro.

Virgilio

Estas son las horas de que una carta de Graziella, escrita por mi cumpleaños y llegada después de mi salida para Italia, aún Luisa la tiene traspapelada. Díselo y deséale mil cosas en Navidad y Año Nuevo. V.[430]

La Habana, mayo 8/65

Mi querido Humberto,

te confieso que me cuesta trabajo escribirte. Ya he perdido las esperanzas de reunirnos, entonces me digo: para qué seguir escribiendo. Achaca todo esto a la depresión que experimento. No olvides que este año cumplo 53, muy cujeados, y a pesar de mi famosa vitalidad y de las 95 de hemoglobina –que tú siempre decías– ya me siento cansado. Ahora te vas a Estados Unidos y las posibilidades de reunirnos acaban por esfumarse del todo. Y ya sabes la falta que me haces y que solo como estoy todo lo que logro es resistir, y nada más. A veces cuando miro particularmente las toallas, las sábanas o las fundas (sobre todo las amarillas compradas en Monte) me digo: ¿será posible que se hagan

---

que se casara con su hijo ya que aquella se iba a morir y sus hijas, Eloísa y Rosita, se habían marchado al exilio.

[429] Alfred A. Knopf, prestigiosa casa editorial fundada en Nueva York en 1915 por Alfred A. Knopf, Sr. (1892-1984). Para estas fechas Knopf ya había publicado traducciones de varios autores hispanoamericanos, entre ellos los cubanos Fernando Ortiz [*Cuban Counterpoint* (1947)] y Alejo Carpentier [*The Lost Steps* (1956) y *The Kingdom of this World* (1957)].

[430] Nota escrita a mano en el margen izquierdo de la hoja.

pedazos y nosotros sigamos alejados? Bueno, es así y parece que se harán pedazos. Mais passons [no insistamos en eso].

Hablando de algo agradable, te diré que *La Boda* ha sido traducida al alemán (por Norbert Hochmayr, de Viena). A través de Relaciones Exteriores me envió el Primer acto y una oferta del cincuenta por ciento sobre la entrada bruta en los teatros. Presumiblemente la obra se dará en Viena, Zurich y Berlín Occidental. Su estreno en Viena (para septiembre) es casi seguro, en el Josenphadt Theatre. También *Aire Frío* ha sido traducido al francés y lo estrena Planson[431] en Lyon para fines de junio; después irá a París. Por otra parte mis *Cuentos Fríos* aparecen ya, en italiano para junio. El lunes 10 llegan aquí Feltrinelli y Valerio Riva. Si no me voy con ellos lo haré a mediados de junio. Pienso pasar en Europa unos seis meses. Desde allí te escribiré in extenso.

Ayer Julia me leyó tu carta. Opino que si tienes la voluntad necesaria acabarás logrando irte para Estados Unidos. No creo que en Buenos Aires logres nada sólido en el terreno económico. Es cierto lo que dices que los años van pasando. Además, por lo que cuentas trabajas como negro y hasta horas suplementarias. Es increíble que tengas esa resistencia. Si algún día nos viéramos creo que íbamos [*sic*] a estar conversando un año entero sin parar. Ya sabes que las cartas y las llamadas son medias precarias donde lo mejor queda informulado.[432] Bueno, que Dios quiera que nuestros deseos se cumplan. Ni siquiera puedo mandarte mi tomo de Cuentos editado por la Unión de Escritores, son trescientas páginas que llevan los C.F. y nuevos cuentos, de los cuales conoces muchos. Julio Matas se fue a España; Natalio cambió París por Madrid. Acabo de terminar una obra de teatro en un prólogo y cinco actos, es la historia de dos novios que nunca se casan.[433] Creo que es <u>interesantona</u>. Orlando, como siempre, dando

---

[431] Claude Planson, director de teatro francés. En los años cincuenta y sesenta Plason fue uno de los directores principales de Le Théâtre des Nations, el festival internacional de teatro más grande del mundo.

[432] Esta es la primera referencia –aunque indirecta– a la probable censura de su correspondencia y la vigilancia en Cuba.

[433] Se trata de *El no*, obra que había empezado, según aprendemos en otra carta, en enero de 1965. Parece que Piñera trabajó en la pieza por varios meses ya que la seguía mencionando en sus cartas como si fuera trabajo en progreso.

tumbos. Osvaldo te manda un gran abrazo. Hizo una exposición en el Lyceum, muy buena. Pepe sigue igual y te saluda. Salgo con Julia, a veces almuerzo en tu casa, tu madre más joven que nunca. Dile a Graziella que lo único que me queda de ella es su recuerdo, lo cual es suficiente para no olvidarla. Dale un abrazo. Lo mismo a Rosa. Saludos para Jorge. Bueno, querido, hasta pronto.

Virgilio

La Habana, agosto 10 de 65

Mi querido Humberto, ¡qué mala suerte tuvo mi carta de abril último![434] Te quejas de que no te escribo, y ya ves, anterior a esa carta te había enviado una. Bueno, cumplí cincuenta y tres el día cuatro, como sabes. Todas las ilusiones, los proyectos, los planes han desaparecido y sólo quedan los días, los días y tan sólo eso. Ayer se fundió el último de los bombillos de nuestra querida casa de Guanabo. Era el bombillo del refrigerador. Lo había sacado para ponerlo en mi vieja lamparita del cuarto, y ya ves, también pereció. Las toallas resisten victoriosamente el asalto del tiempo, y aunque deshilachadas, ahí están, presentes. Por cierto, supe que Guillermo [Alamilla Gutiérrez] había tenido un accidente de auto terrible; manejaba su sobrino y por poco pierde la vida. Ya está bien. Me encontré con Lazarito y hablamos mucho de ti, te manda un gran abrazo y dice que siempre te agradece todas tus atenciones. Está muy gordo y tiene veinte y siete que parecen cuarenta. Menos mal que se ha puesto los dientes. Osvaldo, ahí, ahora en los corre corre de su viaje a París, donde va a exponer. Natalio está ahora en N.Y. Orlando se irá pronto. Todavía no sé cuando será mi viaje. Ya *Cuentos F.* está al salir en edición italiana. Se ha demorado porque añadí todos los cuentos que aparecen en la edición de la Unión. Es una lástima que no puedas ver ese volumen. También estoy en trámites para representar *La Boda* en Viena. Ya me mandaron el primer acto traducido

---

[434] No se conserva carta de abril de 1965.

para que dé mi opinión. Acabo de terminar mi obra en un prólogo y cinco actos titulada "No" (historia de dos novios que no llegan a casarse porque así lo han decidido). Ha estado aquí M. Lébesque (Morvan), del Teatro de Naciones.[435] Leyó la obra y se ha quedado chocho. Dice que es absolutamente original y que en París será un éxito. La compara con las mejores obras de Strindberg y Chékoj.[436] La estoy haciendo copiar para enviar una copia a París para la traducción. Aire Frío se está poniendo en Lyon, bajo la dirección de Plansón. Yo creo que de salir todo bien, podré estar en Milán para principios de octubre. Veremos. Ya leí tu última carta donde le cuentas a Julia tus proyectos. Si mi obra se estrena en París te enviaré dinero para que asistas al estreno. Será muy gracioso que veas por primera vez una obra de teatro mía, en francés. Estoy loco por volver a Buenos Aires, en estos días tengo esa nostalgia, mentalmente, por supuesto, me pongo a caminar las calles, voy a casa de Graziella, conversamos, y parece que el tiempo no ha pasado. Ayer tuve una angustia pues no podía dar con el nombre de la calle que está después de Pueyrredón bajando hacia Palermo. Al fin recordé que se llama Charcas. ¿Estoy acertado?[437] Veo que estás de cocktail en cocktail. Mejor así, y no metido en el cuarto. ¿Volveré a ver el carromato? Bueno, ahora tienes una lámpara de rayos infrarrojos. ¿Qué me contás? Y ahora recuerdo a Bianco. ¿Sabes de él? ¿Lo ves? O tempora, o mores...[438] Dime si escribes y qué escribes. Haz esfuerzos por publicar algo sólido en Bs. As. Convéncete que eres un escritor y nada más que eso. Orlando, el hermano de Pepe R. Feo se fue y pronto se irá Olga [Andreu]. ¿Te dije que Emriqueta[439] [sic] murió el diciembre del año pasado? El pobre Pepe está muy solo. Creo haberte dicho que supe de Babo por su primo. Tiene una casa de antigüedades

---

[435] Morvan Lébesque (1911-1970), periodista, nacionalista y activista bretón. Fundó, con Roland Barthes y Guy Dumur, la revista *Théatre Populaire* en 1953.
[436] Johan August Strindberg (1849-1912), dramaturgo, novelista, cuentista y pintor sueco. Antón Chekhov (1860-1904), médico, dramaturgo y cuentista ruso.
[437] La casa de pensión en que vivía Virgilio en Buenos Aires se encontraba en la esquina de las Avenidas General Lucio Norberto Mansillas y Pueyrredón. La verdad es que la Calle Charcas corre perpendicular a Pueyrredón. La calle después de Pueyrredón en dirección hacia Palermo es Ecuador.
[438] Famosas palabras de Cicerón: "¡O, los tiempos! ¡O, las costumbres!"
[439] Enriqueta Fernández Casas, madre de José Rodríguez Feo.

en N.Y. Julia está bien y tu madre lo mismo. Adolfina acabando y más muerta viva que nunca, pero con un apetito voraz. A Graziella, toda mi ternura, que no es poca aunque no visible. Y a Julita [Peyrou]. ¡Oh divino año 1946 cuando nos peleábamos y vivíamos en un paraíso![440] Y a Carlitos y a Gorlier y a Wally y a Carlos. Me da la impresión que ahí están presentes, esperándome en Ezeiza.[441] Y a Rosa, mi dolce nemica [dulce enemiga], a la que por celos peleaba, pero queriéndola mucho. Bueno, es de llorar, como decía Dante (que cita a estas alturas) el bien perdido. Te abrazo,

Virgilio

La Habana, noviembre 30/65

Mi querido Humberto,

qué mala suerte con las cartas … Como en el mes de mayo te envié una larguísima acompañada de otra para Graziella. Y veo que no las recibiste. Ahora me llega esta del 19 de octubre. Imagina cómo me ha dejado la muerte del pobre Gorlier. Y no puedo dejar de decir; todavía lo veo jugando canasta en lo de Rosa, o en Harrod's comprando corbatas o en lo de Graziella soltando una de esas risotadas que lo habían hecho famoso entre nosotros. ¿Alguien se ocupará de recoger sus poemas y demás escritos? Por favor, dale a su hermana mi pésame.

Te supongo enterado por Julia de la muerte de papá (87 años). De pronto se sintió mal, dolores en la espalda intensos, en el estómago. Yo estaba esa noche jugando con Zaida, Wicha y Pepe y Ninfa[442] me llamó por teléfono. Corrí, llevé un médico y éste dijo que posiblemente se trataba de un tumor en el vientre y aconsejaba ingresarlo en el Kourí.[443]

---

[440] 1946 es el año de su llegada a Buenos Aires.
[441] Aeropuerto Internacional Ezeiza, Buenos Aires.
[442] Ninfa Infante, esposa de su hermano, Juan Enrique.
[443] Instituto de Medicina Tropical Pedro Kourí, anexo de la Escuela de Medicina de la Universidad de la Habana fundado en 1937.

Al día siguiente lo llevamos y sólo estuvo veinte horas.

Nada sé de fijo de mi viaje a Italia. Calculo que C. F. ya debe haber salido, pero no tengo noticias concretas. Espero nuevas noticias de Lebesque (director de la revista *Theatre*), que cuando estuvo aquí leyó mi nueva pieza (*No*, se titula y es la historia de una pareja que nunca llega a casarse y pasan cuarenta años) y tanto se entusiasmó que se llevó la pieza para ponerla allá. He trabajado mucho en ella, son cinco actos y he escrito (la pieza tiene 75 cuartillas) unas 156.[444]

Orlando con su familia se van en estos días. Vivirán en Chicago con la hermana Cuca. Margot[445] se queda. También se va Osvaldito. Y creo haberte dicho que Julio Matas se fue en mayo de este año. No sé si te he dicho que Guillermo A[lamilla Gutiérrez] tuvo en N. York un accidente de automóvil terrible, en el que estuvo por perder la vida y del que ha quedado muy mal. Lo supe por Lazarito, al que me encontré días pasados en el Prado. Te manda muchos recuerdos. Creo que esta noticia te la mandaba a decir en esa carta que ya veo nunca te ha llegado. Dile a Rosa que no le escribo porque tengo el ánimo en el suelo, pero que puede estar segura que al saber por Julia que la pobre Natalia[446] había fallecido, me entristecí, pues no en balde se convive con un ser humano varios años. Y esa muerte me trajo de golpe todo Mansilla, con sus incongruencias y sus esplendores de la amistad.

De Albee (del que me hablas) sólo he visto *Cuento del Zoológico* y *La historia de Bessie Smith*. Conozco el texto de *Who's Afraid of Virginia Woolf*, pero acá no lo han dado aún. Ha habido en el teatro un ralentissement [una disminución]. Lebesque me envió el Marat-Sade de Peter Weiss, es una obra magnífica, la estoy traduciendo para las ediciones de la Editorial Nacional.[447] Bueno, te dejo. Escribe, recuérdame. No sé si

---

[444] La numeración, aunque confusa, apaece así en la carta.
[445] Se trata de Margot Rodríguez Feo, hermana de Pepe y Orlando.
[446] Debe de tratarse de una residente de la casa de pensión de Rosa.
[447] Peter Weiss (1916-1982), dramaturgo, novelista, pintor y cineasta alemán. Piñera menciona aquí el título abreviado de su obra dramática más conocida: *Die Verfolgung und Ermordung Jean Paul Marats dargestellt durch die Schauspielgruppe des Hospizes zu Charenton unter Anleitung des Herrn de Sade* (1963) [*La Persecución y asesinato de Jean-Paul Marat representada por el grupo teatral de la casa de salud de Charenton bajo la dirección del Marqués de Sade*].

volveremos a encontrarnos. Ya hace cinco años de mi viaje a Bruselas o casi. Muchas cosas para Rosa, Graziella, Julita y Jorge, etc. ¿Y Wally?

Virgilio

Envíame las cartas a la dirección de Juan Enrique, a mi nombre:
General Aguierre #655,
Rep Ayestarán,
La Habana,
Cuba[448]

La Habana, marzo 8 de 1966

Mi querido Humberto,

Recibí tu carta de enero. Lo más asombroso es lo de "Graziella empleada". Han pasado veinte años de nuestra llegada a la Argentina y ahora es que Graziella se emplea. Cuando la gente se retira, ella empieza a trabajar. Nunca en mi vida he sabido de una originalidad más destacada. Dile que la felicito. Además, ahora podrá leer, con evidente delectación ese famoso verso de Góngora "Amarrado (a) al duro banco de una galera turquesca …"[449]

Todavía nada sé si mi libro ha salido. Se supone que ahora, en marzo, estará en la calle. Estoy esperando noticias de Valerio, o bien que él mismo venga a Cuba. Te envío con el amigo Álvarez[450] un ejemplar del tomo aparecido de mis cuentos aparecido [*sic*] en las ediciones Unión. También te envío por su afable intermedio una copia mecanografiada de mi última pieza de teatro.

---

[448] Esta nota se encuentra en el margen izquierdo.
[449] Se trata de los primeros dos versos de un romance del célebre poeta y dramaturgo español del Siglo de Oro, Luis de Góngora (1561-1627). La voz poética es un cautivo español que añora la patria desde su prisión en un barco turco.
[450] Jorge Álvarez (1932-2015), productor discográfico y editor argentino. En 1963 fundó la Editorial Jorge Álvarez, y en 1967, con Daniel Divinski, fundó Ediciones de la Flor, dos de las casas editoriales hispanoamericanas más destacadas del siglo XX.

Te recomiendo, si no lo has leído ya, *Le XVII Siecle* de André Ducasse. Abarca desde el reinado de Luis XIII hasta el Regente. También te recomiendo una biografía de Napoleón por Jacques Banville.[451] Ahora emprendo la lectura de *Les Années de chien* de Günter Grass.[452] Es otro mamotreto como *El Tambor de hojalata*. Acabo de traducir *La Persécution et l'assassinat de Jean-Paul Marat representes par le groupe théatral de de l'hospice de Chareton sous la direction de Monsieur de Sade*, de Peter Weiss. Esta pieza, como sabrás, ha tenido un gran éxito en Berlín y en Londres. Ahora la darán en París. ¿Qué me cuentas de Gombrowicz? Nada sé de él. Perdona, como él decía, "el estilo informativo", pero ya he perdido la facultad de hacer cartas a lo Mme. de Sévigné. ¡Ya no tengo mi Mme. de Grignan![453] Por cierto, acabo de leer un libro de Bonafoux sobre esta Grignan, que a lo que parece era una niña de encargo, en el sentido de un complejo de inferioridad y de timidez. La Sevigné tenía que tratarla "con pinzas". Qué te parece. ¿Sabes algo de Bianco? Continúa debiéndome carta, y por lo que se ve, se dispone a saldar su deuda epistolar conmigo en la otra vida. Hier soir j'ai enduré maintes suffocations et vapeurs... A cause de cela je croyais mon heure venue. A l'instant je me rappelle notre grande amie la Palatine et je m'ai dit: Du courage, et tout de suite j'ai mangé forcé poissons, une tranche de boeuf et trois pintes d'eau de vie. [Ayer por la noche he sufrido muchas sofocaciones y sofocos ... a causa de esto creía que mi hora había llegado. En ese momento me acordé de nuestra gran amiga la Palatina y me dije: valor, y enseguida ingerí forzoso pescado, una loncha de carne de res, y tres pintas de aguardiente.]

Ahora me acaba de llamar Carlos [Franqui] para decirme que Valerio le envió la portada de mi libro. Por fin ya salió. Espero que en

---

[451] André Ducasse (1894-1986), escritor francés. El libro en cuestión es *Le XVIIe siècle: pages choisies des récits et des mémoires les plus curieux de ce temps* (1945). Jacques Banville (1879-1936), periodista, historiador y académico francés y autor de *Napoléon* (1931).

[452] *Les Années de chien* [Años de perro], la traducción al francés de *Hundejahre* (1963), la tercera novela de la llamada trilogía de Danzig de Günter Grass. Cómo aprendimos en cartas anteriores, Piñera leyó la primera novela de la trilogía, *El tambor de hojalata* (1959) en 1965.

[453] Se refiere aquí a Marie de Rabutin-Chantal, Madame de Sévigné (1626-1696), aristócrata francesa celebrada por su facultad de escribir cartas llenas de humor y viveza. Françoise-Marguerite de Sévigné, Comtesse de Grignan (1646-1705), aristócrata francesa, hija de Madame de Sévigné y destinataria de la mayoría de sus cartas célebres.

unos dos meses puedas comprarlo en Buenos Aires. Creo que aparece bajo el título *Racconti Freddi*. Tu gente está bien. Saludos a todos. Un abrazo,

Virgilio

Calle N # 375[454]

La Habana, agosto 24/66

Mi querido Humberto,

bueno, ahora te escribo después de no sé cuánto tiempo de silencio. Il faut comprendre [Hay que comprender]. En enero te envié con el editor Jorge Álvarez[455] el manuscrito de mi última pieza de teatro y un ejemplar de la edición definitiva de *Cuentos Fríos*, publicada por la Unión de Escritores. Veo que no te ha entregado pues ya se lo hubieras dicho a Julia o me hubieras escrito. Ahora te incluyo la dirección de Álvarez para que inmediatamente vayas a verlo. La edición italiana, que debió estar en la calle para el mes de junio, se ha demorado porque la traducción no salió todo lo bien que se esperaba. Por fin saldrá en octubre. La editorial me ha invitado a Milán para dicha ocasión. Ya te avisaré cuando formalice el viaje. Osvaldito se fue para Madrid el ocho de este mes y Orlando espera hacerlo en estos días. De mi estreno en París, nada. El que sería director de la pieza (la que te mandé)[456] Morvan Lébesque, dice que no hay actrices en París para hacerla. Eso es excusa, y no me explico pues él vino a la Habana, leyó la pieza (que yo no le di), me dijo que el teatro no conocía nada más importante desde hacía diez años y después se lo dijo en París a Juan Arcocha. Algún día desentrañaré este misterio. Ahora la traducen en Polonia.

---

[454] La dirección de Virgilio se encuentra escrita en mano ajena en la parte superior de la carta.
[455] Fue en marzo, no enero.
[456] Se refiere a *El no*.

Veo mucho a Julia y a tu madre, que está muy bien y cada día más joven. Pero no quieren moverse hasta que Herminia no haya salido. Es increíble que seas propietario de una casa en Buenos Aires. Esos dos cuartos de que me hablas me tientan sobremanera. Pronto hará diez años que salí de allí. A veces me pongo a recordar calles y me confundo. El otro día Julia tuvo que aclararme que Charcas es paralela a Sta. Fe. ¿Qué te parece? ¿Qué sabes de Bianco? Sólo he visto una dedicatoria, no, mejor dicho, una firma de él en un ejemplar de *Los Ríos Profundos* (Arguedas)[457] que enviaron a la Casa de las Américas. Bueno, este cuatro de agosto cumplí cincuenta y cuatro. ¿Te recuerdas cuando te burlabas y me decías que ya era trentón? Pues ahora soy sesentón. De los viejos amigos te diré que Luis L[astra]. compró una casa en Washington y Niso la decoró. Perdona esta carta tan décousue [deshilvanada], pero voy poniendo lo que se me ocurre, como por ejemplo, que todavía tengo las toallas y las sábanas que compramos en el remoto cincuenta y seis. Jamás he vuelto por Guanabo. Il faut passer l'éponge [hay que pasar la esponja]. Cuéntame qué haces y dime si te has puesto a escribir de lleno. ¿Te dije que Julio Matas está en Pittsburg [*sic*] de profesor? Hace ya un año. Dile a Graziella que siempre me acuerdo de ella y converso con ella. Dámele un abrazo a Julita, a Wally, a Carlos y a Carlitos. Pobre Gorlier, todo ese aturdimiento y esa vivacidad era nada más que la muerte que llevaba por dentro. A la divina, inmortal Rosa, Rosa de Jericó, la estrechas entre tus brazos por los míos. ¿Es cierto que Gombrowicz ha vuelto a Buenos Aires? No sé con quién enviarte *Paradiso*, que es un gran libro, a pesar de su desorden.[458] Bien, Escribe y corre a ver a Jorge Álvarez. A vientote [hasta luego].

Virgilio

---

[457] *Los ríos profundos* (1958), novela del autor peruano José María Arguedas (1911-1969), que marca el inicio de la corriente neoindigenista.
[458] La brevedad de esta referencia a *Paradiso* (1966) no le hace justicia a la gran novela de José Lezama Lima, que a Piñera le impresionó mucho. Como apunto en la introducción, Piñera se conmovió profundamente ante la obra maestra de Lezama, la cual revivió sentimientos de cercanía personal e intelectual hacia el hombre que en algún momento consideró un espíritu afín.

D. de Osvaldo en Madrid:

Vizcaya 6, Segunda 3

Dirección de Jorge Álvarez:

Talcahuano 485.

La Habana, octubre 21/66

Mi querido Humberto, recibí tu carta de fecha agosto cuatro, dándome el pésame por mis 54. Pues claro, 54 quiere decir 60 y mucho más y el final. Mais passons et ... glissons [Pero a lo que sigue y... deslicémonos]. Qué bueno que *No* te gustó. Y también a Graziella. Por cierto, creía estar seguro de que la característica de su número de teléfono era 31. Volviendo a *No*. Lo empecé en enero de 65 y es la pieza de teatro que más trabajo me ha dado y de la que hice más versiones. De su representación en París nada consistente hasta el momento. Problemas de encontrar quien financie la obra. Lébesque ha hecho todo lo posible y dice que no conoce una obra tan original de diez años a la fecha. Tendría yo que estar en París para impulsar la cosa. Pero cuándo? [La traducción de *Cuentos fríos* al italiano][459] debe haber aparecido en este mes. La salida se ha demorado por dos cosas: se aumentó el número de cuentos y hubo problemas con la traducción, que hizo Alvar González Palacios, pero a Valerio le pareció que algunos de los cuentos no estaban en muy buen italiano. Ten discreción con este aspecto. Bueno, al parecer ha salido el libro pero nada he recibido hasta el momento. Cuando lo tenga en mano veré lo de mi viaje. ¿Te dije que Osvaldo está en Madrid? Se fue el ocho de agosto. Orlando ya está en Chicago. Lo de Gombrowicz me ha dejado estupefacto. Mira que tener un hijo a estas alturas. El debe andar tocando los sesenta pues es más

---

[459] Aquí la página está dañada, pero se puede inferir por lo que sigue que Piñera está hablando de la edición italiana de *Cuentos fríos*.

viejo que yo.⁴⁶⁰ Me acordé de su frase: el león suramericano es pequeño . . . No creo que aumente el número de sus lectores. Él nunca será un escritor best-seller *et pour cause* [y con razón]. . . Acabo de terminar una nueva obra de teatro: *La Niñita querida*, en dos actos. Una niña a la que su madre (Berta) le pone Flor de Té, llega a odiar ese nombre. En cambio quiere llamarse como su madre. La niña es campeona de tiro al blanco y tiene una memoria prodigiosa. Termina matando con una metralla a los padres y a sus cuatro abuelos. Después se casa y le pone a la hija Berta, pero esa niña odia el nombre. También terminé el cuento de setenta páginas El caso Baldomero. Estoy escribiendo un pequeña novela –*El deslizamiento*– que trata del deslizamiento hacia la muerte.⁴⁶¹ Te diré que ya no juego canasta. Sólo tengo deseos de escribir. El Pepe, imponente; a pesar de vivir puerta con puerta nos vemos muy poco. ¿Sabes algo de Bianco? El otro día releí cartas de C. Coldaroli. ¿Lo ves a menudo? Cuando lo veas dale un abrazo y dile que siempre lo recuerdo. Me gustaría que Graziella me escribiera abundando un poco sobre mi pieza. Mi dirección es: Calle N 375, esq. 27, piso 3, depart. 7, Vedado. Puedes escribirme a esa dirección. El sábado vuelve *Electra Garrigó* al teatro Mella (antiguo Rodi). En febrero reprisan *Aire Frío*, y en abril va de estreno *No*. ¿Nos volvemos a ver? Tendríamos tema para un año por lo menos. Confiemos en que sí vamos a vernos. Yo estoy bien de salud. No dejes de escribirme. Dale *No* a Wally y un beso. Saludos para Carlos. Un abrazo para Rosina, que como yo soy tan contradictorio y tonto cuando la tengo lejos la adoro y cuando la tengo cerca la adoro también pero la atormento. Escribe pronto. Te abraza,

Virgilio

*N #375*⁴⁶²

---

[460] Virgilio debe de estar reaccionando a las noticias de que Gombrowicz estaba saliendo con Rita Labrosse (1935-), una canadiense-francesa mucho más joven que él que conoció en Francia en 1964. Se casaron en diciembre de 1968. Gombrowicz nació el 4 de agosto (la misma fecha que Virgilio) de 1904, así que en la fecha de la presente carta tenía 62 años.

[461] No queda claro si se trata de una obra perdida o de una versión temprana de un texto que salió con otro título.

[462] Otra vez, la dirección de Virgilio está escrita en mano ajena en la parte superior de la carta.

Habana, Julio 18/67

Mi querido Humberto,

el tiempo hace su obra, es decir hace que ya no nos escribamos. Pero como Dios mediante cumpliré 55 el próximo día cuatro de agosto he querido escribirte a manera del regalo que yo mismo me haré en mi día. Pues, aquí estoy, más viejo y más triste, y cada vez más estupefacto con lo vivido. Y empezaré esta carta, es decir empezaré este relato diciéndote que las toallas (seis) que compramos en el 56 tocan su fin. Sin duda han prestado un excelente servicio a través de 11 años, pero ya tocan su fin. Si te hablo de ellas es porque son todo un símbolo de una vida pasada y dichosa. Constantemente me recuerdan tu persona y la casa de Guanabo. Casa de Guanabo, tan grata y amplia, tan amplia, repito, que a través de estos cinco años en que definitivamente la dejé, he tenido que ir reduciendo a los estrechos límites del apartamento donde vivo. Y donde me siento en el sillón de rejilla con asiento rojo a ver desfilar a los amigos que nos visitaban en la playa. En Puerto Rico viven Osvaldito, Joaquín, Alberto, Niso, Ramón; en Pittsburg [sic] Julio Matas, en Washington Luis, Natalio en Kansas, y tu en Buenos Aires. Te diré que nunca más he vuelto por Guanabo: he sabido que la casa está convertida en una especie de solar, la galería ha sido cloisoné [sic] [tabicada], en fin, una tristeza más a añadir. De mi te diré que me mantengo lo mejor posible. Aunque el tiempo hace sus "ravages" [estragos] sigo siendo hasta el momento el mismo físicamente, es decir a Dios gracias mi salud es buena, estoy ágil, nada me duele, por ejemplo hace dos años que no veo a un médico (y ahora toco madera) la madera de uno de los taburetes ¿te acuerdas de ellos? Acaba de aparecer *Presiones y Diamantes* (que te voy a enviar con uno de los argentinos que vienen a menudo). Por cierto, este año (para diciembre) vendrá Bianco. Me escribió desde Méjico el mes de marzo pidiéndome una autorización para hacer una edición de los *Cuentos Fríos*. Creo que había arreglado con Losada los detalles. ¿Te llevas con él? Dime. Parece que al fin saldrá mi libro en italiano, al cabo de tres años. Llevará el título "La Caramela Nera", pues Valero dice que *Cuento Fríos* no es un título vendible y además aparecerá en una colección de "horror", cuyo primer libro ha sido uno de Pierre Mandiargues.[463] Si sale en agosto iré a Italia para la propaganda. Ahora mismo iría a París para dar un recital con Miriam Acevedo (que está allí haciendo *La Noche de los Asesinos*, de Triana), pero todo se ha ido al diablo por no poder obtener sitio en el avión debido a la congestión en los aviones. De teatro te diré que, además de "El No" (se estrenará en noviembre con la dirección y actuación de Vicente Revueltas) tengo *La Niñita querida* (dos actos) y *Los Rinranistas* (dos actos). Se llama así por los dos únicos personajes en la pieza –Rin y Ran– dos viejos que presas del miedo que toda su vida han tenido, juegan a hacerse los muertos para así realizar actos temerarios.[464] También he concluido un cuento de 75 páginas titulado *El Caso Baldomero*, un falso policial cuyo fondo es el destino del escritor. ¿Viste el premio de Gombrowicz? Acabo de leer "Cosmos" y no me ha gustado.[465] ¿Lo leíste? Te recomiendo la novela *Mme. D'O* de Pauline Réages, francesa.[466] Es un manual de erotomanía y muy buena. También te recomiendo *La Motocicleta* de Mandiargues.[467] Quiero que le digas a Graziella que esta carta es también para ella y que la recuerdo inmensamente. Cariños a Rosa y familia. Julia y tu madre muy bien. Bueno, escríbeme sur le champ [inmediatamente]. Si puedes mándame la obra de teatro con Bianco. Un gran abrazo

Virgilio

---

[463] André Pieyre de Mandiargues (1909-1991), escritor francés. Su novela *La marge* (1967), ganadora de Le Prix Goncourt, fue la primera obra de la serie que Piñera menciona aquí.
[464] *Los rinranistas*, se trata, desde luego, de una versión temprana de *Dos viejos pánicos*, obra que ganó el prestigioso Premio Casa de las Américas en 1968.
[465] En mayo de 1967 Gombrowicz ganó el Prix International de Littérature por su novela *Kosmos* (1965).
[466] Pauline Réages, nombre de pluma de Anne Desclos (1907-1998), quien en 1954 publicó su novela erótica y sadomasoquista *Histoire D'O*. La novela, que cuenta la historia de las aventuras eróticas de una fotógrafa parisina, ganó el Prix de Deux Magots en 1955. Desclos no se reveló como la autora de la novela hasta unos cuarenta años después de su publicación.
[467] *La motocylette* (1963), novela erótica por Mandiargues. Se conoce como la primera novela que otorgaba connotación sexual a la moto. Cabe notar aquí que Mandiargues escribió la introducción a *Histoire D'O* de Anne Desclos.

Marzo 21 de 1968

Mon cher, acabo de recibir tu carta (que ya Julia me había anunciado) hoy día 21 de marzo (comienzo de la primavera). Bueno, es cierto lo que dices, es una carta al estilo de las del pasado. También he vuelto, en estos días, a releer nuestra correspondencia, pero como dice la canción, "ya tú ves, yo no lloro ..." Cada vez que cumplo uno de esos ritos funerarios estoy muy consciente que el mismo es una parte del inmenso ritual, que es la fase final hasta la desaparición. Sí, estoy bien y aparentemente joven. ¿Y qué? Este año cumplo cincuenta y seis, que es como decir sesenta. Un pasito más y el entierro. Te incluyo ese poema que más o menos te dará una imagen de lo que actualmente soy.[468]

Éstas son las horas que mi libro de cuentos traducidos al italiano no ha aparecido. Durante el Congreso Cultural,[469] Valerio me aseguró que a fines de marzo saldría, que me avisaría con un mes de anticipación para hacer mis preparativos de viaje (pues me dijo que yo debería estar en Milán para la salida del libro) y ya ves, aún no me ha avisado. Por otra parte te diré que *Lettres Nouvelles* me adquirió toda la obra. Maurice Nadeau[470] me escribió hace como cuatro meses. Empezarían publicando los Cuentos y así sucesivamente. Aun no me han mandado el contrato. No sé si habrás visto el número que *Lettres Nouvelles* (la revista) dedicó a Cuba.[471] Hay una foto mía que es muy buena. Además,

---

[468] Debe tratarse del poema "Quien soy": "Poco importa mi nombre, y mucho menos mi edad. / No he de enumerar la caída del pelo ni decir 'encanezco'. / Tan sólo una sencilla confesión: no tengo ni un perro / acompañante, y tengo cantidades de soledad que regalar" (*La isla en peso* 272).

[469] El Congreso Cultural de la Habana tuvo lugar entre el 4 y el 12 de enero de 1968 y participaron intelectuales extranjeros procedentes de unos setenta países. El tema central del congreso fue la responsabilidad del escritor ante el mundo. Entre los participantes se contaban Julio Cortázar, Giangiacomo Feltrinelli, Valerio Riva, David Alfaro Siqueiros, André Pieyre de Mandiargues, Aimé Cesaire, entre muchos otros.

[470] Maurice Nadeau (1911-1913), fundador (en 1953) de la revista cultural francesa, *Lettres Nouvelle*, y de la casa editorial del mismo nombre.

[471] En dicho número de *Les Lettres Nouvelles* aparecen dos cuentos (traducidos por Marie-Françoise Rosset) y cuatro poemas (traducidos por Raphaël Sorin): "De la bière a gogo" [Unas cuantas cervezas] y "La chute" [La caída], y "Quand ils viendront me chercher" [Cuando vengan a buscarme], "Damande de canonisation de Rosa Gagi" [Pido la canonización de Rosa Cagí], "Chirurgie esthétique" [Cirugía plástica], "María Viván". Raphaël Sorin, trad [dec.-jan. 1967-1968: 62-73].

dos cuentos y tres poemas. Por cierto, Jelenski[472] me escribió hará unos cinco meses para que le diera un artículo sobre Gombrowicz para la revista *L'Herne*.[473] Ya se lo mandé. Lo hice a base de cartas de Witoldo a nosotros.[474] Me quedó muy bueno. Pues Jelenski se lo enseñó a G. y recibí una carta de Witoldo señalando alteraciones y tachaduras. Y otra de Jelenski. Sólo acepté dos correcciones referentes a fechas y a nombres y el resto lo dejé igual. Le contesté a Gombrowicz poniéndolo como un zapato (humorísticamente). El número, si no salió ya, debe estar al salir. Procura enterarte.

Pues gané el premio de teatro de la Casa de las Américas. Competí contra ochenta y nueve obras, cubanas y latinoamericanas. La pieza tiene sólo dos personajes –Tota y Tabo– marido y mujer de sesenta años de edad. Estos viejos se han dedicado a jugar el juego de hacerse los muertos, pues se han pasado la vida teniendo miedo, y si se hacen los muertos pueden decir y hacer lo que quieran sin temor de las consecuencias. Esta libertad de acción les permite matar a los productores de su miedo, es decir, los mismos Tota y Tabo; también juegan a matar al miedo mismo, pero nunca logran atraparlo y, en cambio, él les mete más miedo. Otra fase de la pieza es cuando Tabo acusa a Tota y a Tabo (haciendo de juez) de ser los asesinos de ambos, pero Tota descubre el juego y a su vez acusa a Tabo de ser, con Tota, los asesinos de ambos. Al final de la pieza ellos quieren regresar, mediante la transfiguración, a la infancia para así poder recomenzar la vida y que exista la posibilidad de que el miedo no los domine, pero ya el círculo se ha cerrado y advierten que están en un callejón sin salida. Vuelven a sus camas hablando como niños, pero Tota, mediante lo que en teatro se llama "un rompimiento" saca a Tabo de su ilusión infantil. Este entonces le dice: Tota, ¿qué vamos a comer mañana? Y ella le responde; Carne con miedo, mi amor, carne con miedo". Esto es en pocas palabras el fondo de la obra. No sé cómo hacer para mandártela,

---

[472] Konstanty Aleksander Jelenski (1922-1987), escritor y ensayista polaco. Amigo de toda la vida de Gombrowicz, fue también uno de los grandes defensores y promotores de su obra.

[473] *L'Herne*, revista literaria francesa fundada en 1957 y publicada hasta 1972. La casa editorial del mismo nombre (*Éditions l'Herne*) fue fundada en 1963.

[474] Se trata del ensayo "Gombrowicz por él mismo" que fue publicado en Cuba en la revista *Unión* (1968).

tengo un gran interés y curiosidad de que la conozcas. Me parece que es una pieza perfecta y poderosa, tan buena como lo mejor que pueda escribir Beckett[475] o quien sea. Sólo son dos actos, pero de una acción y violencia increíbles. Estará editada para mediados de mayo. Si antes no puedo enviarte el manuscrito, entonces haré que te manden un ejemplar por correo aéreo.

Ese La Varende es el que ha hecho un "choix" [selección] de las mejores cosas de Saint-Simon un prólogo.[476] Me caigo de la mata con eso de que le has cogido fallos. Sería interesante que enviaras una carta al editor. Los franceses le dan gran importancia a esas cosas. Y es cierto lo que me dices sobre que el "petit duc" se mantiene. Releí, por ejemplo, la muerte del Delfín. No sólo se mantiene sino que parece algo presente, y el lenguaje no puede estar más vivo y la pasión mas apasionada. Te recomiendo, ahora que me acuerdo, una novela erótica cuyo título es *Mme. D'O*. Es muy buena.

Ahora Osvaldito está viviendo en Puerto Rico. Trabaja en una agencia de dibujo comercial de Andrés García. Allí viven también Joaquín y Alberto, Ferreira, Lozano, etc. Niso y Luis Lastra se pasan temporadas largas con ellos. Julio Matas ahora está de Profesor en Harvard. Volviendo a *Dos viejos pánicos*, si tengo suerte irá la pieza al Teatro de las Naciones.[477] Competirá en el Segundo Festival de Teatro Latinoamericano convocado por la Casa de las Américas. Es la única obra que va al Festival. Vienen 15 críticos como jurados, entre europeos y latinoamericanos. Viene como jurado Mme. Benmusa, que es la manager de Barrault, y que fue la que movió todo para que *La Noche de los Asesinos* fuera al Theatre des Nations.[478] ¿Te dije que Alvarito Sariol se fue para Estados Unidos, con su pata coja? Es increíble que pudiera

---

[475] Samuel Beckett (1906-1989), dramaturgo, novelista y poeta irlandés que vivió en París durante la mayoría de su vida, y escribió tanto en inglés como en francés.
[476] Jean de La Varende (1887-1959), novelista y prolífico ensayista francés. Parece que Piñera se refiere aquí a su estudio de la obra de Henri Saint-Simon (1760-1825), *M. le Duc de Saint-Simon et sa comedie humaine* (1957).
[477] *Dos viejos pánicos* fue estrenado en Bogotá por el grupo La Mama en 1969. Su estreno cubano no se dio hasta 1990.
[478] Simone Benmussa (1933-2001), dramaturga, directora y feminista francesa. Trabajó por muchos años con Jean-Louis Barrault (1910-1994), actor, director y mimo francés. Barrault es considerado el más importante actor francés de la época de posguerra.

viajar con esa pierna podrida por la ostiomielitis y sus cincuenta y dos años. Ya ves. De Orlando he sabido que sigue muy bien y ahora acaba de publicar un libro de poemas en digesto.

No y nunca me acabaré de explicar por qué no te pones a escribir. Toda esa explicación que me das sobre la asimetría de tu cara es muy buena como literatura (aparte de que sea o no cierta). Ya que hablas del "petit duc",[479] ¿por qué no lo sigues? Sé tan "glorieux" [glorioso] como él, pero también tan escritor y no en la mente sino sobre el papel. Ahora es cuando "estás a tiempo." Y si leer calma, escribir calma y agita también mucho más.

Voy muy a menudo por tu casa. Es asombroso la juventud de tu madre. Come de todo, sale a las compras, conversa, etc. etc. Parece más joven que Julia, que por cierto en estos días está más calmada. Ya Herminia lo tiene todo arreglado para Méjico y espera sólo que le avisen. Te diré que Julia ya por fin se ha decidido a irse para Buenos Aires, y naturalmente, la salida de Herminia la acabará de empujar.

Dámele a Grazielle muchos recados. Todo lo que me cuentas del salón no me sorprende; tengo la certeza de que si algún día cayera en él de nuevo, todo estaría como en 1958. Muchas cosas a Julita, Rosa, Wally, Carlos. Por cierto, lo ves a Carlitos? Sí, Bianco me mandó con un argentino unas navajitas y un termómetro, y yo le escribí dándole las gracias. Pero ahora veo que eres tú el que las mandaste. Pepe me mandó esas cosas con un papel que decía escrito a lápiz rojo, más o menos; te mando eso con ese escritor a quien ni conozco. ¿Cómo te va? Y punto. Eran unos paquetes de navajitas Stainless y un termómetro. Ahora puedo darte las gracias. Bueno, concluyo, ya sabes que espero firmemente vernos de nuevo. Aunque sea en silla de ruedas, esta vez de verdad.

Virgilio

---

[479] Está hablando de Henri de Saint-Simon.

La Habana, abril 30/69[480]

Querido Humberto,

El Regente y el libro de Louis Madelin[481] llegaron muy oportunamente. Estaba sin lectura, las "vejeces" que adoro no es nada fácil encontrarlas por acá.

Julia esperando por el inventario. Y no esperando, porqué te diré (y no te des por enterado con ella) que está enamorada, y el prometido no quiere que se vaya. Tu madre, loca por verte. Las dos bien de salud.

Yo bien, pero deprimido y triste. Este año me acerco aún más a la sesentena. ¿Qué te parece? Aquella broma del sillón de ruedas, insensiblemente se va haciendo realidad.

Ve por el Teatro La Fábula (calle Agüero 444) y habla con Roberto Santagada.[482] Pregúntale la fecha de estreno de Dos Viejos Pánicos. La obra se ha dado en Bogotá, en Medellín, pronto se dará en Santiago de Chile, en Caracas; me la han pedido para Berlín y Lisboa.

No te preocupes en demasía por la inminencia de tus cincuenta años. Déjalos llegar sosegadamente. No puede hacerse otra cosa. De Osvaldito no sé hace un siglo; de Orlando supe por Margot; sigue en Chicago, está bien. Dale mis cariños a la Rosina. Para ti un gran abrazo.

Virgilio

---

[480] Pasaron más de 13 meses entre ésta y la última carta a Humberto. Es probable que se hayan perdido cartas.
[481] Louis Madelin (1871-1976), historiador francés.
[482] Teatro de la Fábula, localizado en la calle Agüero 444, Buenos Aires. Roberto Santagada, actor argentino. Desempeñó el papel de Tabo en el estreno argentino de *Dos viejos pánicos*.

La Habana, oct. 2/69

    Mi querido Humberto, ojalá te llegue esta carta para los finales del año, con todos mis deseos de que tengas un nuevo año muy feliz.

    Cuando Julia y tu madre se fueron el 27 de junio, después de haberlas acompañado al aeropuerto, me hice el propósito de escribirte, pero a mis defensas vino a añadirse este nuevo desgarramiento y te confieso que no he tenido la voluntad de coger el lápiz y hacerte unas líneas.

    Si algún día nos volvemos a ver, te contaré el drama de Julia: tener que dejar la casa y no querer dejarla, tener que irse y no soportar tal contingencia. Bueno, ella te lo dirá, personalmente.

    Por cierto, nada he sabido de las dos. Julia no me ha escrito, o las cartas se han perdido. Supe tan sólo que estaban instaladas en Méjico. Presumo que se habrán reunido contigo en Bs. As. ¿Qué me dices de la muerte de Gombrowicz?[483] *Un mazazo, mon cher. Ya sabía por Chantal Du Maine (una francesa descendiente de la duchesse Du Maine) que es la señora de Pepe Triana, que lo vio a G. en el mes de febrero que estaba en una silla de ruedas y que había tenido una hemiplegia. Ella me escribió y me decía le escribiera a G. pero no lo hice por las mismas razones que me impidieron hacerlo contigo.*

    Tuve una última carta de G. hace cosa de dos años (o menos, 1 ½ año) con motivo de un artículo que Jelenski me había pedido para la revista L'Herne, que le dedicaba un número a G. Yo escribí un artículo utilizando diferentes cartas de G., así como prospectos, anuncios sobre Ferdydurke etc. G. me escribió haciéndome saber que Jelenski le había mostrado el artículo, me felicitaba, me daba las gracias y acompañaba todo con una lista de aspectos que debía suprimir. ¿Qué te parece? Le escribí una carta muy cordial y humorística, pero le hacía saber que aceptaba tan sólo cuatro supresiones. Jelenksi, muerto de pena, me escribió excusándose. Estas son las horas en que ignoro si el artículo apareció en la revista. ¿Tú sabes algo? ¿Has visto ese número?

---

[483] Murió Gombrowicz el 24 de Julio de 1969 en Vence, Francia.

Quiero que me averigues si por fin se estrenó in Bs. As. los Dos viejos Pánicos. *Acá todavía no se ha hecho. Tengo una nueva obra* –Una caja de zapatos vacía⁴⁸⁴– *y estoy escribiendo otra* –El Cristo sexual.⁴⁸⁵

Salió por fin la recopilación de mis poemas –La vida entera, *que ha tenido un succes fou* [éxito tremendo]. *¿Y qué más? Pues que ya tengo 57 años, que le glas de le mort sonne pour moi* [los tañidos de la muerte suenan para mí], *que no puedo más y amén.*

*Después de casi dos años recibí carta de Osvaldo. Sigue en Miami, y va pronto, me dice, a Pto. Rico a exponer. Allí siguen Alberto, Joaquín, Ferreira y Andrés García. O tempora, o mores... En un momento dado es como si uno no hubiera vivido lo que ha vivido y entonces todo se ve tan estúpido. ¿Dónde están los Infantes de Aragón – dice Jorge Manrique en las coplas,*⁴⁸⁶ *y yo te digo: ¿Dónde está el perrito King,*⁴⁸⁷ *dónde, Humberto?*

Acá me tienes en una "espléndida" soledad. Quedan girones en el apart. de lo que un día era nuestra casa en Guanabo. Pedazos de aquellas toallas compradas en 56, los 4 taburetes azules, la mesa de la sala, dos platos amarillos etc., y aunque todo el mundo tenga "su magdalena mojada en el té" del recuerdo, eso no arregla nada. Arreglar sería volver o seguir viviendo en aquella dichosidad. ¿Te acuerdas? Parece que al fin saldrán los Cuentos en francés. El prólogo es de Bianco. Me dice Nadeau que estarán para marzo. Veremos. De Feltrinelli nada. Valerio Riva se separó de él y esto le dio el golpe definitivo a la posibilidad de que se editaran en italiano. Ya estoy hecho a tales reveses. Ahora le voy a escribir a Graziella. Dámele a la Rosina un gran abrazo y todos mis pensamientos; aunque la arañaba, la quería, la quiero mucho. Saludos cariñosos para Jorge; si lo ves a Carlitos Coldaroli dale

---

[484] Aunque Luis González Cruz ha declarado que *Una caja de zapatos* vacía fue terminada en 1968, y que Piñera se la mandó clandestinamente en ese año, me parece significativo que Virgilio no mencione la obra hasta octubre de 1969, y que la llame "una nueva obra". La pieza se publicó unos siete años después de la muerte del autor (1986).

[485] Esta es la única mención de *El Cristo sexual*, obra que aparentemente se ha perdido.

[486] Aquí Piñera parafrasea un verso de las famosas *Coplas a la muerte de su padre*, obra más conocida del poeta español Jorge Manrique (1440-1479). En la copla XVI la voz poética dice ¿Qué se hizo el rey Don Juan? / Los Infantes de Aragón / ¿Qué se hicieron?

[487] Se trata del perro que tenía Humberto cuando los dos compartían la casa de Guanabo en 1956-1957. Sobre el perro "King", dice Luisa Piñera lo siguiente: "Por cierto [Humberto] tenía un perro precioso, lo cual mi hermano no debe haberle hecho mucha gracia, pues él, como yo, era enemigo de los perros" (citada en Espinosa Domínguez 165).

mis cariños, lo mismo a Wally y a Carols. Cuídate, recuérdame, escríbeme. Dile a Julia que lo haga también. Un abrazo

Virgilio

La Habana, abril 10/70

Mi querido Humberto, ayer recibí tu carta del 28 de diciembre (que supongo echaste en el correo el día 5 ó 6, de modo que ha demorado 3 meses en llegar). Espero que ya las dos Julia estén contigo. Lo vertiginoso del tiempo sigue dándome vértigo. Pronto hará un año que ellas se fueron (el día 27 de junio). De Julia sólo he recibido una tarjeta desde Albuquerque.[488] *Por lo que me dices, han pasado como unos 6 meses con Herminia. En las pocas palabras de la tarjeta, ya Julia mostraba otro ánimo; se fue destruida; espero se haya recobrado del todo.*

Pues acá me tienes muriéndome a pedazos, y en el momento en que empiezo a soñar en Europa. El estreno de los Viejos en Madrid ha sido un éxito; ahora se va a poner en París, precisamente dirigido por un director argentino, no sé si será Lavelli, el metteur-en-scene [director] *de Gombrowicz.*[489] *Por cierto, ¿leíste Operetta – su última obra de teatro? Es muy buena, edic. Lettres Nouvelles. En Le Nouvelle* [sic] *Observateur apareció una crítica muy buena, en L'Express, Robert Kantas le da un palo.*

No sé si ya estarán en librería los C. F. en la traducción francesa de Lettres Nouvelles; Nadeau me ha dicho, hace meses, que saldría para los finales del 70. Veremos. ¿Qué es lo que dice Bianco que tú tuviste que hacer con el contrato? Antes de que me olvide, ¿Qué es lo que Alfredo [Lozano] *te regaló? Aclárame.*

Acá salió en el periódico que fue estrenado en Bs. Aires Dos V. Pánicos. Mándame fotos, programas, críticas, etc. ¿Lo hizo la gente de "La fábula"? Sé

---

[488] Ciudad más grande del estado de Nuevo México, EE.UU. Está a sesenta millas al suroeste de la capital, Santa Fe.

[489] Jorge Lavelli (1932-), director de teatro francés, de origen argentino. Dirigió varias obras de Witold Gobrowicz, incluyendo *La boda* (1963), *Yvonne, Princesa de Burgandia* (1965) y *Operetta* (1971).

que Roberto Santagada actuó el Tabo. Imagínate mis reveries [fantasías] *con motivo de ese estreno allí: me he visto recibiendo el aplauso del público, después una comida en casa de Graziella y otra en casa de Wally. ¡Oh, amigos, oh comidas …! Un mundo todo perdido, ¡ah!*

Cuando tenga oportunidad te mandaré mi pieza Una caja de zapatos vacía. *Ya ha sido traducida al inglés por José Iglesias (novelista norteamericano) y saldrá, junto con* La noche de los asesinos *en un tomo.*[490] *Firmé contrato con Simone Benmusa (la manager de Barrault) para la puesta de mis obras. Ahora me han pedido* Electra *para traducirla.*

Después de meses de anuncios me llegó hace cerca de dos meses el Prólogo de Pepe.[491] *No sé por qué dice que no me iba a gustar, pues se equivocó, me gusta muchísimo, y ya le escribí. ¿Te ha dicho se recibió mi carta? Con alguien que venga para acá, mándame lo que puedas, sobre todo navajitas,* desodorante *(si puedes o hay de esas de bolita, que son líquidas, es decir tiene el frasco una bolita de cristal por donde sale el líquido, duran mucho, y más poniendo el frasco en el refrigerador).*

Osvaldito vive ahora en Pto Rico, también Natalio Galán y Jaime Soriano,[492] *allá están Andrés García, Joaquín y Alberto, Ferreira y Niso. De Luis Lastra no sé hace mucho, vive en Washington. De Orlando ni letra, pero supe por Margot que reside en Chicago.*

Acabo de leer las Memorias de la Marquesa de Crequi,[493] *(ella era una Fraolay,* apparentée [emparentada] *a los Le Tremoille) y se casó con un marqués de Crequi –Lesdiguieres. Nació ella en 1700 y murió en 1799; conoció a Luis XIV, al Regente, a Luis XV y a Napoleón, estuvo en los xxx de la Albage, y no la guillotinaron por puro azar. ¿Qué te parece? En el prólogo se dice que estas memorias puede que sean apócrifas, pero que de ser así el* faussair *[sic]*

---

[490] No he podido averiguar si Iglesias hizo la traducción que Piñera menciona aquí, pero *Una caja de zapatos vacía* nunca apareció en un tomo con *La noche de los asesinos*. Una traducción de la pieza de Piñera (por Luis F. González Cruz) salió por fin en el 2000.

[491] "Piñera Narrador", el prólogo a *El que vino a salvarme* (1970).

[492] Jaime Soriano Gelardino, crítico de cine cubano. Fue vicesecretario de la Cinemateca de Cuba en los años 1950 y durante varios años escribía para el periódico *Revolución* la sección de crítica de cine "Revolución recomienda".

[493] Se trata del libro, *Souvenirs de la Marquise de Créquy, 1710-1800*, por Renée-Caroline de Froulay, marquise de Créquy (1704-1803). Se han publicado varias ediciones del libro (la primera de las cuales salió en París en 1834).

[falsificador] *es una persona que conocía íntimamente la Corte. De todos modos es un libro* carnita *y medio. Estoy releyendo el libro de Arvede Barine,* Mademe mere du regent, *ya sabes que es una joya*[494] *¡Qué carácter el de la Palatina!*

Averíguame con Pepe B. si él sabe algo del libro de cuentos –Muecas para escribientes – *que entregué hace 1 año y medio a Ángel Ramas* [sic]*, el crítico uruguayo.*[495] *Que me averigüe. El libro lo forman 4 cuentos largos: Concilio y Discurso, La Risa, El Caso Baldomero, Un jesuita de la literatura. Unas 140 cuartillas.*

Trabajo en mi novela Terra incognita *y estoy terminando una pieza de teatro:* Handle with care...[496]

Grace a ciel je me suis bien, au moins au physique. La vielle ripopeé Zaida t'envoi ses souvenirs. Comment se parte – elle Grazielle? Toujours je pense á elle. Oh, saisons, Oh châteaux [sic]... [Gracias al cielo, yo estoy bien, al menos físicamente. La vieja ripopée[497] Zaida te envía sus recuerdos. ¿Qué tal le va – a ella, Grazielle? Siempre pienso en ella. Oh, temporadas, Oh castillos...].[498]

Dámele un abrazo a tu madre y a Juliette, igual a la Rosina. Si ves a Wally dile que le quiero, lo mismo a Carlos. ¿Lo ves a Carlitos parfois [a veces]*? Bueno, mon cher, cuídate, ten fe y ánimo y valor. Presérvate, c'est le mot d'odre. A bientôt.* [es la orden. Hasta pronto],

Virgilio

---

[494] Arvede Barine (1840-1908), nombre de pluma de la historiadora francesa Mme. Charles Vincens, nacida Louise-Cécile Bouffé. Su libro *Mademe mère du Régent* fue publicado póstumamente en 1909.
[495] Ángel Rama (1926-1983), importante escritor uruguayo, considerado uno de los principales ensayistas y críticos del siglo XX en Latinoamérica. En 1962 fundó la casa editorial Arca en Montevideo, y se supone que sacó el manuscrito de *Muecas para escribientes* para publicarlo en Uruguay. Como es sabido, el libro nunca salió con Arca, y no fue publicado hasta ocho años después de la muerte de Piñera (1987).
[496] *Tierra incognita* y *Handle With Care*, obras sin localizar.
[497] La vieille ripopée [la vieja mezcla de restos de vino]: el apodo de Madame de Maintenon.
[498] "Ô saisons, ô châteaux", primer verso del poema del mismo nombre por el gran poeta francés Jean Nicolas Arthur Rimbaud (1854-1891).

La Habana, enero 20/71

Mi querido Humberto, ¡qué silencio tan prolongado el tuyo! Parecería que va a ser eterno. Te escribí dos cartas y ninguna respuesta por parte tuya. Ya sé que no compartimos nada, pero de todos modos yo estoy vivo todavía, y aunque sea con meses de demora me intereso por ustedes y me interesa también que ustedes se interesen por mi. Petite scandale [pequeño escándalo] que te doy por tu silencio. Figúrate, este año caigo en los 59, lo cual de acuerdo con la teoría de Bebo Llerandi,[499] son los 60. Babosidades, dolores, escaras, etc.

En un cable de Prensa Latina que leí reproducen el artículo de promoción sobre la salida de mi libro de cuentos —*El que vino a salvarme*— a publicar por Sudamericana. Es un artículo aparecido en la revista *Panorama*. Incluye dicho artículo, unas páginas mías en las que hablo sobre los cuentos. Nadeau me dice que el libro saldrá en este mes, y por carta de Severo Sarduy de diciembre me asegura estará en vitrina a finales de enero.[500]

Hoy tenemos un gran frío, unos 10 grados, que para acá es mucho. Me sorprendí calentándome las manos en la llama del gas. Y como estoy traduciendo un cuento de Georges Limbour —L'Enfante Polaire[501]— tengo más frío. Por cierto, el año pasado se mató en un accidente de voiture [carro] en Madrid.

Como ahora saldrá el libro en París dime qué plata tengo por allá. Una amiga francesa que vive aquí irá de vacaciones a finales de marzo y quisiera me comprara varias cosas; mi hermano Humberto está en Madrid pasando su año de sabático como profesor invitado de la U.

---

[499] Personaje de Camagüey.
[500] Se refiere aquí a *Contes froids*. Françoise-Marie Rosset, trad., 1971. Severo Sarduy (1937-1993), narrador, poeta, periodista y crítico de literatura y arte cubano. Fue colaborador en *Ciclón* –a la edad de 18 años publicó en dicha revista sus primeros poemas (1955)– y *Lunes de Revolución*, y fue director de la página literaria de *Diario Libre*. En 1959 ganó una beca para estudiar historia del arte en Madrid, pero después de poco tiempo se trasladó a París, donde residió durante el resto de su vida. En París colaboró en la revista *Tel Quel* y trabajó como director de la colección latinoamericana en Éditions du Seuil entre 1969-1990.
[501] Georges Limbour (1900-1970), narrador y poeta francés vinculado con el surrealismo en París durante la década de los años veinte. *L'enfant polaire*, 1945.

de Madrid. Voy a solicitar un permiso para mí y para Luisa con objeto de visitarlo. Es la única oportunidad, pues como él vive en los Estados Unidos, ya sabes que yo a ese país no voy.

Te envié una carta y otra más a través de Bianco pidiéndote me compraras unas cosas, sobre todo dos pares de zapatos paras las nietas de Luisa. La niña más pequeña tiene cinco años y la mayor 12; además unas medias, bloomers para niñas, unas medias para Luisa, medias para Pablo y calzoncillos y camisetas. Además, té, desodorante, cuchillitas, cremas de afeitar, etc. Yo pensaba que me las enviarías con gente que viniera para el Concurso Casa, pero ya llegó un argentino y no trajo nada. Pienso si no habrán llegado mis cartas a tiempo.

¿Cómo están tu madre y Julia? Cada vez que miro hacia el edificio América, me parece que subiré al 7 piso a saludarlas, pero ya veo que en junio hará dos años que se marcharon. Escribe y cuenta. Dale un abrazo a la Rosina; a Graziella mi eterno cariño; saludos para Wally y Carlos. Un gran abrazo par ti.

Virgilio

La Habana, febrero 11/71

Mi querido Humberto,

¿cómo estás? Recibí tus regalos; muchas gracias, todo me vino muy bien. Imagínate. Dile a Julia que ya cumplí sus encargos, y gracias por las sopas que me envió. ¿Cómo está [*sic*] ella y tu madre? Pronto hará dos años que se marcharon. Hélas [¡Ay de mi!]. Aquí, mon cher, quemando los últimos cartuchos y entrando en los 59, que según el cálculo de Bebo Llerandi son los sesenta. Et quoi? Je m'en fous [¿Y qué? Me importa un bledo.] … Supongo que ya habrán salido los cuentos en Sudamericana. Pepe me mandó la revista con la promoción del libro. Ahora escribo 101 novelas (de 1 á 3 páginas), con estilo camp, una suerte de desmitificación de nuestro mundo de hoy. Su título será:

Las Ciento Una o la inmortal Polonesa del Maestro Chopin.[502] ¿Qué te parece? Siempre en la brecha. Acabo de traducir *Operette*,[503] y cada vez que miro una de sus páginas, pues lloro y me retuerzo. ¿Así que todo tenía que terminar, que Gmbrowicz ahora es ceniza, que el Rex, que el Maestro Frieman [*sic*], que el Querandí, que Corrientes,[504] que…. ¡Auxilio! Pero ningún auxilio, es como en mi soneto: Y yo cayendo de cabeza al hoyo.[505] Perdona la descarga, pero estoy desgarrado, más desgarrado que el desgarramiento que siempre me ha desgarrado.

Luisa te mandó una carta, que te mandé yo, pidiéndote unas cosas. Si, como le digo a Pepe, tengo dinero en Sudamericana, cómpralas y mándalas lo más pronto posible. Mira a ver si puedes conseguirme un medicamento para el asma cuyo nombre es ASMA (papeles fumigatorios azoados del doctor Andreu). En el prospecto dice que venden en las farmacias de las principales poblaciones del mundo. Si no los hubiera, entonces un equivalente o sucedáneo; no, yo no padezco de asma, es para un amigo que tiene crisis terribles. En parlant d'une autre chose; pour la première fois dans ma vie, j'aime, Maintenant je comprend et tes angoisses et tes troubles, dont je me moquais si bêtement. C'est l'enfer et rien de plus. O pour mieux dire: c'est un ciel mélangé d'un enfer. On perd et la notion du temps et de l'espace et on est constamment perdu dans une rêverie. Pour comble des malheurs

---

[502] Se trata de una versión temprana de "*La Impromptu en Fa* de Federico Chopin", que se publicó póstumamente en *Muecas para escribientes* (1987). Una nota en dicha edición del cuento, cuya versión publicada consiste en veinte "novelas" de 1-3 páginas, indica que este texto es "sin fecha conocida". Esta carta y otras que la siguen ayudan a aclarar tal duda.

[503] Obra dramática de Witold Gombrowicz, comenzada en Buenos Aires en 1950 y terminada en Vence, Francia en agosto de 1966. Fue publicada por primera vez en la edición polaca de sus diarios [*Dziennik (1961-1966); Operetka*, 1966] y la traducción al francés que menciona Piñera aquí salió en París tres años después. La traducción al español que Piñera hizo en 1971 no fue publicada durante su vida, pero el manuscrito se ha conservado y fue reproducido en un número especial de la revista cubana, *Albur* (1990) dedicado a Piñera.

[504] El Gran Rex, café bonaerense, ubicado en la Calle Corrientes, en el cual se llevó a cabo la traducción de *Ferdydurke*. El Maestro Frieman, se refiere al pianista y compositor polaco Ignaz Friedman (1882-1948) cuyas composiciones y fervor independentista Witold Gombrowicz admiraba profundamente. El Querandí Café, bar y tanguería ubicado en la Calle Perú 302, esquina de la Calle Moreno, en el casco histórico de Buenos Aires. A partir de los años veinte fue lugar de encuentro de poetas, escritores e intelectuales de la época. Avenida Corrientes 758, dirección en la cual vivían Virgilio y Humberto en Buenos Aires durante la época de la traducción de *Ferdydurke*.

[505] Se refiere al soneto "Mientras moría" (1963).

(Phèdre), avoir cette passion - la a mon âge. A cette âge-la, aimer c'est presque un péché moral et la seule manière de l'en rattacher c'est de s'éloigner de l'objet aimé. Mais comment en Faire? Tout nous rattache a lui. Ce qui nous perd nous suave et ce qui nous suave nous perd . . . Oh, la vache . . . Tout ça ce de fiel. J'en ai marre. Je te embrasse. Adieu. [Y hablando de otra cosa; por primera vez en mi vida: amo. Ahora entiendo tus angustias y tus problemas, de los cuales yo me burlaba tan estúpidamente. Es el infierno y nada más. O, por mejor decir: es un cielo mezclado de un infierno. Uno pierde la noción del tiempo y del espacio y está constantemente perdido en un ensueño. Para colmo de infortunios (Phèdre), tener esa pasión —aquí, a mi edad. A esta edad el amar es casi un pecado moral y la única manera de volver a unirse es alejarse del objeto amado. ¿Pero cómo hacerlo? Todo nos une a él. Lo que nos pierde nos salva y lo que nos salva nos pierde ... ¡Por Dios! ... Todo es de hiel. Estoy harto. Te beso. Adiós].

Virgilio

La Habana, octubre 1/71

Mi querido Humberto,

acabo de recibir tu carta del 7 de julio. Claro está y como dice la canción: ausencia quiere decir olvido ... Qué no hay que decirse cuando nos separan diez años de ausencia. Hace veinte sosteníamos larguísimas conversaciones y correspondencia kilométrica. Hoy, ya ves ... Bueno, passons [que así sea]. Veo que estás reducido al cariño y al cuidado de un perro; yo, ni eso, estoy reducido a mi mismo y viendo cómo el mundo se me reduce cada ves más y paso a paso. Mis "ataduras" con el mundo se han ido esfumando y a la verdad que uno no puede inventar otras. Vivir era coger la Reina del Pacífico[506] y "echar" treinta días de navegación por esos parajes encantados. El resto es silencio.

---

[506] Reina del Pacífico, nombre del barco en que Piñera solía viajar de la Habana a Buenos Aires.

Ya salió mi libro en París.[507] *Lettres Nouvelles* lo anunció en uno de sus números, incluyendo dos cuentos –La cara y El Baile– y un comentario. Hasta ahora he leído dos críticas, una que salió en *Le Figaro*, de Jean Michel Fossey, titulada: "Virgilio Piñera: Beckett des Caribes"; la otra de Albert Benseussan, en *La Quinzaine Litteraire*, "Un absurdo drolatique" (Es un número del 16 al 31 de Julio/71). Ambas son muy elogiosas. Me dice Severo [Sarduy] que a su vuelta de Sicilia me enviará otras más.

Averigua con Bianco lo que me corresponde en Sudamericana por la edición. Esto es importante, pues así podrías enviarme las cosas que te he pedido. Querría saber exactamente cuántos ejemplares se hicieron; qué por ciento toca por ejemplar.[508] Qué cantidad inicial se da, etc. También averigua si puedes cobrar el artículo-entrevista que salió en P[rimera] Plana con motivo de la salida del libro. Dime asimismo quién hizo el contrato con Denöel, etc.

Si logras mandarme las cosas que te pedí, añade un suéter de magas largas de color gris o azul. De lecturas lo mismo que tú. Hace rato que ya agoté La Alianza y releo.[509] Ahora estoy con las Memorias de Dumas.[510] Por cierto, procura leer *Napoleón tel quel* de Henri Guillemain y verás lo que exactamente era el Napoleón. Igualmente su Chateaubriand y ya verás las *lindezas* del autor de Atala.[511] Escribo ahora (no sé si te lo dije) *Las ciento y un novelas o el Impromptu en Fa de Chopin*. Son novelas de solo dos o tres cuartillas que se relacionan entre si.

Bueno, termino. A Julia ya le contesté su larguísima carta. Besos a la Rosina. Un gran abrazo para tu madre, la sigo viendo corriendo

---

[507] *Contes froids*. Françoise-Marie Rosset, trad., 1971.
[508] Se trata de *El que vino a salvarme* (1970). El colofón de esta edición no indica cuántos ejemplares se hicieron del libro.
[509] El 29 de abril de 1960, Virgilio había escrito lo siguiente: "Te diré que por fin estoy leyendo de la Alianza … Pues, me enteré que dando un depósito de cuatro pesos puedes sacar hasta tres libros de una vez".
[510] Las memorias de Alexandre Dumas (1802-1870) –*Mes mémoires*– consisten en diez tomos que fueron publicados por la casa parisiense Calmann Lévy entre 1863-1884.
[511] Habla aquí de dos libros por el historiador francés, Henri Guillemin: *Napoléon tel quel* (1969); *L'homme des "Mémoires d'outre-tombe" (Avec des Fragments inédits des "Mémoires" de François René de Chateaubriand)*, 1964.

de la bodega a la carnicería. A Graziella que el tiempo pasa y que nos veremos en el valle de Josafat.[512] Saludos para Wally y Carlos y un recuerdo para aquellas inolvidables comidas y veladas. Sigo viendo el sofá de peluche rojo. Ay, ay ... ¿Lo ves a Carlitos Coldaroli? Dale mis saludos. Un gran abrazo para ti. Que el 72 te traiga biennandanzas [sic].

Virgilio

La Habana, enero 15/72

Querido Humberto, hace años que nada sé de tí.[513] ¿Cómo estás? Por supuesto, me debes dos cartas. El año pasado no me escribiste por mi cumpleaños. Este que entró me verá con sesenta. Estoy desanimado, aunque con salud. Imagino habrás visto la edición francesa de *Lettres Nouvelles* de los Cuentos. Han salido en italiano en Einaudi. Ahora traducen *Presiones y Diamantes* y *Los dos Viejos pánicos* [sic].[514] He terminado una pieza de teatro: *Un arropamiento sartorial en la caverna platómica* (no platónica).[515] Te decía en una de las cartas que si tenía alguna plata de Sudamericana me enviaras ropa. No tengo que ponerme, tampoco tengo sábanas ni fundas. ¿Cómo podrías hacer para enviarme estas cosas? Dime qué hace Julia. ¿Trabaja? ¿Y tu madre? ¿Está bien? ¿Cuándo se mudan solos [sic]? ¿Cómo está la Rosina? ¿Y Lila? Dile a Graziella que le deseo todo lo bueno. Lo mismo a Julita. Saludos a Wally y Carlos y a Coldaroli. Todos acá te recuerdan. Me

---

[512] Valle de Josafat, lugar que aparece en la Biblia en el libro de Joel (Jl 4:1-2) como escenario del juicio final de Dios.

[513] Al principio de la última carta, Virgilio indica que no había recibido carta de Humberto desde el 7 de Julio de 1971. Así que han pasado unos seis meses.

[514] Ninguno de estos libros de Piñera ha salido con Einaudi Editore.

[515] Esta obra fue una de varias que encontró Antón Arrufat en los papeles que le había entregado Virgilio antes de su muerte. Como ha comentado Rine Leal esta pieza "[desafía] cualquier clasificación genérica o temática" y demuestra que "a pesar de la censura ... el dramaturgo continuaba con su paciente trabajo de sorprender nuestra tradicional (y fatigada) manera de observar el teatro, mientras experimentaba sin cesar, tanto en la exploración de nuevos lenguajes escénicos, como en la estructura y manera de articular el 'discurso' dramático" ("Piñera todo teatral" xxvi).

dice Osvaldo que Orlando dejó la bebida, ahora está en Alemania. Ya ves. Cuéntame de ti. No me olvides. Hasta pronto.

Virgilio

La Habana, febrero 28/72

Mi querido Humberto,

ayer recibí tu carta del 28 de enero. Al fin he sabido de ustedes: todos los días pensando y recordando; ya había decidido poner un cable, pero tu carta llegó a tiempo. Bueno, lo de la compra de la casa es algo sensacional. Para empezar, la ubicación es estupenda. Como quien dice, en pleno centro. Mucho mejor que sea una vieja casa y no un apartamento flamante. Sé perfectamente a que tipo de construcción te refieres. Piensa la maravilla que es tener cinco cuartos, un patio, una terraza, y todo eso un tanto vetusto, délabré [deteriorado]. . . Esas casonas viejas uno las va adaptando a su gusto, y entonces tienes el confort y la poesía. Por fin abandonaste definitivamente al carromato. Ay si yo pudiera pasarme una buena temporada en ese caserón. Sería como volver a nacer. Mais, hélas! Où sont les neiges d'antan? [Pero, ¡Ay! ¿Dónde están las nieves de ataño?] Por cierto, el sábado pasado fui a Guanabo. Estrenaban esa noche *El Becerro de Oro* (Lauces);[516] fui con Antón y Pepe Triana. En la 70 (por el túnel). La obra la daban en el antiguo cine Avenida; ahora Cultura lo ha transformado en teatro. Recordarás que tenía un techo a dos aguas, que ahora ha sido recubierto de un plafond. Sentado en una luneta me veía viendo una película y te veía y después salíamos a tomar café con leche a Las Avenidas y después a dormir. Helas! Guanabo está cambiado, casi irreconocible. Piensa que en once años solo he vuelto allí dos veces. Creo haberte contado que la vez anterior volví a ver nuestra casa y creo haberte dicho que estaba

---

[516] Joaquín Lorenzo Lauces (1826-1867), poeta y dramaturgo romántico cubano. *El becerro de oro*, una de sus obras más logradas, permaneció inédita hasta 1964 y fue estrenada en diciembre de 1967 por el Grupo Estudio en La Habana.

en estado de ruina. La galería casi desecha, hay una especie de bodega, el portón desapareció, los pilares de la entrada destrozadas, el pozo roto, la mata de granadas y la de aguacate desaparecidas. Todo esto, visto a las seis de la tarde, bajo una llovizna era como el fin del mundo o como el mío, mi final. Te quejas del calor. ¡De qué no me quejaré yo! Piensa que aquí tenemos casi a perpetuidad, no 40 grados, pero si 32 y etc. etc. No sabía que Bianco tuviera una copia de la pieza. El que la tiene es Saderman (su nombre no lo recuerdo) el hijo del fotógrafo;[517] También tiene una copia Norman Briski,[518] actor argentino, que te será fácil localizar. Dile a Pepe que si él podría hablarle o escribirle a Ángel Ramas [sic] (creo que está en Puerto Rico, por lo menos esto es lo último que supe de él) pidiéndole el manuscrito de mi libro de cuentos (cuatro cuentos extensos) titulado *Muecas para escribientes*. Que lo ofrezca a Sudamericana. Ahora estoy reescribiendo *La Carne de René*, para Denöel. Ya traducen *Presiones y Diamantes*.[519] No sé cómo hacer para que me envíes las cosas que me hacen falta. Si se presenta una oportunidad, mándame esto: cuatro sábanas cameras y dos chicas, tres pantalones iguales a los que me enviaste hace tres años, la misma talla. Un suéter de mangas largas negro, cuatro camisetas de lana, pero lana suave para Cuba, cuatro pullovers, dos cortes de vestido para Luisa, un par de zapatos negros de charol número 5 y medio para María Victoria, la nieta de Pablo, medias de mujer, make up, desodorante, cuchillitas, crema de afeitar, medias para mí, hasta donde alcance. Agujas hipodérmicas buenas. Cuando tenga chance te mando *El arropamiento Sartorial*. Los *Dos Viejos Pánicos* sigue en la Universidad de San Marcos (Lima) a teatro lleno, con dos funciones sábado y domingo. En España ganó el premio en un festival. Ahora lo traducen al francés. En fin … Es asombroso eso que me dices sobre la carne racionada en Bs. As.

---

[517] Se refiere aquí al director de cine argentino, Alejandro Saderman (1937-), hijo de Anatole Saderman (1904-1993), fotógrafo ruso nacionalizado argentino que se especializaba en el retrato.

[518] Norman Briski (1938-), famoso actor argentino. En los años '70 fundó Octubre, una compañía teatral independiente que se dedicaba a representar obras clásicas que habían sido prohibidas en la Argentina.

[519] La traducción de *La carne de René* al francés no fue publicada hasta 2005 (*La chair de René*. Liliane Hasson, trad., 2005). La versión reescrita que Piñera menciona aquí difiere mucho de la primera edición, y es la que fue usada para la primera edición española (1983). Hasta la fecha, no se ha publicado una traducción al francés de *Presiones y diamantes*.

Explícame si la semana que la dan se puede comprar la que uno quiere o si limitada. Debes explicarle a Graziella que no la voy a ocultar que recibí su carta desde París, pero que aparte no recibiría mi respuesta a tiempo (la carta llegó cuando ella estaba en Bs. As.) mi estado de ánimo era terrible. Et pour cause! [¡Y con razón!] Le prometo una carta, cuándo, no sé, los días pasan para mí como finales de vida, yo desmayo, yo me muero, pero siempre tengo presente su *coeur de cristal* [corazón de cristal], como decía Mme. De Sévigné. No dejes de leer *El Pabellón de los Cancerosos* (Soljenitsym). También El *Primer Círculo*.[520] Viste la última film de Kurosawa? Hará cosas de unos veinte días que se suicidó; no murió en el momento, pero estaba in extremis.[521] La película es la exposición de diez relatos. El primero, que forma la unidad del film, es la historia de un japonesito que está loco y cree ser un tren. De ahí el título del film: De-cas-cas-ten ... onomatopeya en japonés del ruido característico del tren. Et toi de me dire: Hein, qu'est ce qu [*sic*] tu me serines - la Moi, je ai déjà vu ce film il-y-a longtemps ... Mais je dois, mon vieux, "converser" de qui que ce soit. A propos, j'ai te dit que Orlando ne se saoule plus? C'est un miracle. Osvaldo ne m'écrit plus. On m'a dit qu'il été a Chili, qu'il a eu des déboires. Saia tu quelque chose? [Y tú me dices: ¿Eh, con qué me fastidias? Yo ya vi esa película hace mucho tiempo ... Pero, mi viejo, debo de "conversar" de lo que sea. A propósito, ¿te he dicho que Orlando ya no se emborracha más? Es un milagro. Osvaldo ya no escribe. Me han dicho que está en Chile, que ha tenido deberes. ¿Sabes algo?]

Volviendo a la lista más arriba. Ahora llega Luisa y modifica lo suyo de este modo: en vez de dos cortes de vestido, ella quiere dos suéteres. Uno talla 14, color beige foncé [oscuro]; el otro azul y blanco o rojo y blanco (es para M. Victoria) talle 16. En cuanto a los zapatos, el tacón ~~bajito~~ de jovencita, medida 5 1/2 , ~~carol, negros~~ piel blanco. Aunque

---

[520] *El Pabellón de los cancerosos* (1967), *El Primer círculo* (1968): novelas del escritor ruso, Aleksandr Solzhenitsyn (1918-2008), ganador del Premio Nobel (1970). La primera novela fue prohibida en la Unión Soviética en 1968 por su crítica del estalinismo.

[521] Se trata de la película *Dodes'ka-den* (1970), del director de cine japonés, Akira Kurosawa (1910-1998). En febrero del 1971, durante una grave crisis de depresión que algunos han atribuido al fracaso financiero y crítico del film, Kurosawa trató de suicidarse. A pesar de haberse cortado múltiples veces con una navaja, no falleció, como Piñera erróneamente reporta aquí.

la niña solo tiene doce años es del desarrollo de una muchacha. Unas medias para ella, M. Victoria, de ésas que parecen caladas y que son hasta el muslo. También el pullover con mangas largas, de lana, para Pablo. Me olvidaba, ambos suéteres de Luisa y la niña con su respectivo pullover del mismo color. Es una combinación.

Si lo ves a Pepe Bianco dile que me debe carta; qué que se hace y qué hace, si ya editó su novela, etc. Que le dé mis saludos a Juanjo y a su hermana Mary. Que no me olvide y que para recibir una carta es un poco vivir un poco más. A ti te digo lo mismo, no te eternices en escribirme, cualquier cosa, mira que me siento en uno de los sillones de Guanabo y respiro un poco mejor. Dámele mis cariños especiales y eternos a Graziella. Dile a Julia que Elsita me pregunta mucho por ella y por Julia. Creo que se llama Elsita, es la señora del 2 piso donde ellas pasaron los últimos días. Dile también que Cundo está en Milán haciendo un gran mural.[522] También he visto varias veces a Tina Pérez Poncet, que siempre me pregunta por ella. Bueno, escribe, no me olvides. Un gran abrazo.

Virgilio

La Habana, mayo 28/75[523]

Mi querido Humberto;

nunca recibí tus cartas, tan solo la que decías lo de [la] llamada con motivo de mi cumpleaños. Éste año si Dios quiere entraré en los 63. De salud estoy campana, mal de ánimo, pero vamos tirando. ¿Y tú? Ahora te haré un ruego que tomarás con el mismo interés que si fuera para ti; me dice Julia que no puedes enviar las cosas para M. Victoria; pues no tienes por el momento nadie con que enviarlas. Fíjate: se trata de

---

[522] Secundio "Cundo" Bermúdez y Delgado (1914-2008), pintor, muralista y artista gráfico cubano. Se exilió a Puerto Rico en 1968.
[523] Esta carta está escrita a la vuelta de otra dirigida a Julia Rodríguez Tomeu.

que la niña cumplirá sus quince creo que diciembre. Este asunto para Luisa es de capital importancia, al extremo de que su sueldo íntegro, es decir su retiro lo guarda todos los meses para esa fiesta. Todo es una gran tontería, pero es así y sobre mí recaen todas sus quejas. ¿No sería posible que las enviara con alguien de la Unesco que viniera para acá? Habla con Pepe, él hace unos tres años me mandó un paquete con Fdez. Moreno. Las ropas y demás para Ma. Victoria tendrían que estar acá, sin más demora, para principios de diciembre. Te encarezco tanto el asunto pues Luisa me tiene loco, y las llantinas y los ataques de histeria son a diario; ya podrás pensar que con todo lo que tengo arriba lo de mi hermanita viene a colmar la copa. Ella ha puesto en esa niña todo lo que le queda por vivir y todo lo que no vivió, de modo que es más que una idea fija, es una locura, eso de celebrarle los quince. Por favor, haz no lo imposible, pero lo extremo. Para mi representa la paz con ella, que no es poco. Me dice Julia que tienes un jefe pesado; ojalá te lo cambien. Ahora que me acuerdo, hace unos meses tuve la veleidad de permutar para Guanabo, y si no hice fue debido a que la casa no tenía teléfono; después lo pensé mejor y decidí no buscar más pues ya a mis años y solo por allá no es prudente. Con ese motivo fui a ver la casa a permutar y pasé por nuestra amada casa azul. ¡Si la vieras! En la planta baja hay un puesto de viandas y los altos están destruidos. La galería encristalada ya no existe; los árboles frutales desaparecieron, el pozo roto. Rosendo sigue viviendo en la loggia del portero. Está tan viejo como la casa. Sic transit gloria ejus mundi.[524] A propósito de vejeces, ¿has leído el libro *L'Homme de Masque de Fer*?[525] Una avalancha de documentos y prueba que el Máscara de Hierro lo fue Fouquet, que Luis XIV era tan sólo un instrumento en manos de Louvois, Colbert, Barbezieux, Ponchartrain, etc. etc. Que la "divina" marquesa (Sévingné) era una paniaguada de Louvois, empujando siempre a Gringan y que a pesar de sus lamentos en las Cartas sobre Fouquet, nada hizo por éste. Yo también releo y releo a Saint-Simon. Ayer precisamente me reí mucho con el episodio (y siempre me río): Forte picoteries des

---

[524] Frase en Latín que quiere decir "Así pasa la Gloria del mundo", y que, según varias fuentes, es una adaptación de una frase –"O quam cito transit gloria mundi"– de *Imitación de Cristo* (1418), libro de devoción cristiana por el canónigo agustiniano alemán Tomás à Kempis (1380-1471).

[525] Marcel Diamant-Berger. *L'homme au masque de fer*, 1971.

princesses [grandes riñas de princesas.] y el otro Force bals a la cour [forzosos bailes en la corte]. He leído un libro muy interesante sobre los premios Goncourt: "Les betes a Goncourt",[526] una cantidad de chismes asombrosa. Si ves a Pepe B. dile que me escriba; si puedes háblame de Victoria, ¿se murió Angélica?[527] ¿Y Silvina? ¿Y Adolfito? A todos mi [sic] saludos. Dámele saludos a Jorge. ¿Siempre lo ves? Bueno, no olvides mis ruegos. Escribe y ojalá llegue la carta. Un gran abrazo.

Virgilio

La Habana, nov. 15/76

Querido Humberto,

por fin me decido a escribirte, y digo así porque ya me cansa mucho todo; si alguna excusa voy a tener con mi impuntualidad epistolar sería este infinito cansancio. No olvides que te estoy escribiendo en esta vieja máquina, que tú mismo compraste, allá por el año 59; además he estado releyendo una buena cantidad de cartas tuyas y mías; ¡qué encantadora podía ser en ese entonces mi vida! Passons. Va para quince años que vivo en este departamento frente al América, del cual, a diario, te "veo" salir, lo mismo que Julia y tu mamá. Son los obligados fantasmas –y su séquito– que nos acompañan en el final de viaje. Del pasado me queda la fuente llana de Rector's, un pedazo de toalla Canon, esta maquinita de escribir, las tijeritas de uñas (o para) y ya. Voy hacia los 65, te diré que con baste [sic] salud hasta el presente ¡Y mañana! De cualquier modo siempre habrá que poner por delante esos versos apócrifos de la marquise de Sabran: A la fin je suis dans le port / qui fut de tout temps mon envie, / Car j'avais besoin de la mort/ Pour me reposer

---

[526] Premio Goncourt, premio literario de Francia creado por Edmond de Goncourt en 1896. El libro en cuestión es Roger Gouze. *Les bêtes à Goncourt; un demi-siècle de batailles littéraires*, 1973.

[527] Angélica Ocampo (1891-1980), hermana menor de Victoria y amiga de Virgilio. Durante su última estancia en Buenos Aires, Virgilio solía jugar canasta con doña Angélica.

de la vie...[528] [Por fin estoy en el puerto / que todo el tiempo fue mi deseo / porque yo necesitaba la muerte / para descansar de la vida]. Me imagino que te habrás enterado del fallecimiento de Lezama que murió el 9 de agosto a la edad de 65 años y 7 meses (cumpliría 66 el 16 de diciembre). Todo comenzó con una trivial cistitis y unas décimas de fiebre; al siguiente día la fiebre había aumentado, pero cesó con el consiguiente tratamiento, así como la cistitis. Pero el médico ordenó su traslado al pabellón Burgos del Calixto García, para allí hacer todas las investigaciones médicas pertinentes. Entonces sobrevino una neumonía, un paro cardíaco y Lezama falleció sobre las dos de la madrugada del 8 al 9 de agosto. Se hizo todo lo humanamente [*sic*] –y mucho más– por salvarlo, pero no fue posible. Piensa en el estado que me ha sumido esa muerte, que además de ser un aviso –no al lector, sino al escritor– es todo un desgarramiento. Lo mismo me ocurrió cuando el fallecimiento de Gombrowicz. Por cierto, ¿tienes o al menos has leído el número que le dedicó *Europe*? Jamás lo vi. ¿Y tu, cómo te va? ¿Sigues en el mismo empleo? ¿Y tu madre? ¿Y Julia? ¿Trabaja? ¿Y Graziella? ¿Y Julita? ¿Y Coldaroli? ¿Y... y...? Por cierto, ahora el Banco Nacional de Cuba autoriza a sacar el dinero que uno pueda tener en el extranjero, y lo hace efectivo en pesos cubanos a la cotización del día. ¿Me queda alguna plata de *Cuentos fríos* por allá, en Sudamericana?[529] En el caso afirmativo, avísame para yo escribir Sudamericana y que ésta lo envíe a Banco Nacional de Cuba. Me doy por enterado, y lo deploro, de los quebrantos familiares, que ya Julia me había dicho. No sé si el obituario de mi última carta puse el fallecimiento de Orlando del Pozo; murió solo en su departamento, leyendo su eterno Spengler,[530] a su muerte vivía solo en N. York. Fue un colapso masivo, a la mañana siguiente la house-keper [*sic*][531] lo encontró cadáver. De Osvaldito no sé hace un siglo. Pronto nos iremos todos ad penates [a los Penates]. No soy larmoyant [lloroso] sino realista. Y me espantaría alcanzar edades

---

[528] Se trata del epitafio en la tumba de Françoise Éléonore de Jean de Manville, Comtesse de Sabrán (1750-1827).

[529] El dinero que pide correspondía a la edición de *El que vino a salvarme*, no de *Cuentos fríos*.

[530] Debe de tratarse de Oswald Spengler (1880-1936), filósofo e historiador alemán conocido mayormente por su obra en dos volúmenes *Der Untergang des Abendlandes* (1918, 1923) [*La decadencia de Occidente*].

[531] Quiere decir "Housekeeper" ("ama de casa" en inglés).

venerables. Pour quoi faire…? [¿Para hacer qué …?] Cuéntame de tí; yo traduzco como loco, después la atención de la casa, de vez en cuando voy a ver a Luisa, ahora más vieja y haciendo de abuela postiza, con toda la devoción y el sacrificio de una verdadera abuela. Si por casualidad pudieras, mándame dos pullovers caseros o en su defecto una pijama. Tan sólo eso. Por acá tuvimos un conjunto japonés de danzas clásicas y modernas. Magnífico. Bueno, termino, un gran abrazo para todas las amistades, uno muy grande para Julia Tomeu y Julia Rodriguez, y tú recibe mi cariño,

Virgilio

Me olvidaba preguntarte por Pepe B. ¿Cómo está? Pídele mi iconografía.

Obras Citadas

Anderson, Thomas F. *Everything in Its Place: The Life and Works of Virgilio Piñera*. Lewisburgh: Bucknell UP, 2006.

_____ "Piñera y la política: escritos en Revolución y Lunes". *Revista Iberoamericana* LXXV/226 (2009): 71-94.

Arenas, Reinaldo. *Antes que anochezca*. Barcelona: Tusquets, 1992.

Arrufat, Antón. "La muerte en vida". *Diario de poesía* 51 (1999): 28.

_____ "Un poco de Piñera". *Cuentos completos*. Virgilio Piñera. Madrid: Alfaguara, 1999. 11-31.

Ávila, Leopoldo. "Antón se va a la guerra". *Verde Olivo* (17 noviembre 1968): 16-18.

_____ "Dos viejos pánicos". *Verde Olivo* (28 octubre 1968): 18.

_____ "Las provocaciones de Padilla". *Verde Olivo* (6 noviembre 1968): 17-18.

Barreto, Teresa Cristófani, Pablo Gianera y Daniel Samoilovich, eds. "Dossier de Virgilio Piñera". *Diario de Poesía* 51 (1999): 10+.

Beccacece, Hugo. "La dignidad de un escritor". *La Nación* (Buenos Aires, 18 abril 2011).

Cabrera Infante, Guillermo. "The Death of Virgilio." *Cold Tales*. Virgilio Piñera. Nueva York: Eridanos, 1988. xi-xiv.

_____ *Mea Cuba*. Barcelona: Plaza y Janees, 1992.

Casal, Lourdes, ed. *El caso Padilla: Literatura y revolución en Cuba, Documentos*. Miami: Universal, 1971.

Castro, Fidel. "Palabras a los intelectuales". *Política cultural de la Revolución Cubana: Documentos*. Juaquín G. Santana, ed. La Habana: Ciencias Sociales, 1977. 5-47.

Chanan, Michael. *The Cuban Image*. Bloomington: U of Indiana P, 1985.

Cino Álvarez, Luis. "¿José Antonio Portuondo o Leopoldo Ávila?" *Cubanet*. 27 sept. 2012. <http://www.cubanet.org/articulos/¿jose-antonio-portuondo-o-leopoldo-avila/>.

"Efectuado el sepelio del escritor Virgilio Piñera". *Granma* (20 oct. 1979): 5.

"Encuentro de los intelectuales cubanos con Fidel Castro. Fragmento de la primera sesión, Biblioteca Nacional, La Habana, 16 de junio de 1961". *Encuentro de la Cultura Cubana* 46 (2006-2007). *Encuentro* (Madrid). 43 (Invierno 2006-2007): 157-75.

Espinosa Mendoza, Norge. "Luis Pavón Tamayo: sinfonía en gris menor". *Diario de Cuba*. 28 mayo 2013. <http://www.diariodecuba.com/cultura/1369769209_3471.html>.

Espinosa Domínguez, Carlos. *Virgilio Piñera en persona*. Denver: Término Editorial, 2003.

Évora, Tony. "Plomo, papel y tinta". *Revista encuentro* 44 (Primavera 2007): 151-57.

Gilman, Claudia. "Casa de las Américas (1960-1971): un esplendor en dos tiempos". *Historia de los intelectuales de América Latina*. Carlos Altamirano, ed. Madrid: Katz, 2010. 285-99.

Giroud, Vincent. *The World of Witold Gombrowicz*. New Haven: Yale UP, 2004.

Gombrowicz, Rita. *Gombrowicz en Argentina: 1939-1963*. Rosa María y Alejandro Rússovich, trads. Buenos Aires: Cuento de Plata, 2008.

Jiménez leal, Orlando y Manuel Zayas. *El caso PM: cine, poder y censura*. Madrid: Colibrí, 2012.

Halperin, Maurice. *The Rise and Decline of Fidel Castro*. Berkeley: U of California P, 1972.

Leal, Rine. "Piñera todo teatral". *Teatro Completo*. Luis Leal, ed. La Habana: Letras Cubanas, 2002. v-xxxiii.

_____ "Violeta Casal en la memoria". *La Jiribilla*. 7-13 agosto 2010. <http://www.lajiribilla.cu/2010/n483_08/483_13.html>.

Leiner, Marvin. *Sexual Politics in Cuba: Machismo, Homosexuality and AIDS*. Boulder: Westview, 1994.

Leyva, David, ed. *Órbita de Virgilio Piñera*. La Habana: Unión, 2011.

Luis, William. "Exhuming *Lunes de Revolución*." *New Centenial Review* 2/2 (2002): 253-83.

_____ *Lunes de Revolución: Literatura y cultura en los primero años de la Revolución Cubana*. Madrid: Verbum, 2003.

Lumsden, Ian. *Machos, Maricones, and Gays: Cuba and Homosexuality*. Philadelphia: Temple UP, 1996.

"Manifiesto de los intelectuales y artistas". *Lunes de Revolución* (11 junio 1961): 17.

Montes Huidobro, Matías. *Persona, vida y máscara en el teatro cubano*. Miami: Universal, 1973.

Padilla, Heberto. "Virgilio Piñera, el invisible". *Linden Lane Magazine* 4 (1982): 18.

Piñera, Virgilio. "Una arma directa y dirigida: Pablo Neruda, *Canción de gesta*". *Revolución* (27 enero 1961): 3.

_____ "Un ataque que honra: la 'Marina' vs. 'Lunes'". *Revolución* (12 mayo 1960): 2.

_____ "Ballagas en persona". *Ciclón* 1/5 (1955): 41-50.

_____ "El baquerismo literario". *Revolución* (27 julio 1959): 21-23.

_____ "Un bamboleo frenético". *Casa de las Américas* 1/4 (febrero 1961).

_____ "Concierto malogrado". *Revolución* (22 abril 1960): 2.

_____ *Cuentos*. La Habana: Unión, 1964.

_____ "El delirante". *Casa de las Américas* 1/4 (febrero 1961).

_____ "Diálogo imaginario [con Jean Paul Sartre]". *Lunes de Revolución* (21 marzo 1960): 38-40.

_____ "The Dragée." *Writers of the New Cuba*. J. M. Cohen, ed. y trad. Baltimore: Penguin, 1967. 60-85.

_____ "Empiezo a vivir … De mi autobiografía, *La vida tal cual*". *Lunes de Revolución* (27 marzo 1961): 44-47.

_____ "En la muerte de Albert Camus". *Lunes de Revolución* (18 enero 1960): 7.

_____ "Extracción de guano de murciélago en Cubitas". *Revolución* (12 septiembre 1960): 21.

_____ "Gombrowicz en Argentina". *Cuadernos* 45 (1960): 60-62.

_____ "Gombrowicz por él mismo". *Unión* 7/1 (1968): 115-26.

_____ "Un hombre es así". *Casa de las Américas* 1/4 (febrero 1961).

_____ "El infierno". *Sur* 241 (1956): 22.

_____ "La inundación". *Ciclón* 4/1 (1959): 10-14.

_____ *La isla en peso*. La Habana: Unión 2011.

_____ "Un libro de Bioy". *Lunes de Revolución* (9 mayo 1960): 13.

_____ "Literatura y Revolución". *Revolución* (18 junio 1959): 2.

_____ "Martínez Villena y la poesía". *Lunes de Revolución* (23 enero 1961): 30-31.

_____ "Mis 25 años de vida literaria". *Revolución* (3 febrero 1961): 3.

_____ "Miscelánea". *Revolución* (19 feb. 1960): 2.

_____ "Nubes amenazadoras". *Revolución* (15 enero 1959): 4.

_____ "The Philanthropist." *Cuban Short Stories* 59/66. Havana: Book Institute, 1967. 19-32.

_____ *Pintores cubanos*. Edmundo Desnoes, ed. La Habana: Ediciones R, 1962.

_____ "Piñera Teatral". *Teatro completo*. La Habana: Ediciones R, 1960. 7-30.

_____ "Poemas de Fernando Pazos". *Lunes de Revolución* (30 mayo 1960): 15-17.

_____ "Postconcurso". *Revolución* (12 febrero 1960): 2.

_____ "La sorpresa". *Lunes de Revolución* (27 junio 1960): 9-11.

_____ "El Teatro Nacional funciona". *Revolución* (19 abril 1960): 2.

_____ *La vida entera*. La Habana: Unión, 1969.

_____ *Virgilio Piñera de vuelta y vuelta: correspondencia 1932-1978*. Patricia Simidey Rodríguez, ed. La Habana: Unión, 2011.

———— "La visitación" [1934]. *Lunes de Revolución* (23 octubre 1961): 30-31.

———— "Yo estallo". *Casa de las Américas* 1/4 (febrero 1961).

"Primera Carta de los intelectuales europeos y latinoamericanos a Fidel Castro". Casal. 74-75.

Rodríguez Feo, José. *Mi correspondencia con Lezama Lima*. México: Era, 1991.

Rodríguez Tomeu, Julia. "Entrevista a Julia Rodríguez Tomeu". *Diario de Poesía* 61 (1999): 23.

Rússovich, Alejandro. "Entrevista a Alejandro Rússovich". *Diario de Poesía* 61 (1999): 22-23.

———— "Segunda Carta de los intelectuales europeos y latinoamericanos a Fidel Castro". Casal, 123-24.

"Un saludo a voces". *Lunes de Revolución* (4 enero 1960): 2.

Souza, Raymond D. *Guillermo Cabrera Infante: Two Islands, Two Worlds*. Austin: U of Texas P, 1996.

www.ingramcontent.com/pod-product-compliance
Lightning Source LLC
Chambersburg PA
CBHW070740020526
44114CB00042B/2208